湖北省宜昌市远安县山水风光

湖北瓦仓谷香生态农业有限公司大米加工厂房俯瞰

瓦仓大米种植基地

“瓦仓米”稻田画

湖北瓦仓谷香生态农业有限公司荣获“全国粮食和物资储备系统先进集体”称号

湖北瓦仓谷香生态农业有限公司仓库一角

瓦仓大米成品展示柜

5 千克瓦仓米至尊黑礼盒

本书系国家社会科学基金一般项目“大众传媒与乡村振兴的互动逻辑
与路径选择研究（批准号19BXW043）”阶段性成果

振兴
鄂西瓦仓
生态农业调查

谭云明 等◎著

中国经济出版社
CHINA ECONOMIC PUBLISHING HOUSE
·北京·

图书在版编目（CIP）数据

振兴：鄂西瓦仓生态农业调查 / 谭云明等著. --
北京：中国经济出版社，2022.10
ISBN 978 - 7 - 5136 - 7068 - 5

Ⅰ. ①振… Ⅱ. ①谭… Ⅲ. ①生态农业 - 农业发展 - 调查 - 远安县 Ⅳ. ①F327.634

中国版本图书馆 CIP 数据核字（2022）第 154175 号

责任编辑　王西琨
责任印制　马小宾
封面设计　任燕飞设计工作室

出版发行　中国经济出版社
印 刷 者　北京富泰印刷有限责任公司
经 销 者　各地新华书店
开　　本　710mm×1000mm　1/16
印　　张　19　**彩页印张**　0.25
字　　数　258 千字
版　　次　2022 年 10 月第 1 版
印　　次　2022 年 10 月第 1 次
定　　价　88.00 元
广告经营许可证　京西工商广字第 8179 号

中国经济出版社　**网址** www.economyph.com　**社址** 北京市东城区安定门外大街 58 号　**邮编** 100011
本版图书如存在印装质量问题，请与本社销售中心联系调换（联系电话：010 - 57512564）

策划者

谭云明　中央财经大学新闻系主任、教授
覃　进　三峡日报社党委书记、社长
潘旺雄　三峡日报社副社长、总经理

撰稿者

谭云明　王　晶　李笑雨
赖雯珺　金　欢　秦志伟
李幸芝　梁江燕　杨梦婷

目录
CONTENTS

前言

PREFACE

从湘西到鄂西

红与橙交织的晚霞在天边晕染开来，一束束温柔的光洒向熙攘的人群，照亮那些或喜悦或疲惫或充满希望的脸庞；空气中尚且弥漫着雨后初晴的水汽，朦朦胧胧、温温润润；阵阵晚风拂过耳畔，消散夏日的暑气，爽朗地迎接着刚下高铁的北方来客。深吸一口湿润的空气，记忆深处那些有关南方的脉络倏而历历可寻。

我又一次带领团队踏上了产业扶贫与乡村振兴的调研之路。2017—2020 年，我带领的调研团队连续 4 年前往湖南湘西和湘东地区进行产业扶贫调研。2017 年，我带领首都高校师生重走习近平总书记的扶贫之路，在花垣县十八洞村开展产业扶贫调研，深入探析精准扶贫政策下乡村脱贫的丰硕成果，并撰写了《探路：产业扶贫十八洞村思考》，该书在中国经济出版社出版。2020 年是我国全面建成小康社会的决胜之年，也是打赢脱贫攻坚战的收官之年，我再一次和学生来到这片令我时刻牵挂着的土地——湘西花垣县，调研湖南步步高集团的产业扶贫项目——岩锣村米厂建设及苗家贡米助力脱贫的故事，以岩锣村脱贫摘帽为典型，阐述国家精准扶贫政策的意义，并撰写了《摘帽：苗家贡米助力脱贫的路径选择》，该书也在中国经济出版社出版了。

乡村是一个让我魂牵梦萦的地方。儿时在湖南乡村的生活经历让我对乡土有着特别的情感，即使现在定居在北京，我仍然想着乡村的人与事、山与水、风与云。每每谈及乡村，那些历经岁月沉淀的成长记忆便会浮现在眼前，这渐渐成为藏于我内心深处的、对乡村的无限热忱。而这份长久以来积淀的热忱，也成为我多次带领团队深入乡村调研的重要动力之一。作为中央财经大学新闻系主任，我希望把论文和研究写在“希望的田野上”；作为学生的引路人，让他们从实践中获得知识。

习近平总书记在十九大报告中首次提出乡村振兴战略，这是继“精准扶贫”后，关于农村问题的又一次重大战略调整。如果“扶贫”是立足当下，那么“振兴”则是着眼未来。2021 年是中国共产党成立 100 周年，也是我国实现农村人口全面脱贫的重要一年。据新华网报道，2021 年 2 月 25 日，习近平总书记在全国脱贫攻坚表彰大会上发表重要讲话，庄严宣告我国脱贫攻坚战取得了全面胜利，现行标准下，9899 万农村贫困人口全部脱贫，832 个贫困县全部摘帽，12.8 万个贫困村全部出列，区域性整体贫困得到解决，完成了消除绝对贫困的艰巨任务，创造了又一个彪炳史册的人间奇迹。① 在庆祝中国共产党成立 100 周年大会上，习近平总书记代表党和人民庄严宣告：“经过全党全国各族人民持续奋斗，我们实现了第一个百

---

① 新华网．习近平：在全国脱贫攻坚总结表彰大会上的讲话[EB/OL]．(2021－03－03)[2022－03－01]．http://www.xinhuanet.com/world/2021－03/03/c_1211049315.htm.

年奋斗目标，在中华大地上全面建成了小康社会，历史性地解决了绝对贫困问题，正在意气风发向着全面建成社会主义现代化强国的第二个百年奋斗目标迈进。”① 站在两个一百年的历史交汇点，中国即将开启全面建设社会主义现代化强国的新征程，进入乡村振兴的新阶段。

我的湖南湘西系列调研，特别是“摘帽篇”调研报告材料在互联网上发布后，引起了湖北远安县瓦仓村农民企业家汪宗平的注意。汪总经营的湖北瓦仓谷香生态农业有限公司生产瓦仓大米，其产业发展与湘西苗家贡米产业有很多相似之处，其中最显著的共同点即二者都带领当地百姓实现了脱贫致富。因此，企业家汪宗平通过《三峡日报》副社长、总经理潘旺雄联系了我，特邀请我的团队前往湖北省宜昌市远安县茅坪场镇瓦仓村走一走、看一看。自 2017 年我开始调研以来，虽然每次带领的调研团队成员不同，但无一例外，这些团队成员都饱含着和我一样的对乡村的热爱、对实践的向往，聚焦产业扶贫、摘帽致富和乡村振兴，希冀着完成产业扶贫和乡村振兴之《探路》《摘帽》《振兴》“三部曲”的调研和撰写工作。于是，一直怀揣着使命感与责任感，我和调研团队将目光从湖南湘西转向湖北鄂西这片拥有神秘色彩的土地，希望通过调研这片土地上的人和事，更深层地探索中国乡村的振兴之路。

在上述背景下，我决定带领团队开启“振兴”调研篇，承接 2018 年完成的“探路篇”和 2020 年完成的“摘帽篇”，策划了第三

① 新华网．习近平代表党和人民庄严宣告，经过全党全国各族人民持续奋斗，我们实现了第一个百年奋斗目标[EB/OL]．(2021－07－01)[2022－03－01]．http://www.xinhuanet.com/2021－07/01/c_1127614019.htm.

部“振兴篇”的调研和撰稿工作。2021年7月，我带领来自中央财经大学的8名学生来到湖北省宜昌市远安县茅坪场镇瓦仓村，他们分别是研究生王晶、李笑雨，本科生赖雯珺、杨梦婷、金欢、秦志伟、李幸芝、梁江燕。调研团队拟以瓦仓大米种植基地和湖北瓦仓谷香生态农业有限公司为主线，探索全产业链运营模式的特点与优势，探析瓦仓大米助力乡村振兴的特殊性与普适性路径。此外，调研团队还前往三峡日报社和秭归县融媒体中心，致力于探索大众传媒与乡村振兴的互动逻辑和路径选择，并尽可能地为实施乡村振兴战略提供乡村话语传播方面的智库支持。

湖北省宜昌市远安县是省级贫困县，2018年8月7日，湖北省政府发布《省人民政府关于批准红安县等3县（林区）退出贫困县的通知》，明确远安县已通过省级核查，达到贫困县退出条件，批准退出，这标志着远安县正式脱贫摘帽。远安县茅坪场镇瓦仓村是打响鄂西革命第一枪的“瓦仓起义”的地方。瓦仓起义于1927年爆发，主要发起人付恒之由董必武介绍入党，1926年在毛泽东任所长的农民运动讲习所学习。瓦仓起义建立了鄂西第一个苏维埃政权，具有极为重要的历史意义。远安县茅坪场镇是山区，产业薄弱，人才缺乏，但红色文化底蕴深厚，环境优美，出产优质农产品。远安县瓦仓大米是农产品地理标志产品，湖北省十大名米之一，品质好、品牌佳，得到了市场的广泛认可，具有广阔的发展空间。瓦仓大米运营企业湖北瓦仓谷香生态农业有限公司采用全产业链运营模式，从种植到加工，再到品牌运营、销售，全程参与，还组织农民建立种植服务团队，发展农业社会化服务，不仅有效地带动了当地农民增收，而且提升了当地粮食产业的经济效益，具有良好的示范作用。

贫困乡村之所以能够脱贫摘帽并走向振兴，除了国家精准扶贫政策的支持、当地龙头企业的带动、无数百姓众志成城，还离不开新媒体的推动。在实施乡村振兴战略中，大众传媒，特别是县级融媒体建设扮演着至关重要的角色。一方面，大众传媒是乡村振兴实施过程中必不可少的基础设施，是被建设的“客体”；另一方面，在乡村振兴实施过程中，大众传媒在舆论引导、公共服务、政策普及方面担任着非常重要的角色，是乡村振兴战略的“主体”。三峡日报社和秭归县融媒体中心作为湖北省大众传媒和县级融媒体建设的“排头兵”，为乡村振兴提供了强大动力。三峡日报社曾多次推出产业扶贫等助力乡村振兴的报道，作为湖北省市州报业的排头兵，三峡日报社充分发挥了大众传媒对乡村振兴的推动作用。秭归县融媒体中心一直注重打造数字乡村的概念，将数字乡村场景化实现效应的最大化运用，不管是云平台上对秭归当地农产品销路渠道的扩宽，还是对未来农村职业农民的培养，秭归县融媒体一直致力于成为一个惠普民众的平台。

初到宜昌市，是个雨后的黄昏，走出高铁站，路面上的积水尚存，单车轻轻划过，泛起圈圈涟漪。远处的山峦渐渐消失在夕阳的余晖中，只剩下一抹淡淡的阴影。驱车近两小时来到宜昌市远安县，夜幕已降。周遭的灯光明显暗淡了许多，抬起头便能仰望铺洒在夜幕上的繁星。没有车水马龙，也没有人声鼎沸，大树下奔跑的孩子去往家的方向，街边打了烊的店铺见证着夜晚的宁静。拂去城市里的喧嚣与繁华，远安县更像是一座世外桃源。但这里早已不是脱贫摘帽前的贫困乡村。道路平坦，屋舍俨然；漫山稻谷，十里飘香。精准扶贫政策为这片土地带来了新的光芒，全县范围内全面实施安居、饮水、基础设施建设、产业增收、生活水平提升、扶贫助学“六大工程”，村民搬出20世纪80年代的老土房，农民发展起自己的产业，远安县的经济发展水平在这束光芒的照耀下蒸蒸日上。

从湖南湘西到湖北鄂西，我和调研团队怀揣着对乡村振兴之路的向往与热忱，步履不停，丝毫不敢懈怠。

谭云明

2022年8月

一 远安不“远”

一、远安有个瓦仓村

夕阳西下，北京开始进入晚高峰。照在摩天大楼玻璃上的阳光慢慢褪去，日落西山；三环立交桥上车辆多了起来，路灯亮了起来，街边的霓虹灯也亮了起来；车水马龙，行人匆匆。虽然夜空挂着繁星，快节奏的生活却让人无暇欣赏，而其他城市的傍晚，似乎也是如此……

恬静乡村的夕阳，总是令人流连忘返。跟随着中央财经大学新闻系乡村振兴调研团队的脚步，目光聚焦至距离首都 2000 多千米外的湖北省西部，这里是美丽而神秘的远安县。而在远安县茅坪场镇东南部，坐落着风景秀丽的瓦仓村（图 1－1）。

同样是傍晚的夕阳，走在瓦仓村的小路上，望着火红的晚霞，给人一种心旷神怡的感受。炎炎夏日伴着微风蝉鸣，远离城市的喧嚣，内心宁静，心无旁骛。第二天，艳阳高照，像是在欢迎着远方的客人，风和日丽、万里无云，调研团的师生终于看清了瓦仓村的全貌：屋舍俨然，有良田美池桑竹之属。陶渊明笔下的桃花源和瓦仓的景色有着很多相似的地方，莫非这里就是一处桃花源？

人心中的距离往往和真实的地理距离不同，中央财经大学位于我国的首都北京，虽然调研团的各位成员来自五湖四海，但他们大多数的时间还是在学校学习。远安县距离北京 2000 多千米，在这之前，调研团

图 1－1　调研团达到宜昌当日傍晚便赶赴远安县

中没有人听说过远安这个地方，甚至连宜昌市都不甚了解。如果不是此次调研的机会，可能永远不会涉足此地，远安，因其地“近瑶而远”得名，其意为此地邻近少数民族而距京城远，有祝愿永远安宁、人们和平相处之意。

这里是黄帝之妻、中华民族之母嫘祖的故里，春秋战国时期为楚国的封地，因此是楚文化的发祥地之一，古称“临沮”“高安”，公元 559 年更名为“远安”，距今已有 2100 多年的建县史，是历史悠久的县城。也许人们对于春秋时期的楚国比较熟悉，但在人们固有的认知里，荆襄地区最能代表楚国文化；黄帝之妻嫘祖也出现在历史教材中，但不做专业学问的人又有谁真正研究过嫘祖的故里呢？

远安距离北京有些远，距离湖北省的省会也有 300 多千米，给人一种偏远闭塞的感觉。犹记调研团一行人从北京出发，乘坐复兴号高铁，历经 7 个多小时才到达宜昌市，而从高铁上下来乘车又历经两个多小时，才到达远安县城，基本上用了一天当中一半的时间从首都到达此次调研的目的地。从地理位置上来说，距离是很远的；路程虽远，但远安县也处在华中。

但是，人终归是有情感的生物，对于某件事情的执着与向往，在心理上，可以变得触手可及。虽然舟车劳顿，但是调研团一行人并未觉得疲惫，也未曾感到遥远，因为那里有我们探讨的“主题”和研究的“课题”。习近平总书记曾指出：“新时代改革开放和社会主义现代化建设的丰富实践是理论和政策研究的‘富矿’。”理论源于实践，时代课题是理论创新的驱动力。推动中国特色社会主义政治经济学发展，需要立足我国国情和发展实践，深入研究我国经济发展过程中的新情况、新问题，摸索新特点、新规律，探索和归纳我国经济发展实践的规律性认识，把实践经验转化成系统的经济学说，把论文写在祖国大地上。

对于调研团的师生来说也一样，乡村振兴就是新时期乡村各项工作开展的全新课题。我国刚刚完成了脱贫攻坚的历史性任务，当年积贫积弱的中国早已成为世界第二大经济体，7 亿多人摆脱了贫困。到 2020 年，我国如期实现了现行标准下贫困人口的全部脱贫，所有贫困县实现了全部摘帽。然而，脱贫工作的结束并不意味着所有工作的彻底胜利，我们仍然要朝着更高、更远的目标迈进。乡村振兴就是在完成脱贫攻坚任务后，做好与脱贫攻坚的衔接的关键工作与举措。“全党务必站在践行初心使命、始终坚守社会主义本质要求的政治高度，充分认识实现巩固拓展脱贫攻坚成果同乡村振兴衔接的重要性、紧迫性，举全党全国之力，统筹安排、强力推进。”这是党的十九大报告中对乡村振兴战略的重要解读。作为新时代的高校青年，有责任为国家乡村振兴战略的实施尽自己的一分力。

在暑期，全国高校的数千只调研团队奔赴祖国大江南北，进行以乡村振兴为主题的调研活动，就是要发挥高校对于乡村振兴战略的积极作用，发挥高校人才培养优势，为乡村振兴战略提供智力支持。正是在党和国家这样的号召下，大家踊跃报名参加此次调研，跟随谭云明教授来到了远安这片美丽的土地，纵使是千山万水的距离，在大家眼里，远安也变得不“远”了。怎样为远安人民提供乡村振兴的智慧支持，与远安人民共同完成振兴的课题，成了调研团师生共同的目标。这成了大家心里的执念，所以远安不再“遥远”。

瓦仓村隶属远安县茅坪场镇，偏南部，是调研团整个鄂西生态农业调研的起点。在瓦仓，森林覆盖率为 90% 左右，地形主要以山地丘陵为主，两侧丘陵环绕连绵，小气候独特，气温常年处于 22℃ 左右，冬不覆冰，夏无凉席，对于处在华中的湖北而言，算得上真正的冬暖夏凉；生态环境也相当不错，没有工业的污染，雨量丰沛，两边的丘陵丛林密布，其中有些树木躯干有两个成年人的腰那样粗，就是这样稠密的森林涵养着天然的水源，所以山溪长年不断；沿着丘陵顺势而下，就是大片平旷肥沃的土地，这样的地方，与其说是桃源，不如说是真正的洞天福地。禾苗郁郁葱葱，长势喜人，根据我国气候类型的分布，瓦仓村属于典型的亚热带季风气候，夏季雨热同期的天气特点正适合水稻抽穗，而周围丘陵环绕造成的小气候，给了水稻更加恒定的热量和更加稳定的生长条件，使其免受极端天气造成的影响，山地的阻挡也在一定程度上减少了病虫害对稻田的影响。

物产丰富，民风淳朴，这是所有调研者对瓦仓村的第一印象，大家本以为，瓦仓人只管世世代代勤劳耕作，但哪知在这片热土上，还有着绵长的红色基因：这里是瓦仓起义发生地。瓦仓在中华人民共和国成立前非常贫穷，山大林密，交通不便，经常闹土匪，一年下来，除去上交的租子，各家所剩无几。贫穷、饥饿没有尽头，人们就像林海下的小草一样感受不到阳光，看不到希望，过着暗无天日的日子。年复一年，穷困的日子不知何时才是尽头。正所谓哪里有压迫哪里就有反抗，随着一批不甘平庸的人的觉醒，一种看不见的争温饱、想挑战现状的氛围逐渐形成。恰在此时，中国共产党的“八七”会议精神如星星之火，引爆了瓦仓起义，打响了鄂西反压迫、反剥削，追求幸福生活的第一枪……

由于瓦仓地处当阳、远安、荆门、南漳4县交界处，国民党反动统治力量薄弱，中国共产党的当地组织还拥有一支1600多人的自卫团。1927年8月下旬，中共鄂西特委为贯彻“八七”会议精神，鉴于瓦仓的情况，决定在瓦仓发动武装起义。中共鄂西特委和远安县委根据湖北省委发动农民秋收起义的指示，于1927年9月14日在远安瓦仓发动了瓦仓起义。在起义爆发后1个月内，形成了以瓦仓为中心，连接当阳的观音和九子山、远安的南乡及南漳、荆门相邻地区的1500多平方千米的红色区域。但是由于反动势力仍然占据着大面积的区域，最终瓦仓起义没能取得长久的胜利，却为中国新民主主义革命积累了宝贵经验，在鄂西地区产生了较大影响，推动了邻近地区的武装斗争。

落果思树，饮水思源。到今天，瓦仓人民仍然没有忘记先辈为了后人的幸福生活而流血牺牲的峥嵘岁月，在村中修建了瓦仓起义革命纪念馆，还修建了专门的革命烈士陵园，时刻提醒着自己不忘来时路。村党支部坚持以党建工作为龙头，以服务群众为核心，形成了“班子过硬、制度完善、队伍得力、载体丰富、服务到位”的党建工作新格局，达到了支部动起来、党员干起来、群众乐起来、共同富起来的目标。今日瓦仓，党旗高高飘扬，广大党员已经成为带领老区群众不断改变家乡面貌、创造美好生活的旗手和领路人，党支部确立了“盘活优势资源，做大主导产业，壮大集体经济，促进农民增收”的发展理念。瓦仓起义的红色基因根植于当地人民心中，正因为这种强大的精神动力，瓦仓人民勤劳勇敢，不惧困难，坚决与贫困斗争，才实现了脱贫，走向振兴（图1－2）。

图1-2 瓦仓村风光

瓦仓瓦仓，瓦喻其陶，仓谓米粮。关于瓦仓名字的由来，调研团通过当地了解到，由于此地土壤肥沃，粮食年年丰收，每年粮食有结余。用泥巴烧成的容器为瓦，贮藏谷物的建筑为仓。瓦仓，顾名思义就是用泥巴烧成的储存稻米的容器或建筑，这就是瓦仓村名字的由来。虽然其处于群山之中，但从这个名字不难发现，瓦仓自古应该不缺粮食。天时不如地利，地利不如人和，对于瓦仓而言，天时地利人和基本占全了：适宜稻谷生长的气候，在此不再赘述，此谓天时。充足的水源，肥沃的土地，相对封闭的地貌，此谓地利。至于人和，一方面是当地百姓的勤劳团结，“力尽不知热，但惜夏日长”，以及在面对国家危难时团结一心、挺身而出、不畏牺牲的精神；另一方面，是中华人民共和国成立以来，一代代基层领导班子带领瓦仓人民不断探索脱贫致富的道路，上下一心，与贫困斗争到底。瓦仓瓦仓，能陶能粮，天地人和，声名远扬。在这样的历史背景之下，瓦仓村及瓦仓大米的知名度在宜昌市甚至整个湖北省都家喻户晓，更有诗曰：“银子陶瓷享四海，瓦仓米味香三江。”

远安有个瓦仓村，瓦仓大米奇味珍。振兴的故事从这里说起，调研的历程也从这里开始……

二、远安的“庐山”真面目

跟随镜头，目光由瓦仓村逐渐放大，整个远安县呈现在我们面前，位居鄂西，于鄂西山地向江汉平原的过渡地带，所辖6镇1乡，由南到北依次排布，西部地壳倾斜，间歇上升，形成群峰叠嶂，崇山峻岭；中部破碎断裂，地堑南北横穿，出现河谷平畈，冲垄纵横；东部受拗陷带的牵制日趋沉降，形成波状起伏，丘岗绵亘。整个地势西北高、东南低。太平顶为最高峰，绝对高度1325.1米；雷打岩为最低处，绝对高度76米，相对高差1249.1米，具有垂直地貌景观，拥有多样的生态环境，远山、薄雾、溪水、稻田，给人的感觉仿佛置身江南水乡，整个景观尽收眼底，充满诗情画意。

在这样美丽的地方，不乏其独特的民俗文化，据我们了解，比较著名的就是远安花鼓戏和远安皮影戏。远安花鼓戏俗称花鼓子，是湖北省的戏曲剧种之一，距今已有100多年的历史。远安花鼓戏起源于清同治年间，盛行于该县荷花镇一带的“地花鼓”。早期的地花鼓属于民间舞蹈，一般是男女一对或数对，一手扬帕一手玩扇，画地为台，边歌边舞，打击乐伴奏。随着专业戏班的出现，同时受其他戏种的影响，逐步得到丰富和发展。经本地历代艺人不断创作、整理与完善，吸收其他姊妹艺术为己所用，逐步形成了自己独特的艺术风格，属于中国368个剧种之一。历史悠久、通俗好看是远安花鼓戏的特点，作为一种民间艺术，传统的远安花鼓常为小生、小旦、小丑三个角色出场，故又称“三小戏”。据清人余治的《得一录》记载，道光时，花鼓戏在南方广大农村已甚为流行，各有各的称呼，“吴俗名滩簧，楚中名对戏，宁波名串客班，江西名三脚班”。楚者湖北也，清末花鼓盛行乡里，而且是小型的“对对戏”（小生与小旦或小生与小丑）。远安花鼓戏绝大部分都是两小三小戏，而且多为生活小戏，唱的多是农村家事。其中男女之爱和儿女情长占很大成分，所谓“花鼓一开锣，不是喻老四，就是张德和”。远安花鼓戏的传统剧目，从老艺人手中传承下来的共 104 个。这些剧目中，角色最多的是《胭脂》，共 8 人；次多的为《打金银·店子会》，共 6 人。除了独角戏《思凡》，其余大多是对对戏和三小戏。除了多样化的表演方式，远安花鼓戏还有着丰富多彩的唱腔，分为主腔和彩腔两类。主腔又分为陶腔、汉腔、南腔、四平 4 种，四平又分为上四平和中四平。主腔中，陶腔为当家腔。主腔属板腔体，一般有起、正、腰、落 4 个板式，便于叙事叙情。彩腔是曲牌体，一般一戏一个曲牌，曲牌名就是戏名。在表演形式上，粗犷夸张，富有浓厚的生活气息。在中华人民共和国成立前，其表演已形成了粗略的系列：行、坐、立、做；手、眼、法、步都已定型。在行功上正旦走“碎步”，彩旦走“摇步”，摇旦走“风浪步”，生角走“方步”，丑角走“课步子”“排山步”“拙步子”等。在坐功上，正生坐“满月”，旦角坐“半月”。在做功上，有亮相、整发（整冠）、整衣、使扇等。在专题表演中有赶驴、绣花、吃瓜、划船、挖田、吸水、打柴、烧香拜佛等。在舞台调度上有圆场、内外荷花、穿“8”字、“走四门”等。在演员表演技法上有“云手”“水袖”“甩披发”“抱背”“板口条”“摊一字”等。这就是多彩的远安花鼓戏（图 1－3）。相对于远安花鼓戏，远安皮影戏较为年青，在 20 世纪 80 年代的《远安县志》中才被提到，根据 1985 年统计，远安的皮影队已有 22 支，艺人 68 名，分布在荷花、洋坪、旧县、花林、望家等地，演皮影戏也是当地重要的风俗之一。

图 1－3　远安花鼓戏表演场景

这些独特的风俗给美丽的远安县又增添了几分神秘色彩，我们停不下探索的脚步，接下来，该揭下远安县的“神秘面纱”了。

苏轼有诗云：“不识庐山真面目，只缘身在此山中。”远安县有着秀美的风景，淳朴的民风，而人口较为稀少，从而给人一种世外桃源之感，如果不是来此调研，可能大家一辈子都不会知道远安县这个地方。我们看到的已经是完成脱贫的远安县，人们安居乐业，过着幸福快乐的生活。但很难想象，在过去，远安县是全国有名的贫困县，和其他贫困县一样，远安人民经历了数年的探索、努力，最终摘掉了贫困的帽子，完成了脱贫。

我们了解到，远安县由于处在丘陵地区，过去交通不便，较为闭塞，在那个信息不发达的时代与外界的联系也不多。我们还看到，远安县部分乡镇处于大山深处，每户人家相隔较远，甚至翻过山就再找不到一户人家，可想而知在过去基础设施建设不健全的时候，当地人民连出行都成了问题，更不要说像现在一样过上美好的生活。如今修了山路，但有的地方路况仍然不好，只能容得下一辆车在路面上通行，要是在过去，远安县大山中的人民想要走出深山，可以说是困难重重。

但是，这并没有难倒英雄的远安人民，在国家危难时期能够挺身而出进行起义，也会义无反顾地站起来与贫困斗争到底，当地的领导班子带领着远安人民开始了艰苦卓绝的脱贫之路。

远安虽然气候宜人、物产丰富，但想要真正地让远安人民过上好日子，必须有实体的产业才行。幸运的是，在产业探索的路上，远安县发现了山区煤矿。山区煤矿与一般的露天煤矿不同，山区煤矿是需要专门挖掘矿洞，铺设矿车轨道，用矿车将煤矿不断地从深井输送到地面，开采难度较大，对生态环境尤其是森林生态系统的破坏很严重。但煤炭开发可以为县里增加财政收入，对于远安县来说也是可以摆脱贫困的一个机会。于是，远安县开始着手煤炭开采的相关工作。和预期的一样，煤炭开采确实给远安县人带来了不小的收入，人民的生活水平也逐年上升，但是煤炭开采对于生态环境的影响也逐日显现，对森林植被和地下水造成了不小的污染，山泉水也受到了一定的影响。2005 年 8 月 15 日，时任浙江省委书记的习近平在浙江省安吉县余村考察时首次提出“绿水青山就是金山银山”的重要论述，生动形象地揭示了经济发展和生态环境保护的关系，指明了实现发展和保护协同共生的新路径。为了响应新时代党和国家新发展理念的号召，为了秉持对子孙后代负责任的态度，远安县委班子毅然决然放弃了有支柱意义的煤矿产业，开始寻找一条全新的致富道路，经过不断探索，远安决定走生态农业的路。

何为生态农业？这个概念对于当初的远安人来说还比较陌生，种庄稼和生态有着怎样的联系？生态农业是相对于石油农业提出的，所谓石油农业，又叫石油密集农业、化学农业、工业化农业或无机农业，是世界主要发达国家以廉价石油为基础的高度工业化的农业总称，是在昂贵的生产因素由廉价的生产因素（石油、机械、农药、化肥、技术等）代替的理论指导下，把农业发展建立在以石油、煤和天然气等能源和原料为基础，以高能耗、高投资方式经营的大型农业。这种石油农业主要以美国为代表，在面积巨大、土地平旷的耕地上，大量使用化肥等，虽然得到了高产量，但是其对耕地土壤的破坏是巨大的。由此可以看出，远安县的领导班子是极有远见的，生态农业对于作物的种植和生态环境保护都有着明显的积极意义。

作为石油农业的对立面，生态农业是一个农业经济中的复合系统，将农业生态系统同农业经济系统综合统一起来，以取得最大生态经济的整体效益。它是农、林、牧、副、渔统筹综合的大农业，也是农业种植、养殖、加工、销售、旅游结合起来，适应市场经济发展的现代农业。也就是说，生态农业不再是单纯的传统第一产业，而是有着部分第三产业的性质，从而可以获得更高的产业创收。它和一般农业不同，不仅避免了石油农业的短处，而且发挥其优点。通过适量施用化肥和低毒高效农药等突破传统农业的局限性，但又保持其精耕细作、有机肥使用、间作套种等优良传统。它既是有机农业与无机农业相结合的综合体，又是一个庞大的综合系统工程、复杂高效的人工生态系统及先进的农业生产体系。生态农业的概念虽然最早不是诞生于我国，但是我国也有着自己的生态农业的特点和内涵。中国生态农业的基本内涵：按照生态经济规律和生态学原理，根据土地形态制定适宜土地的设计、组装、调整和管理农业生产和农村经济的系统工程体系。它要求把发展粮食与多种经济作物生产，发展大田种植与林、牧、副、渔业，发展大农业与第二、第三产业结合起来，利用传统农业精华和现代科技成果，通过人工设计生态工程，协调发展与环境之间、资源利用与保护之间的矛盾，形成经济和生态两个良性循环，经济、生态、社会三大效益的统一。

正是本着这样的内涵，远安县的领导班子不断探索，终于和当地人民一起找到了适合远安县的生态农业产业，其中规模最大、最为典型的产业就是瓦仓大米的生态种植产业。我们在当地了解到，近几年来，不论大街小巷、餐厅厨房，人们津津乐道的莫过于瓦仓米了。它以香、软、润、滑、爽的特色而备受人们青睐。它虽与热榜、热搜无缘，却始终占据着现代人的餐桌……在远安、在宜昌，甚至在湖北，瓦仓米已成为人们餐桌上必不可少的食物。

那么，瓦仓米何以让人们如此追捧、信赖，以至于一餐无它而食不知味？它又为何能在短时间内由小变大、从弱变强，使一个地域产品摆到众多家庭的餐桌上，根植于人们心中，进而被打造成一个知名品牌、著名商标？这背后一定有深层次的东西支撑着它一路披荆斩棘，从而铸就今天的辉煌。带着这些疑问，我们调研团的全体师生也加快脚步去寻找答案。

调研团到达的第二天，远安开始下起淅淅沥沥的小雨，但这并没有阻止调研团全体师生的脚步。在得知当地大力发展瓦仓大米这一生态农业产业后，我们找到了瓦仓当地的湖北瓦仓谷香生态农业有限公司负责人汪宗平、汪洪波父子。这对父子就是远安县重要生态农业——瓦仓大米产业的主要经营者。父亲汪宗平担任湖北瓦仓谷香生态农业有限公司董事长，他和蔼可亲，大家亲切地称他“老汪”“汪总”，关于远安县的瓦仓大米产业，他为大家进行了详细的介绍。

老汪就是瓦仓本地人，是个地道的庄稼汉，从小吃着“瓦仓米”长大。“村民们一直沿袭着传统的原生态种植方式，一年一季。”老汪说，他想着米好吃就能卖个好价钱，从 20 世纪 90 年代开始，他便做起了卖粮的生意。老汪给大家讲起了当时收粮、卖粮的经历。“那时挨家挨户去收米，然后运到外地卖，赚个差价。但忙活来、忙活去，也仅能维持一家生计。”他说，后来为了抱团发展，他便牵头成立了瓦仓大米专业合作社，年加工规模一度达到2000吨，但其中的艰辛只有老汪自己知道。

2008年，他积累了一定的经验，萌生了把“瓦仓大米”做大做强的想法。创业初期，为了开辟市场，他开车送米到外地推销，以先卖后收钱的方式赢得了商户和消费者的信任。有一次，他在赶赴五峰送货的路上积了冰雪，两次险些掉下悬崖，还在寒冷冬夜忍饥挨饿了一宿。说到这些的时候，老汪脸上却洋溢着笑容，但大家听着酸了鼻子。这个男人为了远安的父老乡亲，付出了太多。

他继续讲道：“人人都说‘瓦仓米’好，可摸爬滚打了几年，一直不温不火，就是卖不出高价。”老汪觉得关键还是规模太小，没形成品牌。家乡的大米虽然总体品质很好，当年也搞了合作社，但家家户户种水稻，种植过程中还是各管各的，稻谷品种又多达10多种，管理、技术、加工、包装、品牌策划等都没有跟上，大米产量小，且品质参差不齐，1千克只卖3.5元左右。“尤其是缺少适合规模化种植的高档优质品种，产量、档次都被束缚了，我差点要打退堂鼓了。”但老汪终究还是毅然决然地坚持了下来，因为他始终坚信瓦仓大米拥有如此优良的品质，只要做出品牌，一定能依靠它让乡亲们富起来，党、国家和当地政府也会积极参与，帮助构建瓦仓大米的产业规模和品牌。

近年来，为促进水稻种植等传统农业发展方式转变，促进农业增效和农民脱贫致富，湖北省着力推动了农业科技“五个一”行动——开展100项重大农业科技项目研发，与全省100家以上农业龙头企业深度合作，进驻上千个村进行科技培训和科技服务，深入1万户农家开展精准扶贫、精准脱贫工作，培养1000名以上农业科技领域的精英。藏在山里的“瓦仓米”也随之迎来了规范化、规模化、标准化、优质化种植和产业化发展。湖北省政府开始为瓦仓大米生产营销提供必要的技术支持，这犹如雪中送炭，也让老汪再次燃起了希望，“省农科院专家给我们提供了高档优质稻新品种鄂中 5 号的原种”。在这样的技术和品牌建设之下，“瓦仓米”逐步实现了统一提供品种、统一育秧服务、统一机械插秧、统一管理技术、统一粮食收购（图 1 –4）。

图 1 –4　包装完成的瓦仓生态大米

2018 年 8 月，老汪还与湖北省农业科学院进一步达成了高档优质稻品种选育、配套栽培技术研究、品质提升与品牌打造等合作，而且政府部门还和农户积极协调，加快推进了土地流转工作，使大米有了更大的水田进行培育和种植。这样一来，良种、良法、良制、良机、良田，天时地利人和，老汪又在合作社的基础上成立了湖北瓦仓谷香生态农业有限公司。以瓦仓为中心，通过新品种、新技术的示范，优化了茅坪场、洋坪、旧县、河口 4 镇 10 个村约 10 万亩（约 6667 公顷）水稻的种植，形成了一条从选种、种植、收割、收购、加工、销售一体化的“公司+合作社+农户+基地”的生产经营链条，并以土地流转、吸收入社、托管服务、劳务用工、订单回购等方式带动贫困户增收，将瓦仓大米全力推上了做大做强的快车道。公司成立后，在大米培育和加工上其方法更加多元化，可以根据不同消费群体开发系列产品，有的产品1千克能卖到几十元。2019年，老汪曾希望到2020年完成优质稻核心种植基地5万亩，辐射带动松散型基地5万亩以上，实现大米年产量达3万吨，其中高档优质大米1万吨以上，加工产值达5亿元的目标。就这样，远安县生态农业发展迅速，“瓦仓大米”声名远扬，其产品辐射宜昌、孝感、武汉、北京、深圳等地，广受消费者好评。瓦仓谷香生态农业有限公司也被认定为湖北省级重点龙头企业；“瓦仓村牌大米”被认定为湖北省著名商标。2020年，“瓦仓村软香米”被评为首届“湖北省名优大米十大品牌”，也是宜昌全市唯一上榜的大米品牌，汪宗平个人也荣获湖北省农村实用拔尖人才等多项荣誉。这些殊荣，正是老汪和县领导班子在远安脱贫攻坚战中的“军功章”，当地人民逐步摆脱了贫困，奔向了小康。

一枝独秀不是春，百花齐放春满园。为了让“瓦仓大米”的红利惠及更多乡亲，老汪的湖北瓦仓谷香生态农业有限公司启动了年产2万吨优质大米加工及2000吨大米制旅游休闲食品加工项目，年实现销售收入2.2亿元、税收600万元，提供就业岗位100个。他说，他是农民的儿子，是这片土地哺育了他，应时刻不忘众乡亲（图1－5）。于是，他积极参与“聚力脱贫攻坚，人大代表在行动”活动，在全县率先与4个乡镇签订了产业扶贫委托协议，与14个村、216户贫困户签订了产业扶贫帮扶协议、订单收购合同、产业精准扶贫务工协议书和农村土地经营权流转合同，为全县农民增收1000多万元，惠及595名贫困人口。

他还按高于市场价7%的价格收购贫困户的稻谷，按低于市场价50%的价格给贫困户提供稻谷种子。

图1-5 谭云明教授与老汪的访谈

在这里，我们看到的不只是老汪实现了梦想，更多的是远安县生态农业发展的蓬勃势头，这正是政府和企业合作的典型。政企合作，就如同两人合力挑着挑子前行，少了一个挑子都无法抬起，二者缺一不可，共同努力，将脱贫扶贫的重担抬着一步步前行，经过磨合，会越走越快，越走越稳。对于远安来说，倘若没有老汪这样的企业家，那脱贫就缺少了资金，步履定是维艰；而政府如果不帮助企业同乡亲们协调土地流转，给企业提供技术支持，单靠企业的力量也无法轻松地完成这些工作。远安县的脱贫之路历经风雨，但是我们欣喜地看到，在当地各方的精心呵护之下，远安县的生态农业——瓦仓大米产业已经结出了饱满的果实，相信在不远的将来，远安县的生态农业必将成为全县实现乡村振兴的重要力量。“一枝独秀”的成功成为远安乃至整个湖北生态农业的“领头雁”。

行者常至，为者常成。远安生态农业能取得如此显著的成就，依靠的就是县委班子不断带领当地人民进行探索的恒心，以及像老汪这样有作为、有情怀的本地企业家。回顾远安县的脱贫之路，充满坎坷、历经风雨……远安作为湖北省唯一整体不对外开放的县，2015 年被纳入全省 37 个贫困县之一。在人们的印象中，远安曾经是闭塞的“山旮旯”。自脱贫攻坚战打响以来，远安坚持县委书记挂帅，构建县委总指挥、常委包乡镇、乡镇抓统筹、县直抓帮扶、村级抓落实的五级责任体系，把党性最强、能力最优、作风最硬的尖兵猛将派到作战区域。同时，每个村再派驻 2 ~ 3 名干部实行“五天四夜”脱产驻村。2464 名公职人员按照每人不超过 5 户的标准，全覆盖实施结对帮扶，为贫困户建档立卡。打赢脱贫攻坚硬仗是对组织体系、管理体系、干部能力的一种检验、优化与再造。远安坚持优化顶层设计，创新建立了乡镇领导包村、民情反馈交办、月度述职述评、村民党员代表结对联系困难群众“四项制度”，深入开展“大走访、大督查、大整改”活动。通过紧盯问题导向，精准靶向施策，严防返贫风险，让脱贫成效惠及千家万户。

这是远安县委班子对于脱贫攻坚战总体的协调与部署，而在产业构筑方面，更重要的是务实，不求做多大，但是要精；不求产业的种类有多丰富，但是要落到实处。本着这样兢兢业业、求真务实的精神，根据远安县的实际情况展开了脱贫工作。“八山一水一分田”是对远安地势地貌的形象概括，据此在产业扶贫上，远安因地制宜，以“一村一品”专业村、重点农业园区和产业基地为载体，推动生态农业规模化发展。通过加大政策扶持力度，培育新型农业经营主体，发展优质稻 10.5 万亩、食用菌 6330 万袋、茶园 5.1 万亩、特色水果 6.5 万亩，大批困难群众捧上了依靠特色产业增收致富的“金饭碗”。

此外，远安推动扶贫攻坚与区位“瓶颈”破解、产业结构调整、人口梯次转移等工作深度“融合”。随着国家全域旅游示范区创建成功，全国城乡交通运输一体化示范县创建高效推进，脱贫攻坚已成为远安绿色发展、转型跨越的强大动力。越过了脱贫攻坚道路上的一道道坎，昔日“山旮旯”的远安县，如今成了以生态农业奔小康的“金银窝”。世上无难事，只要肯登攀，通过政府的努力与企业的经营，远安生态农业终于形成了自己品牌，真正走了出去（图1－6）！新的时期也有新的挑战，解决了人民的贫困问题，下一步就是要实现远安县全面的乡村振兴，从脱贫迈入小康。

图1－6 瓦仓大米种植基地禾苗长势喜人

振兴是脱贫工作的持续和衔接，但不同于扶贫，这是摆在远安县领导班子和当地人民面前的全新课题，回顾瓦仓起义到今天，不到100年的时间，这些年中，远安县经历了翻天覆地的变化，经历了革命起义、抗日战争、解放战争、中华人民共和国成立、改革开放、全面小康等重要事件。如今，远安县基本完成了脱贫致富的历史使命，脱贫攻坚战获得胜利，开始进入乡村振兴阶段，这一阶段有着崭新的目标和更加有难度的挑战。我们来此调研，就是要为远安乡村振兴提供高校人的智慧，提供新闻人的智慧，虽然我们学习的专业是人文社科，并不能对产业进行技术上的直接帮扶，但自身可以发挥自身的特点，将远安县产业，尤其是生态农业中的瓦仓大米，通过各种平台进行广泛的宣传，讲好远安故事，助力远安振兴，共同谱写远安县乡村振兴的新篇章！

三、鄂西：发展生态农业的宝地

目光随着远安县放远，是宜昌市和襄阳市，再放远，整个鄂西便呈现在眼前。从地图上来看，这里接近祖国版图的中心，包含襄阳、宜昌等8个市（州、林区），其中包括两个省域副中心城市——襄阳市、宜昌市；湖北省唯一的少数民族自治州——恩施土家族苗族自治州；16个国家级森林公园；3个世界文化遗产——武当山、明显陵、端午节（世界非物质文化遗产）；诸多令人心动的文化旅游符号，如长江三峡，清江画廊，太极湖（丹江水库），古隆中，荆州古城，炎帝神农、嫘祖、屈原、王昭君故里，曾侯乙墓编钟，龙船调，远当丹霞地貌及千年岩屋，神农架，大九湖高山湿地，恩施大峡谷腾龙洞，竹山桃花源，中国绝版原生态青龙村——山楂树之恋外景地，等等。

鄂西美丽的自然风光数不胜数，生态环境优美。

一是广袤的山岳资源。如在神农架，已初步查明有高等维管束植物199科、872属、3183种，真菌、地衣927种，其中国家重点保护植物76种，如珙桐、光叶珙桐，连香树、水青树、香果树等；神农架特有植物42种，如汉白杨、红坪杏等。这里有药用植物1800多种，“天然药园”的美誉驰名中外。神农架现有脊椎动物493种，占湖北省脊椎动物总数的57.5%。其中哺乳纲7目、22科、75种，鸟纲16目、48科、308种，爬行纲2目、8科、27属、40种，两栖纲2目、7科、23种，鱼纲4目、10科、32属、47种，分别占湖北省同类总数的61.9%、71.5%、68.9%、50.0%、23.4%。神农架蕴藏着丰富的昆虫资源，有

28目、157科、4143种；有国家重点保护野生动物73种。此外，还先后发现了30多种白化动物，如白林麝、白鬣羚、白蛇、白熊等，这是一个美丽的生物家园。这里还有武当山的七十二峰顶、高山牧场齐岳山、柴埠溪的奇峰怪石、原始丛林大老岭。

二是江河资源。这里最著名的就是长江三峡，世界上最典型的高山峡谷景观，生态优良，植物类别齐全，种类繁多，约4500种。其中药用植物3500多种、食用植物610种、油脂植物566种、观赏植物500多种、纤维植物250多种、用材树种300多种、防护林和绿肥植物136种、染料植物50多种、橡胶植物41种、其他用途（如芳香油、栲胶、果类、树脂树胶、色素等）植物480种。其中珍稀植物有篦子三尖杉、福建柏、银杉、金钱松、黄杉、穗花杉、巴山榧等19种。在兴山县龙门河林场发现了已绝迹近百年的国家二级珍稀濒危树种小勾儿茶。在巫山县五里坡林场发现了野生珍稀植物红豆杉群落的新分布点；清江有山水画廊的美誉，大峡谷更是世界著名的地质奇观；神农溪、九畹溪、泗溪、龙进溪等原始风貌，充满野趣。

三是溶洞资源。恩施、宜昌地区岩溶地貌发育典型，溶洞众多，尤以亚洲最大的溶洞腾龙洞最著名，腾龙洞整个洞穴群共有上下5层，其中大小支洞300多个，洞中有山，山中有洞，无山不洞，无洞不奇，洞中有水，水洞相连，构成了一个庞大而雄奇的洞穴景观。由水洞、旱洞、鲤鱼洞、凉风洞、独家寨、3个龙门、化仙坑等景区组成，整个洞穴系统十分庞大复杂，容积总量居世界第一，是中国旅游洞穴的极品。洞外山清水秀，水洞口的卧龙吞江瀑布落差20多米，吼声如雷，气势磅礴，洞中有5座山峰、10个大厅，地下瀑布10多处，洞中有山，山中有洞，水洞旱洞相连，主洞支洞互通，且无毒气、无蛇蝎、无污染，洞内终年恒温，保持14～18℃，空气流畅，是旅游、疗养、地质考察的绝妙所在，洞中景观千姿百态，神秘莫测。洞中共有150多个洞厅，象形石140多种，该地区的地质环境特征具有代表性，发育过程中体现了发育、叠置、继承、新生等特征。理想的教学、科普和实践基地，如地理与其他相关学科。对腾龙洞的岩溶体系进行深入的探讨，对腾龙洞泄水能力的估算和利川流域的洪涝灾害具有一定的现实意义。利川腾龙洞最突出的特点是规模巨大，就洞穴的廊道空间而言，与中国及世界上最著名的洞穴相比，其在国内和世界上都占有非常重要的一席之地。大洪山有“溶洞王国”之称。

四是动植物资源。鄂西地区森林茂密，有著名的“鄂西林海”，其森林覆盖率达到75%，林木总储量约3000万立方米。有世界著名的原始遗存和稀有树，如水杉、银杏、珙桐；鹅掌楸、香果树、楠木等特产，被列为朝贡珍品。金钱松、穗花松、马尾松等珍贵树木，除具有观赏价值外，还属古老孑遗植物，被誉为世界“活化石”。其木材结构理直，为上等用材。森林茂密、植被良好，是华中森林宝库之一，享有“天然植物园”的美称。如此优良的生态环境使鄂西成了整个湖北，甚至全国独特的“生态宝库”，勤劳朴素的鄂西人民描绘出人与自然和谐相处的画卷。

得天独厚的“生态宝地”也注定鄂西是发展生态农业的“宝地”，除了远安县的生态大米，比较著名的还有秭归县的脐橙。众所周知，秭归是著名的“中国脐橙之乡”，培橘有着很长的历史，距今已有2000多年，著名的爱国诗人屈原曾在家乡谱曲《橘颂》。秭归脐橙能拥有如此高的品质，很大一部分要归功于秭归身处鄂西天然的生态环境，秭归县位于湖北省西部，地处长江西陵峡两岸，三峡工程坝上库首。地理位置为东经110°0′5″～110°18′36″，北纬30°37′54″～31°11′32″，为西川东褶及鄂西八石山坳会合地带，由巫山山脉东西或南北走向的峻岭组成，总面积为2427平方千米。境内奇峰高耸、危岩峭立、巅连起伏、沟谷纵横。境内香溪河、良斗河、清港河等7条长江支流由北向南、由南向北切割，构成了海拔高低悬殊的复杂地势。整体地势是西南高东北低。县内河谷地带气候资源独特，土壤适宜，环境优美，特别适宜秭归脐橙的生长发育。

此外，还受益于鄂西优良的气候生态，这里地处三峡河谷地区，受秦巴山脉及三峡水库影响，河谷地带气候特殊。境内气候温和，冬暖夏凉，雨量充沛，属亚热带季风气候。平均气温17.5～20℃，月均温≥10℃，年活动积温为5723.6℃，年日照时数1631.52小时，空气相对湿度72%，年无霜期在306天以上，年平均降雨量达1016毫米。境内山峦重叠，群峰交错，气候类型多样，逆温层效应、坡壁效应、水体效应显著，立体气候和冬暖特征独特，极少遇到冬害。三峡库区蓄水至175米后，在强大库区水体的作用下，年均气温提高1℃左右，冬季平均增温0.3～1.3℃，年极端最低温度提高2℃左右，夏季平均降温0.9～1.2℃，是湖北著名的冬暖区，是脐橙栽培的最佳区域。

优良的气候生态也孕育出得天独厚的生态土壤，秭归县土壤以黄壤和紫色土为主（占67%），秭归脐橙产区内的土壤质地良好，疏松肥沃；酸碱适宜（pH值范围为5.5～7），土层深厚；有机质含量丰富（1%以上），土壤富含磷、钾（速效磷平均含量为百万分之5.49，速效钾平均含量为百万分之96.4）；地下水位1米以下，适栽种面积20万亩，全县植被丰富，森林覆盖率45%以上，无工业“三废”污染。早在2001年，农业部（现农业农村部）农业环境质量监督检验测试中心对秭归的土壤、空气环境、灌溉水进行采样分析监测表明，秭归脐橙产区内的土壤主要污染物的五项指标，单项污染指数为0.03～0.60，小于1.0；综合污染指数为0.35～0.46，小于0.5，均属于清洁范围。空气环境综合污染指数范围为 0.1 ~ 0.24，小于 0.5，属于清洁范围。灌溉水主要污染物含量值单项污染指数小于 0.6，综合污染指数为 0.15 ~ 0.44，小于 0.5，属于清洁范围。

综上所述，秭归脐橙产区内空气质量优良、水源质量优质、土壤适宜，各项指标均符合 GB 3095、GB 5084 和农业行业标准《无公害食品——脐橙产地环境条件》（NY 5016—2001）的要求，是生产无公害脐橙最适宜的区域。目前，秭归已有果树 30 万公顷，年产 40 万吨的橘子和橘子的深加工产品。在秭归，凭借种植优势，已有收入达 3 亿元的村出现，有 12 个月收入超过 5000 万的专业村。现有 3 个柑橘深加工、55 个洗果品分拣、150 个专业合作社，年产新鲜水果 40 万吨。

秭归脐橙无疑是鄂西发展生态农业的又一成功“样板”，就生态农业本身而言，生态环境肯定是地区要具备的“硬件”，这个“硬件”是鄂西绝大多数地区都具备的，但是，如何让整个鄂西的生态农业得到推广，这是一个真正的难题。纵观整个鄂西，之前都是以发展传统农业为主，土地反复耕种粮食作物，然后等着国家上门收粮，从而获得收入。而生态农业在前文已详细阐述，是相对于“石油农业”而言的，是一种比较高级的农业生产形态，我国普遍实行“石油农业”的地区尚少，直接从传统农业过渡到生态农业无疑是一个跨度很大的改变，但是这样的改变势在必行，不仅是国家“绿水青山就是金山银山”的生态理念的要求，更是乡村因地制宜脱贫致富、完成乡村振兴的需求。

目前，鄂西发展生态农业也面临几个问题：一是理论基础不完备。生态农业需要包括农林学、畜牧学、水产养殖、生态学、资源科学、环境科学、加工技术、社会科学等多学科作为支援。以前的研究，往往是单一学科的，因此不能对这一复杂系统中的某种组分有一定的甚至比较深入的了解，而且对于这些组分之间的相互作用还知之甚少。因此，需要进一步从系统、综合的角度对生态农业进行更加深入的研究，特别是要素之间的耦合规律、结构的优化设计、科学的分类体系、客观的评价方法等，这就需要与农业科学院以及高校农林专业加强合作。二是农业的产业化水平不高。发展生态农业的根本目的是实现经济效益、生态效益和社会效益的统一。但是，在鄂西的许多农村地区，促进经济发展、提高人民的生活水平仍然是一项紧迫的任务。生态农业的实际情况还不能满足其需要，因为在一些地方，紧紧依靠种植业的发展，难以获得比较高的经济效益。三是推广力度不够。生态农业在我国有着较为悠久的历史，包括远安县政府在内的许多当地政府也较为重视，但生态农业仍然没有在更广泛的范围推广。比如，全国有 101 个生态农业乡，相对于全国 2000 多个县城来说，这个数目实在是太少了。由于我国目前面临巨大的人口负担，不能充分开发利用自然资源，在一定程度上导致了整个生态系统的退化。在很多地区，非点源污染仍是一个非常严峻的问题。土壤侵蚀，土地退化、荒漠化，水资源和大气污染，森林草原的生态环境恶化，是影响我国农业可持续发展的重要因素。生态农业的试验在一定意义上只是“星星之火”，尚未“燎原”。我们此行调研的目的就是发挥新闻传播专业的优势，帮助远安县乃至整个鄂西推广生态农业，为鄂西的乡村振兴助力，和鄂西人民一道完成乡村振兴的历史伟业。

二 血液里的红色基因

一、瓦仓起义遗址前的沉思

我们跋山涉水、不远千里来到远安，站在瓦仓起义遗址前，望着体验馆中一个个革命先烈的名字、一件件遗物、一桩桩事迹，历经岁月的洗礼与沉淀，环顾当下的民主与富强，睹物思人，革命先烈的形象并未在岁月的更迭中褪色，反而愈加高大。百年党业，初心如磐，在远安这片热土上发生的红色故事将永远是中国共产党发展史上浓墨重彩的一笔。

初心远迹

被誉为打响鄂西秋收第一枪的瓦仓起义，在中国革命历史上具有十分重要的地位。远安县隶属湖北省宜昌市，位于湖北省西部、宜昌市东北部，地处鄂西山地向江汉平原的过渡地带，地理位置优越，易守难攻，常为兵家必争之地。同时，远安还有着起义良好的政治与群众基础。在远安 1752 平方千米的红色土地上，远安人民与中国共产党结下了深厚的情谊，在中国共产党的带领下，远安人民经历了大革命、土地革命、抗日战争及解放战争，且都取得了胜利。在艰难的岁月中，远安人民砥砺前行，在社会主义建设与改革开放事业上都取得了辉煌的成就，并涌现了一批可歌可泣的英雄人物。远安今日的成就是远安人民艰苦奋斗的结晶，亦是中国共产党一路风雨兼程的缩影。感人至深的英雄事迹将继续激励着远安人民沿着中国特色社会主义道路一路高歌猛进，推动远安实现新的跨越式的发展。

1927 年 8 月 7 日，党中央在汉口召开紧急会议，确定实行土地革命和武装反抗国民党反动派的总方针，并把发动秋收起义作为党的主要任务。会上，毛泽东提出了“以后要非常注意军事，须知政权是由枪杆子中取得的”的著名论断。为挽救革命，湖北省制订了秋收暴动计划，并选取了反动派统治较弱、革命力量较强的瓦仓地区。经过长达 1 个多月的准备，加强了领导部署，深入群众开展宣传工作，激发了群众的革命热情，革命队伍与武器也进行了一定程度的完善。9 月 14 日晚，起义总指挥部下达了“杀尽反动官吏和土豪劣绅，无情地镇压一切反革命”的命令。瓦仓农民自卫团以攻打瓦仓区团防局为标志，打响了鄂西地区秋收起义的第一枪。9 月 15 日，瓦仓工农革命政府成立，这是鄂西地区第一个人民当家做主的革命政权，下辖 10 个乡农民协会。10 月初，瓦仓工农革命政府改称瓦仓苏维埃政府。

瓦仓起义是党直接领导下的红色革命，历时 8 个月，在鄂西地区秋收起义中声势最大、坚持时间最长，具有重要的历史意义。据史料记载，在瓦仓起义中，有 220 多名共产党员和农协会员英勇牺牲，他们用热血换来了瓦仓起义在鄂西革命斗争史上荣获的 3 个“第一”：打响了鄂西秋收武装起义的第一枪；诞生了瓦仓工农革命政府，这是鄂西第一个人民当家做主的革命政权；组建了鄂西第一支脱产武装——工农革命军鄂西挺进大队。瓦仓起义对鄂西地区革命斗争产生了重大而深远的影响，瓦仓起义后，周边地区的农民自卫团也纷纷响应，并用不到 10 天的时间，在荆当远（荆门、当阳、远安）边地区形成了以瓦仓为中心的红色区域，为荆当远革命根据地的创立奠定了坚实的基础。起义的胜利在很大程度上震慑了国民党反动派，引起了湖北军阀的极大恐惧。

瓦仓起义在中国共产党革命史上意义重大，从瓦仓起义到丧失红色区域，历时整整8个月，意义重大。在此次起义中，中国共产党既积累了农民武装斗争的经验，也吸取了革命斗争失败的教训，对鄂西地区革命工作的推进产生了较大的影响，极大地促进了邻近地区武装斗争的深入开展。

瓦仓起义过程中形成了具有中国特色的瓦仓革命精神，具体表现为：为理想信念不怕牺牲的精神、敢为人先的创新精神、不屈不挠的拼搏精神、团结战斗的写作精神、为人民谋福祉的民本精神。首先，瓦仓起义的先烈具有崇高的共产主义理想与信念，并能为理想信念付出自己宝贵的生命。其次，瓦仓起义打响了鄂西武装反抗国民党反动派的第一枪，具有十分重要的首创意义，这种首创精神对于远安县的发展产生了重大影响，也影响了当代“远安精神”的形成。再次，无论在战斗的准备阶段还是在战斗的过程中，革命先烈都表现出很强的拼搏精神，在困难面前不屈不挠、团结协作。最后，为人民谋福祉是中国共产党的主旨，亦是无数共产党人奋斗的“初心”，瓦仓革命先烈在革命的过程中，始终紧密联系群众，深入人民群众开展宣传工作，并以为人民求解放、谋福祉为革命目的，起义第二天就在革命地区成立了第一个人民当家做主的政权。

瞻仰烈士陵园

“青山处处埋忠骨，何须马革裹尸还。”为更好地追寻先烈足迹，传承红色基因，调研的第三天，调研团一行人走进了瓦仓革命传统教育基地，缅怀先烈，接受精神的洗礼（图2-1）。

调研团全体成员怀着万分敬畏的心情，列着整齐的队伍，站在瓦仓起义革命烈士纪念碑前，肃然起敬。聆听瓦仓起义中革命先烈的热血故事，崇敬之情不禁油然而生，在调研组组长的有序组织下，全体成员环

图2－1　瓦仓起义革命烈士陵园大门

绕纪念碑一周，向革命烈士致以最诚挚的敬意。随后，调研团一行人前往瓦仓区苏维埃政府旧址傅家祠堂，参观了祠堂内的革命文物，并聆听了瓦仓起义革命先烈傅家军的红色故事。

在历史的长河中，无数仁人志士为中华民族的事业抛头颅、洒热血。“一门九英烈”的傅家是瓦仓村的大姓，有几十人投身革命，当年瓦仓起义和当阳片区的革命活动极大地震慑了当地的土豪劣绅和革命党反动派，当地反革命政府与土豪地主随即组织了万余人的军队，对农民的起义进行镇压，由于双方实力悬殊，农民自卫队不得不在特殊的局势下分散突围，保存革命力量。其中，黄冠柏、傅丹湘、汪文化等百余名将士，历经艰辛，突破重围，抵达远安南乡，整编成立“工农革命军鄂西挺进大队”。年仅 28 岁就牺牲的傅立楷留下了遗腹子傅家森。参观过程中，傅家森之子傅宏感慨道：“先辈们的遗志不能忘记，先辈们的舍生忘死我们要始终铭记，没有先烈们抛头颅、洒热血，就没有当下安稳、富足的生活。中国共产党成立 100 周年，这是一个特殊的年份，是一个具有纪念意义的年份，我们更加要缅怀英烈，致以深切的哀思，献上崇高的敬意，带着对美好生活的期待，努力地生活，建设更好的中国。”另有一位烈士后人傅芳芳也表示，自己现在于宜昌市中心人民医院就职，身为一位麻醉师，她小时候也经常聆听长辈讲述革命先烈的故事，家中也继承了崇敬革命先烈的家风，由于从小受家庭的熏陶，如今她也成为一名光荣的共产党员，在自己的岗位上践行为人民服务的宗旨。傅立桂烈士之孙傅云向调研团成员展示了一张烈士证，并称那张烈士证是传家宝，未来也会一代一代地传下去。如今，傅家祠堂已经成为远安革命教育基地，对远安县乃至湖北省都产生了深远的影响。

从 3 位烈士后人的话语中，我们深切地感受到了瓦仓人血液里流淌着的革命品质，革命烈士对于革命的炽热仍能在后人身上找到影子。革命烈士对待革命的态度，瓦仓人过去的品质，都被很好地传承了下来。同时，瓦仓的革命精神也在新的时代被赋予了更加丰富的内容。烈士后人在新时代，始终牢记革命先烈的革命精神，血液中也始终流淌着革命烈士的鲜血。无数瓦仓人在平凡的岗位上践行着革命精神，用自己的智慧促进瓦仓现代化的发展，实现了瓦仓生态农业的发展，推进了瓦仓地区农业现代化的进程，极大地促进了瓦仓地区的乡村建设工作。革命精神一脉相传，瓦仓革命精神也在时代的推移中，逐渐得到了丰富与发展。

站在烈士陵园前，聆听着烈士的故事，笔者不禁心头一颤，调研团的其他成员也被瓦仓起义烈士的事迹所感动。遥想革命年代，华夏大地处于水深火热之中，中国人民饱受各种势力的摧残，怨声载道，中国共产党始终代表着人民的利益，联合各方可以联合的力量，以为人民谋幸福为革命目标，在动荡的年代，凭借顽强的毅力，在生灵涂炭的中华大地上突破重围，杀出一条血路，让中华儿女看到了和平的曙光。今日的幸福生活是革命先烈用鲜血换来的，今日的成就是他们用坚毅铸就的，革命先烈在起义中用行动践行了入党誓词，用生命谱写了中华革命的壮烈华章。祠堂内的一个个老物件无一不是革命历史的见证，时间在它们身上烙下的印子，正是在岁月更迭中沉淀下来的红色密码，正是因为有这些平平无奇的小物件，我们才能更好地窥见革命先烈轰轰烈烈的往事。

铭记历史，英雄永垂不朽，革命薪火相传，照亮新征程。参观过程中，有成员表示通过走访烈士陵园，更加明白了中国共产党一路走来的艰辛，作为青年，我们更应在追寻红色足迹的过程中，用心体味与学习，更好地传承红色基因，为建设祖国不懈奋斗。

如今的瓦仓起义革命烈士陵园已成为革命传统教育基地，无数党员、干部、学生和群众到此悼念瞻仰，革命先烈的精神激励着后人不断奋进。革命先烈将以另一种形式见证瓦仓的发展，用另一种形式激励新时代瓦仓儿女前行，实现乡村振兴。

生态农业的促进剂

站在瓦仓起义的遗址前，笔者脑海中浮现出远安这座城市的全貌。回顾历史，又不禁联想到近年来瓦仓在生态农业方面取得的成就：小小的瓦仓能够在极短的时间内迅速发展起生态农业，并且能凭借自身过硬的产品品质、不断创新的精神、品牌建设的决心让瓦仓香米声名远扬，辐射至许多一线城市。远安在生态农业发展中取得的这些成就与远安优越的自然环境有关，更与远安人民血液中流淌着的革命精神与品质有关。

站在瓦仓起义遗址前，笔者望着四周碧绿的树木，呼吸着新鲜的空气。以远安县茅坪场镇瓦仓村为重点的原生态耕作区，神似一位超凡脱俗的女子，在大山的衬托之下显得格外柔美；她吸取日月精华、天地灵气，孕育出远近闻名的瓦仓香米。远安地区的自然环境优越，环顾四周，青山绿水，空气清新，住户较为分散，与繁杂的城市形成了鲜明的对比，为香米的种植提供了一个优良的环境。

远安县优越的地理环境及悠久的种植历史成为促进当地生态农业发展的重要推动因素。远安县隶属湖北省宜昌市，位于湖北省西北部，处于鄂西山地向江汉平原的过渡地带，森立覆盖率高达 74.5%，是湖北省绿化达标第一县、湖北省生态县。瓦仓镇独特的地形环境也为瓦仓大米的生长提供了良好的条件，这里主要以丘陵岗地为主，平均海拔 500 米，既不同于平原地区，又异于山地。瓦仓香米种植区域山亘连绵，云雾缭绕，溪流纵横交错，稻田错落其间，远离城镇、村庄、工业区及交通要道，条件较好且无污染。稻田土壤为土质深厚的黄泥、青岗泥和紫潮泥，土壤酸碱度适中。此外，香米产地自然肥源情况良好，产地森林覆盖率为 80% 以上，稻田四周皆为林地，山林面积是耕地面积的 7 倍以上，自然肥源非常丰富。瓦仓大米生产区域内，水资源丰富，产地区域内有漳河、巩河流经，并且瓦仓还是这两条河流的发源地，水源充足，水质清洁无污染，在十几年的发展中，已经建成了完善的灌溉系统，灌溉渠道有 15 条，能实现产地全覆盖。产地气候条件优良，处于亚热带大陆季风气候区，气候温和，雨量充沛，光照充足。瓦仓大米属中籼稻，每年七八月灌浆，在水稻灌浆期间，产地昼夜温差较大，营养物质积累多，生长于如此优越的自然环境中，瓦仓香米的质量远远优于其他地区。稻谷千粒的质量一般比其他产区高 2 克，谷粒金黄、大而饱满、晶莹透亮、大小均匀整齐。香米做成米饭，清香、微甜，无任何异味，入口绵甜，糯而不腻，是米中精品。调研过程中，村支书提到：瓦仓到处都是山，只有树，其他啥都没有。正因为瓦仓没有先进的工业，才能成为生态农业的发源地，成为瓦仓香米的种植基地，才能依据当地的特色实现乡村振兴。

瓦仓大米的生产具有一定的历史渊源，据清同治五年《远安县志》记载："邑米行销沙市、汉口，米质上等，价高数码。"由此可见，瓦仓大米在清同治年间就已经十分走俏了。中华人民共和国成立前，远安大米在汉口就已经设立了专门的米饭铺。2008 年，瓦仓村成立了大米专业合作社，产区内的农户实现了抱团发展，合作随着实践的推移愈加完善，2013 年，在合作社的基础之上又成立了大米农企，实行了"合作社 + 家庭农场"的模式，并得到了湖北省农业科学的技术帮助，在育种与管理模式等方面实现了跨越式的发展。

除了优越的自然环境与历史条件，革命老区人民也对远安县生态农业的发展、乡村振兴工作给予了极大的支持。瓦仓作为老革命区，革命精神世代相传，并随着时代的发展，逐渐被赋予了新的精神内涵。环境瞬息万变，在新时代，远安人民虽然不再需要面对战争炮火，但他们仍旧需要打一场特殊的"战争"，只是战场变成了工作岗位，斗争的对象变成了贫穷与落后，斗争的目标也变成了实现乡村振兴。远安人民的骨子里有着瓦仓人过去的优秀品质，这些优秀品质历久弥新，被很好地传承了下来。当我们去村里的红军食堂吃饭时，手捧着用香喷喷的瓦仓大米煮成的米饭，眼眶不禁湿润了，这碗米饭蕴含的东西实在太多了：有瓦仓革命先烈为今日的太平生活而奋斗的初心；有当代瓦仓人为了生态农业、乡村振兴工作的决心；有瓦仓人民为了幸福生活始终坚定不移的恒心。我们吃的是红军食堂的米饭，感的是烈士英勇奋战的精神，品的是瓦仓人艰苦奋斗的品质，悟的是远安人民一脉相传的情感。

二、寻找傅恒之

站在远安大地上，遥想这里曾是先烈们抛头颅、洒热血的土地，先烈们对于这片土地的热爱定是深沉的。聚焦当下，瓦仓谷香生态农业有限公司汪宗平父子对于这片土地同样有着无比的眷恋与独特的情怀。是什么影响着一代又一代的远安人民为远安这片土地前仆后继？应该是印刻在远安人骨子里的改变命运的精神。正是这种精神不断地激励着远安的人民努力脱贫致富，实施乡村振兴，最初的原动力无不与这些红色基因的传承有关。为寻找这些精神的动力之源，我们驱车几十千米来到烈士陵园祭奠先烈……

英雄傅恒之

"人固有一死，或重于泰山，或轻于鸿毛。"在烈士陵园内一座不起眼的角落，有一座十分简陋的墓，一抔黄土，掩埋了瓦仓烈士的忠骨，那正是瓦仓起义领导者之一——傅恒之烈士的陵墓，这座陵墓和纯朴的瓦仓人一样，静静地矗立在烈士陵园的一隅，无任何华丽的装饰，只是安静地接受岁月的洗礼，岁月的风尘早已在陵墓上刻下了斑驳的印记，在岁月的洗礼下变得更加肃穆、庄严。

通过对烈士陵园相关工作人员的采访，以及对瓦仓起义烈士资料的调查与翻阅，我们逐渐对傅恒之烈士的英雄事迹有了深入的了解。据《三峡日报》记载，傅恒之（1901—1928），名立权，号恒之，当阳县庙前六房湾（今当阳市庙前镇庙前村）人，土地革命战争时期任中共瓦仓区委书记、当阳县委代理书记，参与领导了瓦仓起义。年少时期的傅恒之学习成绩优异，于1922年考入武昌三中，在武昌三中的这几年，傅恒之由于受到武汉三镇学生运动、工人运动，特别是京汉铁路大罢工的深刻影响，开始接受革命思想，积极参加学校的进步活动，即便是在假期回家时，他也会用自己在武昌三中上学时学到的革命思想来武装自己，参与并领导当地乡俗改良会活动，并逐渐成为当地乡民的领袖人物。

1926 年 10 月是傅恒之革命生涯中具有标志性意义的一年，他在当地党组织的带领下，顺利地加入了中国共产党，成为一名光荣的共产党员，为后期参加马克思主义的宣传工作和瓦仓起义奠定了基础。

1927 年春，傅恒之为响应组织号召，利用自己在武昌学到的理论知识在家乡宣传马克思主义，组织农民与土豪劣绅作斗争，发展中国共产党党员，取得了初步成果，创建了庙前地区第一个中国共产党组织——三连湾党支部。同年 5 月，傅恒之出色的领导能力得到了组织的认可，并被委任中共瓦仓区委书记。傅恒之在组织内的身份发生了较大的变动，组织党内活动也更加频繁。随后，傅恒之在瓦仓本地进一步发展了党组织，也取得了一定的成效，先后建立了庙前、巩河、李家店、沙坝河、老观窝等党支部，同时发展了 9 个乡级农会。在前期工作成果的基础上，傅恒之领导农民掀起了减租退押、揪斗土豪劣绅的热潮，提出了“打倒新军阀蒋介石”“农工联合万岁”等口号，在当地掀起了一定的革命浪潮，在一定程度上起到了震慑土豪劣绅和当地军阀势力的作用，为瓦仓起义奠定了良好的基础。

1927 年 8 月，中共“八七”会议后，鄂西特委和当阳县委决定发动以瓦仓为中心的鄂西秋收起义，并成立了瓦仓起义指挥部，傅恒之任瓦仓农民自卫团参谋长，参与领导起义。傅恒之接到上级委派的任务后，积极参与起义的准备工作，在当地百姓中开展宣传工作，为起义工作奠定了较好的群众基础。

经历了一个多月的准备，傅恒之领导的瓦仓起义于 1927 年 9 月 14

日爆发，在较短的时间内，起义军相继占领瓦仓银子岗、水田湾、石马槽、庙前、丁家河、月溪畈等方圆百里，并捣毁了国民党统治的权力机构，建立了宜昌地区第一个工农民主政权——瓦仓区苏维埃政府，开辟了宜昌地区第一块苏区。这在中国共产党革命史上具有划时代的意义。声势浩大的瓦仓起义震惊了土豪劣绅和国民党反动派，这些反动势力开始迅速召集队伍进行反扑，由于双方实力相差悬殊，起义军难以抵抗反动势力的反攻，为保存实力，被迫进行转移，傅恒之也在此时转移到了城区的洪市坪一带，并继续开展活动。

1928年2月，鄂西秋收起义总指挥兼当阳县委书记李超然牺牲，傅恒之在白色恐怖中，顶着巨大的压力重建中共当阳县委，并任代理县委书记。4月，他奉命转移到枝江，并在枝江找到了隐蔽的周景颐，当地反动派认为傅恒之有嫌疑，将其逮捕，很快傅恒之就被抓入狱，后经党组织奋力营救得以释放。随后，鄂西特委安排傅恒之负责宜昌县的工作，他又致力于在宜昌县开展革命工作。不久，傅恒之就被当阳县的反动头子谢玉麟盯上了。

1928年8月的一天深夜，傅恒之在宜昌樾林客栈对面的房里召集七八位同志开会，被国民党当阳县保安大队中队长谢玉麟窥知，他将随行人员布防在大门两侧。会议结束，傅恒之刚一出门，谢玉麟便一把将其抱住，大喊“抓共党!”傅恒之见已无法走脱，为了掩护其他同志，也抱住谢玉麟大喊“抓共党!”，故意营造混乱局面，片刻间引来很多人围观，与会的其他同志遂在混乱中脱险。傅恒之被保安中队押回当阳，途中他遭皮带抽、刺条打、枪托擂、刺刀戳，被折磨得遍体鳞伤、鲜血直流。但是，反动势力的毒打并未消磨傅恒之的革命意志，敌人也并未从他口中得到任何有价值的消息。

傅恒之被押回当阳后，瓦仓、庙前的反动头目四处活动，以收集傅恒之的“罪行”，不久，他们就开庭审讯了傅恒之，当阳县县长邦燮也在进行日夜谋划，拟逼傅恒之“认罪伏法”，傅恒之在法庭上大义凛然，慷慨激昂，义正词严，驳得县长理屈词穷、气急败坏。9 月中旬，傅恒之被反动势力枪杀于当阳西门城外，时年 27 岁（图 2－2）。

图 2－2　1927—1933 年远安县牺牲的烈士名录
（傅恒之的姓名居第九行第九列）

傅恒之不愧为一名真正的中国共产党党员，一位优秀的中华儿女，他为组织瓦仓起义、宜昌县的革命工作做出了极大的贡献，他在反动势力面前表现出的敢于斗争、敢于牺牲的革命精神与高尚品德被代代相传。在动荡的年代，傅恒之毅然决然地走上了革命的道路，他坚信，凭借瓦仓人民改变命运的精神肯定能战胜一切，能指引远安人民改变动荡的社会局面，过上幸福的生活。同样，这种改变命运的精神也深深地烙印在了远安人民的骨子里，这种精神将一直指引着远安人民在远安这片净土上辛勤耕耘，实现乡村振兴与共同富裕的梦想。

远安精神

在对人民英雄傅恒之生平资料的收集与翻阅的过程中，调研团的成员内心都很震撼。在当阳反动头目谢玉麟盯上傅恒之之前，在狱中的邓传均、赵洪运便设法与他取得联系，捎信给傅恒之，告诉他当阳县的反动头目谢玉麟已经到达宜昌，并嘱咐他注意回避。即便是在知情的情况下，傅恒之依旧不顾自己的安危，将自己的安全置之度外，仍旧在宜昌地区高频率活动，留在宜昌组织工作，并设法解救邓传均与赵洪运。傅恒之即便在入狱后，面对敌人的恐吓、毒打与引诱，他都能始终坚定自己的信仰，独自一人扛下了所有痛苦，并与反动势力在法庭上义正词严地驳辩，给敌人当头一击。若没有许许多多像傅恒之一样对革命抱有坚定信念和不怕牺牲的革命者，远安人民不可能如此顺利地一步一步地取得革命的胜利，过上如今安稳、富足的生活。

鄂西秋收起义的发动可以溯源至“四一二”反革命政变。1927 年，在北伐战争即将取得全面胜利之时，中国国民革命军总司令蒋介石在上海发动政变，将矛头指向了中国共产党和革命群众。中国共产党陷入了水深火热之中，为了打击国民党反动派的气焰，周恩来组织了“八一”南昌起义，打响了武装反抗国民党的第一枪。随后，党中央在武汉召开了“八七”会议，决定开展全面的武装暴动。中共湖北省委遵照党中央“八七”会议指示，制订秋收起义的计划。湖北省秋收起义计划将全省划分为鄂南、鄂中、鄂西、鄂北、京汉路、鄂东、武汉 7 个区，各区成立特别委员会，具体领导农民起义。省委将江陵、公安、石首、荆门、当阳、宜昌、宜都、松滋等县划为鄂西起义区。为加强鄂西区的起义领导，省委派省委常委兼农民部部长任旭前往鄂西地区指导工作。时年 9 月初成立鄂西特委，由宜昌书记曹壮父及张计储、张善孚组成鄂西特委。同时成立由特委书记张计储、委员曹壮父及当阳县委书记李超然等人参加的鄂西革命委员会，并将其作为秋收起义的指挥机构。[①]

鄂西特委和鄂西革命委员会成立后，制订了鄂西秋收起义计划。特委分析鄂西各县的形势，决定在当阳首先发动武装起义，特委认为“鄂西党组织颇不健全，农运工运，均甚幼稚，再经杨森东下之蹂躏，更属残酷不堪”。从特委的分析中可知，当阳县当时党组织发展并不健全，虽然已经爆发过农民运动与工人运动，但是都不够成熟，当地的革命力量在反动派的摧残下，人民生活在水深火热之中。再审视当地的地理环境，四周环山、交通不便，可见当时远安一带人民的生活是十分艰苦的。但是，当阳的群众基础和革命热潮是鄂西地区“工作最好的部分”。当阳在城关起义中获得了一定的武装斗争经验，荆（门）当（阳）远（安）地区驻防的川军秦汉三、罗福祥和杜伯乾的两个旅，投身革命，有利于发展革命力量和发动武装起义。

傅恒之身上的精神归根结底是改变人民命运的精神。远安当时的革命状况与百姓的生产生活状况都不容乐观。就国家局势来看，中国共产党在当时处于弱势，实力方面与国民党反动派存在较大的差距，命运似乎已经给中国共产党及生活在水深火热之中的中国人民判了“死刑”。但是，即便面对着如此严峻的形势，傅恒之仍旧坚信自己的选择，在中学时便积极接受先进思想的熏陶，参加革命活动，并在假期利用自己所学在家乡开展相关活动。风暴来临之时，命运在勇士面前不断挑衅，勇士低头不语，即便面对着来自命运的狂风暴雨，他也不会低头，甚至已经坚定了要以自己的身体祭奠理想信念的决心。傅恒之不相信命运，他不信中国社会永远生灵涂炭，他不信中国大地永远有硝烟与战火，他更不信中国人民的生活永远被阴霾笼罩，他拼尽全力，向命运怒吼，他的

---

① 1927 年中共“八一”南昌起义之后，起义总指挥贺龙指挥起义军南下广东，参加潮汕汤坑一战。

吼叫是无声的、是坚韧的，是与中国四万万同胞同心共体的。直到生命最后一刻，傅恒之也未向反动派低头、未向命运屈膝，他昂首挺胸地承受了一切。艰苦卓绝的革命，傅恒之用生命守护，他的生命定格在鼎盛之年，但无数有着改变命运精神的远安儿女继续前行；今日的中华盛世、远安振兴傅恒之没能见到，但一切如他所愿。

傅恒之身上这种不向命运屈服的精神也能在当今的远安儿女身上看到。英雄傅恒之身上的革命意志与革命精神也深深地烙印在了远安人民的骨子里，变成了一种传承，流淌在远安人民的血液中，在浩浩荡荡的时代长河中悄无声息地流传了下来。远安人民对于命运，从骨子里就带有“不懈”的情绪。远安瓦仓地处偏远乡村，远离城镇，交通发展较为落后，由于缺乏工业，百姓生活并不富足。在这样的环境中，远安要想实现长足的发展、振兴乡村、实现共同富裕可谓难于上青天。但是，远安人民骨子里的改变命运的精神偏不信命运对远安的安排，他们开始奋起，用自己的学识与勤奋带动了远安地区生态农业的发展，并在短短的几年间取得了优异的成绩。

远安人民面对着远安的青山绿水，山对于远安的工业发展与城镇化推进来说，确实是一个不小的障碍，但同时，对于当地发展生态农业而言，又是一个不错的先天条件。远安人民开始决心利用远安地区优越的自然地理条件发展生态农业。但是，具备了优越的自然条件，又该发展什么样的生态农业呢？该种植什么呢？随即远安人将目光聚焦在当地有着种植历史的瓦仓香米，并着手种植。2008 年，瓦仓村成立了大米专业合作社，产区内的农户实现了抱团发展，合作随着实践的推移愈加完善，2013 年，在合作社的基础之上又成立了大米农企，汪宗平成立了湖北瓦仓谷香生态农业有限公司，实行了“合作社 + 家庭农场”的模式，并得到了湖北省农业科学院的技术帮助，在育种与管理模式等方面都实现了跨越式的发展，公司的经营范围逐年扩大，涵盖了谷物的收购、加工、销售，以及特色食品加工、销售等。随后，汪宗平董事长的儿子也投身企业的经营与管理，汪宗平父子共同经营着湖北瓦仓谷香生态农业有限公司，将更先进的设备引入瓦仓香米的种植、收割与加工过程，带领瓦仓当地的种植户共同提高了瓦仓香米的质量，因此，瓦仓香米才能在短短几年的时间走出远安，在全国市场上占据一席之地，畅销于北京、广东、深圳等城市。湖北瓦仓谷香生态农业有限公司的成立与发展，极大地促进了瓦仓地区经济的发展，解决了当地很多人的就业问题，极大地助力了当地的乡村振兴。

改变命运的精神被远安人民刻在了骨子里，不论时代如何变迁，这种精神都不会消失，只会被赋予更丰富的内涵，并与时俱进，帮助远安人民更好地解决当下的问题，实现长足的发展。

三、薪火永不息

结束了在烈士陵园及瓦仓起义遗址的参观，调研团又驱车前往瓦仓村党内政治生活体验馆。瓦仓村党内政治生活体验馆不仅是基层党建的重要载体，而且是精神传承的重要载体，更是乡村振兴的动力源泉。馆内留下了无数革命先烈的足迹，他们中的许多人是早期的共产党员，名字、衣物、战斗工具、历史故事，无声地诉说着远安人骨子里的血性与英勇，昭示着共产党人不变的初心，让我们更深入地感受到先烈的革命精神，激励后辈赓续精神血脉，传承红色基因……

瓦仓村党内政治生活体验馆

2021 年 6 月 11 日是远安县瓦仓村党内政治生活体验馆正式开馆的日子。瓦仓党内政治生活体验馆以“赓续红色基因，传承精神血脉”

为主题，以瓦仓起义历史事件顺序为主线，由“曙光初照映林海”“林海深处起风云”“谋定而动气如虹”“惊雷一声震天地”“冬去春来映山红”“先烈英灵照丹青”“瓦仓精神千秋颂”“不忘初心跟党走”8个单元组成，通过再现瓦仓起义革命历史，依次呈现党内政治生活的发展变化，不仅增强了参观者对党内政治生活的了解和认识，而且成为远安红色文化的新地标。瓦仓村党内政治生活体验馆成了新的党史学习教育实践基地，也是党员干部严肃党内生活、开展政治体检、锤炼党性修养的生动课堂，它为县内外广大党员干部及人民群众学习党史、缅怀先烈、体验党内政治生活提供了良好的平台（图2－3）。

图2－3　远安县瓦仓村党内政治生活体验馆一隅

在《三峡日报》全媒记者龚昌俊和茅坪场镇瓦仓村党支部书记、村委会主任宋仕龙的带领下，调研团全体成员有序地参观了瓦仓村党内政治生活体验馆，宋仕龙书记还在我们参观过程中进行了详细的讲解。通过现场讲解、图片实物展示、视频影音等形式，调研团成员了解了瓦仓起义中革命先烈的热血故事，革命先烈在起义中用行动践行了入党誓词，用生命谱写了革命的壮烈华章，我们心中的崇敬不禁油然而生。烈士名录上那一个个红色的名字，是那么刺眼，直击心灵深处，那一个个名字仿佛是用鲜血写就的，烈士的生命永远定格在了那个年代，但他们的精神得以世代相传（图 2－4、图 2－5）。

图 2－4　馆内有关远安县建立第一个党支部的资料

图 2－5　调研团成员在体验馆内的参观照

跟随讲解员的步伐，调研组成员来到了场景 10 个“1”前，展现在我们眼前的是 10 个鲜红的阿拉伯数字“1”，在这 10 个“1”上，又写着10个发生在远安地区的“第一个”。

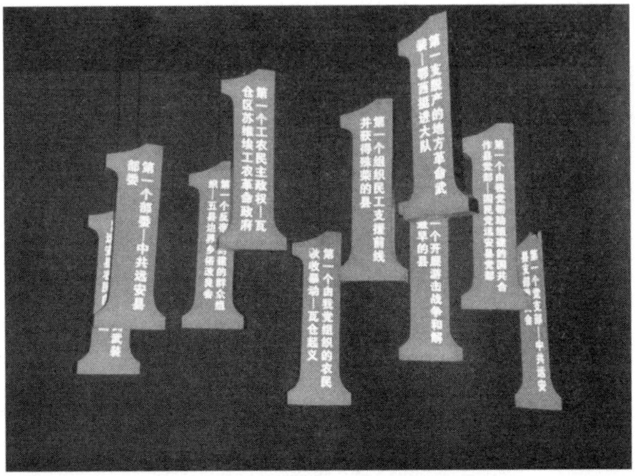

图2-6　体验馆内的10个“1”

由图2-6可知，远安在革命年代创造了10个“1”，从右到左进行描述。

第一个“1”，1925年9月建立了宜昌地区第一个党支部——中共远安县支部委员会，在远安县立高等小学内的一棵桂花树下成立。

第二个“1”，建立了第一个由我党帮助组建的国共合作县党部——国民党远安县党部，1926年8月11日，陈海涛以湖北省农民运动特派员的身份与国民政府远安县县长邱宗鼎在远安县城东门书院主持召开中国国民党远安县党部成立大会，全县各界100多人参加成立大会，大会推选陈海涛任党部书记（主席）。[①]

第三个“1”，远安县是全国第一个开展游击战争和解放最早的县。

第四个“1”，成立了第一支脱产的地方革命武装——鄂西挺进大队，鄂西挺进大队于1927年成立，1927年8月，中共当阳县委以大革命时期成立的瓦仓农民自卫团为基础发动瓦仓起义，形成了以瓦仓为中

① 阮仲谋．远安党组织的主要创始人[N]．三峡日报，2018-09-14.

心，包括当阳、远安、南漳、荆门4县边境的小块武装割据区。1927年10月下旬，4县地主武装“围剿”瓦仓割据区，瓦仓农民自卫团受挫，转移至远安南乡一带。11月，瓦仓农民自卫团改编为鄂西挺进大队，大队长是汪文化，副大队长是黄冠柏。全队共400多人，隶属中共鄂西特委。

第五个“1”，第一个组织民工支援前线并获得殊荣的县。

第六个“1”，第一个由我党组织的农民秋收起义——瓦仓起义。1927年8月下旬，中共鄂西特委为贯彻“八七”会议精神，根据湖北省委发动农民秋收起义的指示，于1927年9月14日在远安瓦仓发动了农民武装起义，打响了鄂西武装起义第一枪。①

第七个“1”，第一个工农民主政权——瓦仓区苏维埃工农革命政府。1927年9月14日，起义总指挥部下达了“杀尽反动官吏和土豪劣绅，无情地镇压一切反革命”的命令。瓦仓农民自卫团以攻打瓦仓区团防局为标志，打响了鄂西地区秋收起义的第一枪。次日，中共鄂西特委在瓦仓傅家祠堂主持成立了鄂西地区第一个人民当家做主的革命政权——瓦仓工农革命政府。10月初，瓦仓工农革命政府改称瓦仓苏维埃政府。

第八个“1”，第一个建立五县边界乡俗改良会，这是一个反帝反封建的群众性组织，源于1921年冬成立的“荆（门）当（阳）远（安）南（漳）钟（祥）五县边界乡俗改良会”，起初是在萧楚女的指导下，由一批受五四运动影响的青年知识分子自发建立的。翌年1月，他们集聚远安方家口举行“五县边界乡俗改良会”成立大会。之后，以改良旧乡俗为主的新文化运动蓬勃开展，为早期党领导的远安农民运

① 朱朝敏．拈花佛[J]．芳草，2021(5)．

动奠定了基础，一批成员成长为远安农民运动的领导者。在大革命的初期，它起到了唤起民众反帝反封建的作用，是革命萌芽时期的组织。1926 年，在当阳爆发国民革命军北伐的城关起义前夕，它已经成为在中国共产党当阳小组的领导下，团结各界进步力量进行武装革命斗争的中坚力量。

第九个“1”，第一个党部——中共远安县党部，1926 年 10 月，中共远安县党部成立，陈海涛任部书记。远安县农民协会也随之成立，全县相继成立城厢、南乡、北乡、东乡、西乡 5 个区农民协会，区农民协会主席均由中国共产党党员担当。①

第十个“1”，农民自卫团，远安县第一支由中共远安地方组织建立和领导的农民武装，农民自卫团对远安地区的革命做出过巨大的贡献。

瓦仓村党内政治生活体验馆内还展示了一些革命时期的老物件，主要是战士们作战时用的武器及穿的草鞋、衣服。这些物件极为普通，甚至有些简陋，破旧的草鞋，轻薄的麻布，锈迹斑斑的刀剑、梭镖、红军信号灯等（图 2－7），它们伴随着战士们度过了那段战火连绵的艰难岁月，见证了远安人民在极为艰难的条件下，不畏艰难险阻，凭借自身微薄的力量、用弱小的身躯和简陋的武器舍身忘死地进行革命，正是有了他们这样的人，中国革命才能取得最终的胜利，才有了远安人民如今幸福的生活。

晚上，调研团全体成员在瓦仓村政治生活体验馆内观看了与瓦仓起义相关的视频。视频全长 9 分 14 秒，与“9 · 14”瓦仓起义的时间相呼应，以此来纪念瓦仓起义。纪录片通过再现瓦仓起义这段革命历史，来

---

① 阮仲谋．远安党组织的主要创始人[N]．三峡日报，2018－09－14.

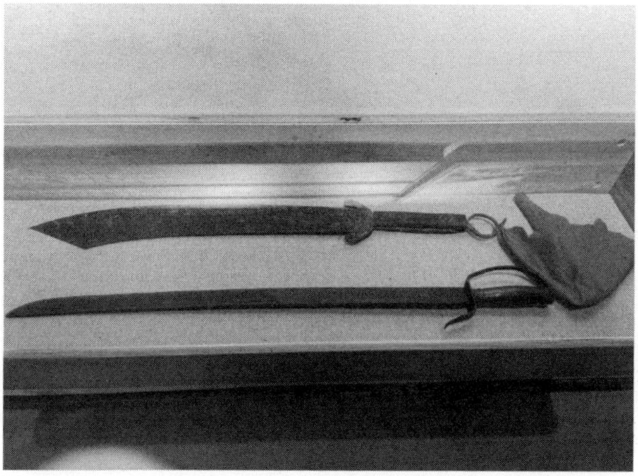

图2－7 瓦仓起义战士使用过的作战武器

呈现党内政治生活的发展变化。在观看这9分14秒视频的过程中，我们仿佛与先辈一起参与了瓦仓起义，更真切地感受到了瓦仓起义的艰难，深深体会到革命先辈为人民谋福祉，甘愿奉献自己年轻的生命，用弱小的身躯与枪林弹雨搏斗的革命精神。当我们看到革命先烈汪效禹、李时新率领农民自卫团第三营攻打驻扎在石马槽岗顶的团防局采用正面强攻、后面偷袭的策略，一举攻破团防局，活捉企图翻墙逃跑的团总汪和廷；看到汪文化率领部分自卫团战士捉拿大恶霸地主雷申之；看到黄冠柏带领二营捉拿土豪方业臣，心中顿觉无比自豪，也深感革命先辈的勇气。他们在敌人面前大义凛然、毫不畏惧。当晚，瓦仓起义就取得了一定的胜利，拘捕土豪劣绅和反动官吏80多人，将其中罪大恶极的雷申之、汪和廷、方业臣等30多人处以死刑，瓦仓地区反动势力一夜之间土崩瓦解。随后，纪录片中又讲到了9月14日南乡农民自卫团扼守各个要道，防止土豪劣绅相互勾结，破坏瓦仓起义，并在曹化慈、刘宗新的带领下举起义旗，有力地支援了瓦仓起义。9月15日，观音区5个乡在傅子和、罗庆烈的带领下进行起义。九子山地区在王中良、李昌海的领导下随即起义。前后不到10天时间里，很快形成了面积达1500平方千米、人口超过12万人的红色苏区（图2－8、图2－9）。

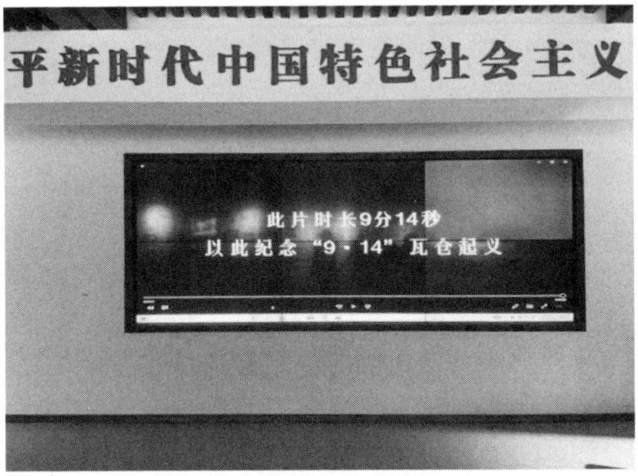

图2－8 瓦仓起义纪录片

图2－9 调研团全体成员一起观看瓦仓起义纪录片

瓦仓起义从发动、建立政权到组织反“围剿”斗争，前后坚持了8个月，是中国共产党领导的湘鄂粤赣秋收起义的重要组成部分，也是瓦仓人民对毛主席“枪杆子里面出政权”革命理论的一次重要实践，在中国革命史上具有十分重要的作用。

传承红色基因

调研团成员在参观过程中，学习党史、缅怀先烈、体验党内政治生活，并观看了瓦仓起义革命历史影片。从成立五县边界乡俗改良会到成立指挥部，从“八七”会议指明方向到周边联动形成大片红色区域，从迅雷之势瓦解反动势力到抗争到底豪气干云……调研团在一张张泛黄的照片、一件件沧桑的实物、一个个英烈事迹前驻足，追溯了瓦仓起义波澜壮阔的发展历程，学习了革命先烈为追求革命真理不惜抛头颅、洒热血的伟大革命精神。面对鲜红的党旗，全体党员重温入党誓词，坚守入党初心。瓦仓村党内政治生活体验馆内的所有陈设及影音资料都在用一种特殊的形式褒扬革命烈士在革命道路上留下的浓墨重彩的一笔，透过革命老物件，我们对瓦仓起义的革命先烈又多了一份理解。9 分 14 秒的纪念瓦仓起义的纪录短片将瓦仓起义更加直观地呈现在我们眼前，更能直击人的内心，使我们的内心受到革命精神的洗礼。参观过程中，我们深刻感受到了 90 多年前打响鄂西秋收起义第一枪的远安人民武装斗争，缅怀革命先烈可歌可泣的英雄壮举。瓦仓党内政治体验馆内的一个个老物件，无一不是革命历史的缩影，时间在它们身上烙下的印子，正是岁月淘洗后沉淀下来的红色密码，从这些平平无奇的小物件中，我们才能更好地窥见革命先烈轰轰烈烈的往事。

如今，瓦仓村党内政治生活体验馆开馆，为县内外党员及群众学习瓦仓起义的革命精神提供了平台。95 年前，瓦仓起义打响了鄂西秋收起义的第一枪，建立了鄂西第一个苏维埃政权。世家子弟傅恒之将革命的火种带回家乡，傅家祠堂也因此成为瓦仓起义的指挥部，在傅恒之的带领之下，傅家祖辈、父辈两代 11 人加入了中国共产党，在傅恒之英勇就义后，其父傅东山带领儿子、侄子继续在宜昌一带组织农民运动，践行儿子的遗志。傅家的英雄事迹是当时无数瓦仓先烈的缩影，为了革命，为了使中国人民远离水深火热，远安人民付出了惨重的代价。从傅家几辈人对于革命事业的努力可以看出，远安人民对红色基因进行了传承，远安人民在极为艰苦的环境下，前仆后继地追求共产主义真理，用生命践行入党誓言。

如今的远安已经依托当地优越的自然地理环境发展了生态香米种植农业，远安人民通过自己的努力摘下了贫困的帽子，在乡村振兴的道路上，一步步地过上了小康生活。

如今，我们拥有和平的环境，硝烟与战火已经远离，中国社会发展迎来了新的契机，社会主义发展进入了新阶段，主要矛盾已经转化为人民日益增长的美好生活需要和不平衡不充分的发展之间的矛盾。美好生活既指物质生活丰富，也指精神生活的不断提升。① 当代远安人承袭了先烈的红色基因，且深受当地红色教育基地的熏陶，在远安这片热土上，正用自己的聪明才智与勤奋共建美好家园。当前，远安的生态农业发展势头迅猛，在较短的时间内，远安人民能迅速嗅到商业气息，因地制宜发展生态农业，出现问题及时调整。时至今日，远安的乡村振兴发展顺利，人民的生活水品也有了较大的提高。革命地区的红色基因在教育与传承中影响了一代又一代远安人民，远安人民携手共进，共同拥护中国共产党的信仰，所有的工作已颇见成效。

---

① 罗芳，李中建．山西文化旅游融合的模式创新与实现路径［N］．晋中学院学报，2021－12－08.

三

我非老总，是种地的

一、老汪的创业记

新一轮脱贫攻坚战打响后，湖北瓦仓谷香生态农业有限公司发挥龙头企业的帮扶带动作用，成为“领头雁”，带领瓦仓及周边地区增收，瓦仓大米作为特色产业逐步走向全国，发挥着更大的作用，而这些成果都离不开湖北瓦仓谷香生态农业有限公司的创始人——汪宗平。

7月中旬的远安县，湛蓝的天空中，太阳如火球一般炙烤着大地。我们在工厂外第一次见到汪宗平（图3－1）。我们还没下车，汪总便早早地站在门口台阶上等着，我们的每一声问好，他都回应着“你们好!”话语亲切而又热情，毫无架子，这和我们想象中的商业巨贾全然不同。

他将我们迎进一间办公室，里面简单地摆放着几张沙发和几把椅子，还有两个矮茶几，这里便是湖北瓦仓谷香生态农业有限公司的会客室。刚落座，还没等我们开口询问，汪总便主动说：“不要叫我老总，我就是个种地的。”我们一下子愣住了。汪宗平作为远安县龙头企业的创始人，作为一位帮助了众多老百姓脱贫致富的董事长，在生活、工作中仍保持着谦逊恭敬的姿态，无论成就多大，都将自己视为一名普通农民。我们心底对他的敬意油然而生。简单寒暄后，汪宗平便开始讲述他的创业故事……

图 3－1 湖北瓦仓谷香生态农业有限公司的工厂平房

1968 年，汪宗平出生于湖北省宜昌市远安县茅坪场镇瓦仓村。1992 年，他考了驾照，贷款买了辆货车，一切准备就绪，他信心十足、跃跃欲试，怀着对美好生活的期盼跑起了运输。然而，这原本稳赚不赔的生意，他却因为接连遇到“跑路老板”，欠下了 6 万多元的外债。要知道，在那个年代，打一天工只能赚 4 元，因此这 6 万多元对于汪宗平来说无疑是个天文数字，他甚至觉得身上的外债这辈子都还不清了，未来一片黑暗。他说：“我当时觉得这辈子都要完了，因为不可能还清这个债。”对于汪宗平来说，人生在这时候跌落谷底，他甚至看不到希望。欠债后，汪宗平精神颓废，斗志消沉，浑浑噩噩地度过了一段时间。

汪宗平本以为自己的一生都要在巨额欠债的阴影中度过，一生都要为偿还外债而奔波，但这时候出现了转折。他的儿子生了一场重病，高昂的医疗费加上本就难以还清的负债让汪宗平喘不过气来，这个普通的农村家庭看不到出路、找不到办法。可作为父亲的责任感驱使汪宗平从颓废中振作起来，重新面对现实、努力生活。他猛然醒悟，整个家庭还要靠他来支撑，他知道自己不能再逃避现实、继续消沉下去了，作为顶梁柱的他不能被打倒。于是，汪宗平振作了起来。为了给儿子治病，他打了许多零工，养蚕，种香菇、黄姜，贩卖油菜、橙子、西瓜等，汪宗平的儿子汪洪波告诉我们，当时父亲能想到的赚钱方法都做了。为了家庭，他尽了全力。

终于，在2003年，汪宗平还清了6万元的债务。当时他手中还有3万多元存款，于是，他向亲戚朋友借了2万元，总共花了5万元买下了瓦仓粮店，当时粮仓的建筑面积1700多平方米。汪宗平将粮仓简单修整后，仓库、住房一应俱全，他便开始做起了收购粮食的生意。他从农民的手里以每50千克高于市场价10元的价格进行收购，再将这些从老百姓手里收购来的粮食统一卖出去，汪宗平不赚农民的钱，因此收购生意的利润很低。不过，瓦仓米以高品质一下子打开了市场，汪宗平起初只是在周边地区销售，后来，他将这些稻米卖到荆州等地，最远甚至到了湖南。转卖的经历更让汪宗平关注到了瓦仓米品种的优越性及瓦仓米蕴含的巨大商机。

2008年，汪宗平在做香菇废袋生意时意外地收获了他的第一桶金。当时，汪宗平以1元/千克的价格收了超过40万千克香菇废袋，香菇废袋加工后打磨成颗粒材料，能卖到1.275元/千克，他一天的纯利润就能达到7000~8000元。收购过程中资金不足，他还贷款50万元。在很多人眼里，收购香菇废袋的利润很低，可是在汪宗平的眼中却是块宝。之后，他了解到了这种材料学名叫聚乙烯低燃料再生颗粒，知道了这类材料价格不低，他很兴奋，立马在金德管业的网站上找到了联系方式，打电话联系，得知了这种材料竟然能够卖到12000元/吨，而当时汪宗平的收购成本仅为7200元/吨，加上加工成本1000元/吨和运输费200元/吨，粗略计算总成本只有8400元/吨，因此纯利润能够达到每吨3600元！最终，汪宗平收购的40多万千克的香菇废袋加工后以9500元/

吨卖出。就这样，汪宗平在 2008 年通过收购香菇废袋赚了 130 万元。2008 年的百万元户在当地十分少见，汪宗平当时还和家人们笑称，自己也是“汪百万”。至此，汪宗平积攒了约 160 万元。接下来做什么呢？他毫不犹豫地想到了家乡的瓦仓大米。

在自己的创业过程中，汪宗平就发现了瓦仓米蕴含的巨大潜能。他不愿意与其他人争收购大米的利润，于是想到了创办一家大米加工厂。2008 年，有了一定积蓄的汪宗平并没有停下脚步，而是选择成立瓦仓村大米专业合作社，创办的准备阶段就花了 60 多万元。陆陆续续地，汪宗平几乎把全部积蓄投入合作社，难以想象这对于一个普通人来说需要怎样的胆识和勇气。得益于瓦仓大米的高品质，合作社的瓦仓米十分受欢迎。合作社成立后，他吸纳社员，抱团发展，种植水稻，加工大米。在他们的努力下，“青岗泥、冷浸田”里一年一季结出的大米赢得了巨大的市场。汪宗平告诉我们，在当时远安县的东方超市里，每天能卖 8 吨瓦仓米。

有了这些积累，汪宗平的梦想照进了现实。2009 年，在看到了瓦仓米带来的巨大能量后，汪宗平第一次产生了做特色品牌的念头，这个念头也对他之后的创业起了关键作用。从这之后，汪宗平收回了加工厂投入的 120 万元本金，而当时距离加工厂创办仅过了一年。

然而，瓦仓米的特色品牌发展之路也不是一帆风顺的。以前，许多单位都会用瓦仓米来送礼，瓦仓米一度成为品牌米的象征，2012 年年底，瓦仓米作为礼品的市场受到冲击，公司发展进入了瓶颈期。与此同时，国外进口的大米纷纷涌入市场，泰国的、越南的……这些进口米直接冲击了远安县的米业秩序，不少米厂遭受沉重打击。进口米价格高且更受消费者欢迎，于是一些无良米厂为了盈利，将自己的米掺入进口米，以此获得巨额利润。汪宗平告诉我们，面对诱惑，他不是没有犹豫过。汪宗平实在不忍瓦仓米滞销，将进口米拉进了米厂。可是思虑再三，他还是放弃了，他不愿意昧着良心赚钱，更不愿意砸了瓦仓米的招牌。说到这里，汪宗平一边看着我们，一边严肃地说："我把品牌看得比命还重要。"汪宗平决定了，这钱他不能赚。

可是现实摆在眼前，瓦仓米的运营不能停下。怎么办才好？不甘于现状的汪宗平决心要找到真正适合瓦仓米的道路，将瓦仓米推广出去。他想到自己曾在 2010 年询问过湖北省农业科学院粮食作物研究所的副所长游艾青，于是，他立马打电话给游所长，向他请教如何才能突破"瓶颈"，挽救瓦仓米的尴尬境地。游艾青对他说："老汪，你就做优质米！"并鼓励汪宗平坚定做特色品牌的想法。这番话给汪宗平吃了"定心丸"。从那以后，汪宗平便坚定了信心，满怀"走自己的路"的笃定情愫，抖擞"上下而求索"的奋斗精神①，在其他大米公司每年赚上千万元的时候，汪宗平不改初心，毫不动摇；在同行都沉浸在浮躁功利中时，他不急功近利，坚守自己做品牌的初心，坚持做好瓦仓米的品牌。

采访中，汪宗平和我们反复强调品牌，他深刻地意识到品牌效应对消费者的产品选择有很大的影响。他举例道，消费者购买方便面会倾向于选择大品牌，哪怕它们的价格比其他品牌高，这就是品牌的力量。在那个时候，能够意识到品牌效应的重要性并为之付出努力实属不易，既要有不同于常人的眼界和预见性、不为诱惑所动的坚定信念，还要有敢于尝试的勇气。

终于在 2013 年，汪宗平用 1041 万元的注册资金创立了湖北瓦仓谷香生态农业有限公司，翻开了瓦仓大米的新篇章。没有人能想到，汪宗平种下的这颗种子，转眼间竟长成了参天大树（图 3－2）……

① 李斌．激扬"志不改、道不变"的信念[N]．人民日报，2019－01－02.

图 3－2　湖北瓦仓谷香生态农业有限公司的品牌米

几年来，湖北瓦仓谷香生态农业有限公司发挥了远安县龙头企业的带头作用，带领村民脱贫致富，并持续为乡村振兴注入活力。在基地大棚里，一包包育秧基质，一摞摞秸秆秧盘，一台台调试设备，全自动水稻育秧播种机正在运转，正盘、铺土、洒水、播种、覆盖等工序一气呵成。近年来，瓦仓谷香生态农业有限公司一直采用工厂化集中育秧方式育秧，比传统的手工育秧节省秧田、节肥节药，而且速度快、播种均匀、覆土均匀，每小时可以播 1000 个秧盘，一台插秧机平均每天可完成 40 多亩插秧任务，效率是人工插秧的 10 多倍。这不仅节约了大量劳动力，而且降低了病虫害、杂草侵害，可有效防止秧苗倒伏，还大大提升了稻米的品质。一个育秧基地即可满足 5000 亩稻田的种植需求；同时，瓦仓谷香生态农业有限公司一直在水稻种植高效化、管理精细化、全程机械化等方面狠下功夫，先后与湖北省农科院、湖北省农规院开展研发合作，还建立了物联网水稻种植全程追溯系统，购置了工厂化育秧生产线、自动插秧机、稻谷烘干机等设备，形成了“育秧＋插秧＋收割＋加工”的全程机械化粮食生产新格局，标志着远安水稻种植逐渐步入“科技新时代”。

2018 年 2 月，农民日报社发布了 2018 年全国农民合作社 300 强排行榜，远安县瓦仓村大米专业合作社榜上有名，这充分证明了瓦仓村大米专业合作社的发展水平和实力迈上了新台阶，为实施乡村振兴战略奠定了坚实的产业发展基础。

致富不忘老百姓，汪宗平的瓦仓谷香生态农业有限公司不仅作为“领头雁”带领瓦仓村的村民摆脱了贫困，在新冠肺炎疫情期间，更是积极承担社会责任，将库存最好的 5 万千克大米送给医护人员，并向远安县红十字会捐献现金 10 万元，随后，瓦仓谷香生态农业有限公司又陆续捐赠了 5 万千克优质大米……

如今，瓦仓大米的品牌效益愈加突出。公司坚定品牌理念，致力于生态种植，加工绿色、健康、原生态的大米，用心服务，让每位客户吃到放心大米。坚定品牌之路，瓦仓大米分别荣获中国武汉农博会“金奖产品”“地方特色农产品”称号，2011 年成功申报国家地理标志保护产品，2013 年被中国绿色食品发展中心认证为“绿色食品”，2017 年瓦仓大米被湖北粮食行业协会、优质稻产业联盟评为首届湖北名优大米十大品牌，2018 年被湖北粮仓精品交易展评为荆楚好粮油，2019 年瓦仓大米荣获中国国际粮油产品交易会金奖……一路走来，这些称号、奖项正是瓦仓米优质品质的最好认证，是瓦仓米选择特色品牌道路的最好肯定，也是汪宗平坚持做良心企业，坚持做好品质大米，走品牌发展道路的最好证明。瓦仓大米的成功经验也给了各行业启示，只有做良心企业、做优质品质，把人民放在第一位，品牌才能够行稳致远。

“不经一番寒彻骨，怎得梅花扑鼻香。”汪宗平的创业历程历尽波折，瓦仓大米如今的成就来之不易，可哪次成功不经历风雨挫折？只有始终如一的信念、坚如钢铁的意志才能造就有意义的人生。改革开放的总设计师邓小平的一生三起三落，但他用惊人的忍耐力与信念谱写了改革开放的华章；“天眼之父”南仁东为给射电望远镜选择合适的台址，在大山深处跋涉奔波了 12 年。孟子曰：“天将降大任于斯人也，必先苦其心志，劳其筋骨，饿其体肤，空乏其身，行拂乱其所为，所以动心忍性，曾益其所不能。”的确，成大事者无一不是经过重重考验，方到达胜利的彼岸。

历经艰辛迎坦途，笑看艰辛创业路。回望自己的创业奋斗历程，汪宗平一直挂着淡然豁达的笑容。很难想象，在当时的低谷环境，在看不见光明的黑暗里，他是以怎样的勇气选择一条没有人开拓的荒地，摸索出一条能够助上万农民脱贫致富的新路，成为“第一个吃螃蟹的人”。从欠下外债到收获第一桶金，从“二道贩子”到公司创始人，汪宗平不同于常人的预见力和勇气让他迈出了敢为人先的第一步，他坚定的理想信念、脚踏实地的努力、永不服输的精神铸就了他的成功；汪宗平身上所体现的不服输，与瓦仓人民的精神一脉相传。

听完汪宗平的创业经历，我们既感动又钦佩。感动于他的坚定信念，感慨于他敢为人先的勇气，感佩于他不服输的精神。“谁无暴风劲雨时，守得云开见月明。”人生路上，有低谷也有高峰，汪宗平在人生低谷时没有妥协，而是脚踏实地、坚守初心，因此终于迎来了云散月明之时。正如泰戈尔所说：“只有经过地狱般的磨炼，才能炼出创造天堂的力量；只有流过血的手指，才能弹奏出世间的绝唱。”

在我们收集网络资料时，发现汪宗平曾获远安县“劳动模范”、宜昌市先进个人、湖北省拔尖人才等荣誉，他还在 2020 年荣获“全国供销合作社系统抗击新冠肺炎疫情先进个人”称号。然而，在我们持续近 3 个小时的采访中，汪宗平提到了公司及瓦仓大米获得的诸多荣誉，却一点没有提及自己的个人荣誉。或许在汪宗平的心里，推广瓦仓大米、带领瓦仓村富强远比个人荣誉的分量重。这个将品牌看得比命重要的人，也终于把瓦仓大米的品牌推广了出去（图3－3）。

汪宗平的梦，终于实现了。

图3－3　调研团在湖北瓦仓谷香生态农业有限公司与董事长汪宗平（左起第五位）合影

二、种地不是丑事

近年来，国家不断呼吁人们返乡创业、返乡建设，鼓励更多的青年返乡。习近平总书记指出：乡村振兴是实现中华民族伟大复兴的一项重大任务。全面实施乡村振兴战略的深度、广度、难度都不亚于脱贫攻坚，要完善政策体系、工作体系、制度体系，以更有力的举措、汇聚更强大的力量，加快农业农村现代化步伐，促进农业高质高效、乡村宜居宜业、农民富裕富足。①

---

① 新华社．全国脱贫攻坚总结表彰大会在京隆重举行　习近平向全国脱贫攻坚楷模荣誉称号获得者等颁奖并发表重要讲话　李克强主持　汪洋宣读表彰决定　栗战书王沪宁赵乐际韩正王岐山出席[EB/OL]．(2021－02－25)[2022－03－15]．https://baijiahao.baidu.com/s?id=1692668477785577584&wfr=spider&for=pc.

可事实上，如今仍有很多人不愿意种地，究其原因，一是种地收入低，难有保障。2020 年，我国城乡居民人均可支配收入比值为 2.56①，可以看出，城乡收入仍存在一定差距，这促使更多的农民放下锄头，转而进城务工，以谋求更高的收入。并且，种地就意味着需要承担难以预料的自然风险与市场风险，无法保障收入。除此之外，因病致贫、因病返贫的例子在农村屡见不鲜。对于农民来说，富不起来是个大问题。二是种地辛苦。提到农民，首先我们想到的一定会有农民黝黑的皮肤、粗糙的双手、弯曲的脊背，阳光和土地在农民的身上留下的深深沟壑。播种、农药、除草、收割、销售……农民的辛劳，在“足蒸暑土气，背灼炎天光”中，在“晨兴理荒秽，带月荷锄归”中，在“雨足高田白，披蓑半夜耕”中，不知道有多少农民在劳作的片刻休息中，望着层叠的群山，内心惆怅。三是许多人仍有种地社会地位低的观念。许多人仍用封建的社会阶级来衡量农民的社会地位，认为农民低人一等，对农民有文化低、贫穷、落后等偏见，认为去种地、成为农民是一种无奈的选择，因此许多人为了面子不会选择成为一名农民。这些因素都阻碍着人们投入农村事业。

可汪宗平不这样认为，他说：“种地不是丑事。”他愿意种地，热爱种地。在汪宗平十余年的创业历程中，他不同于常人的预见力和勇气让他迈出了敢为人先的第一步，而究其原因，汪宗平走的每一步，都离不开他对于土地的热爱，离不开他深切热忱的土地情怀。毫无疑问，汪宗平对于农业、农村的情结与他的出身密切相关。

汪宗平出生于瓦仓村，是地地道道的农民。滋养他的这片土地对他

---

① 中国政府网．中华人民共和国 2020 年国民经济和社会发展统计公报［EB/OL］．（2021－02－28）［2022－03－15］．http://www.gov.cn/xinwen/2021－02/28/content_5589283.htm.

来说是最熟悉、最温暖、最难以割舍的地方。他对这片土地的情怀和热爱从饭桌上的瓦仓大米开始，从广袤金黄的稻田开始，从瓦仓村村民弯腰劳作“面朝黄土背朝天”的记忆开始，在农村长大让他对农村有着更深的依赖与归属感，这种情感在他心中不断加深，形成烙印。

因此，汪宗平在做收购生意时，最先想到的就是瓦仓大米。他以高于市场价的收购价将农民手里的粮食集中起来，统一售卖。他不赚农民的钱，因为他是农民的儿子；他想要帮助瓦仓，因为瓦仓是他从小到大生长的地方。做瓦仓大米收购生意利润很低，但汪宗平发现了瓦仓大米在市场上的巨大需求量，瓦仓米的高品质很快积累了口碑。

在那个年代，进城务工成为主流，城里的赚钱机会更多，市场也更为广阔，农村劳动力逐渐流失，农村的土地渐渐闲置，农村也渐渐失去了活力。汪宗平不愿看到高品质的瓦仓大米无人种植，也不愿看到广袤的瓦仓土地白白荒芜。这片土地是他生长的地方，他望着肥沃却因为无人耕种而逐渐荒废的稻田，会不自觉地心痛。汪宗平想为瓦仓大米做些什么，他想要创业，瓦仓大米便迅速出现在他的脑海里。哪怕自己身处困境，也仍要拉瓦仓村一把，这就是汪宗平的土地情怀。艾青说：“为什么我的眼里常含泪水？因为我对这土地爱得深沉。”汪宗平对瓦仓这片土地的热爱也同样深沉。

于是，当汪宗平做香菇废袋生意赚了人生的第一桶金后，他再一次想到了瓦仓大米。上百万元的存款，汪宗平毫不犹豫，几乎全都投入瓦仓村大米专业合作社。在农村发展存在天然“瓶颈”，农村劳动力大量流失，土地大量荒废时，汪宗平毅然决然地选择了这项“不被看好”的产业。这样的选择，需要汪宗平不同寻常的眼界与敢为人先的精神，更离不开的是他骨子里对于瓦仓村、对于瓦仓土地、对于瓦仓大米的深切热忱与真挚情怀（图3-4）。

图3-4 瓦仓大米种植基地

还记得采访刚开始时，汪宗平便看向我们，恳切地说：“农民老百姓真的苦。”在汪宗平的创业历程中，农民的贫穷、辛苦也深深地烙印在了他的心上。湖北瓦仓谷香生态农业有限公司创立时，汪宗平想要推广扩大瓦仓大米的品牌影响力，走特色品牌之路。除此之外，他还思考着怎样解放农民，活跃瓦仓土地，让瓦仓村村民不再受劳作之苦又能保障收入。这时候，现代化农业的发展一下子让汪宗平看到了前进的方向：自动化、机械化、无人化……一架架机器在金色稻田里穿梭，不一会儿，稻米就堆满了粮仓；一台台无人机飞翔在稻田上方，监控着水稻的生长态势……机械化生产不仅解放了生产力、解放了农民，而且统一的种植时间和方式、统一的管理和运作也让瓦仓大米的品质得到了更好的保障。品质统一了，品牌便更值得信任。让农村留得住人，让农业吸引人，需要农村的现代化，更需要农民的现代化。

新农民与新技术的结合让汪宗平找到了新的瓦仓大米发展之路。他说，农民是一种职业，我们需要培养现代农民、职业农民。作为在田地里工作了数十年的“种地能手”，汪宗平的这番话体现了他对农业深层、超前的现代意识，这样的心得产生于他每次望向金黄的稻田时，产生于他每次对乡村留不住人的反思中。

汪宗平对那片土地的热爱无须用言语表达，我们从他的言行举止、真挚的眼神中就看得出来。谈起瓦仓大米，汪宗平的眼里是有光的，这是他的梦想，他为了瓦仓大米奉献了自己的青春（图3－5）。

图3－5　调研团与汪宗平在瓦仓大米种植基地查看秧苗生长情况

汪宗平从不以老总自称，他只觉得自己是一个再平凡不过的农民。他说，他感恩农民、感恩土地。他感恩农民，于是在2008年，汪宗平成立了瓦仓村大米专业合作社。合作社成立后，他吸纳社员，抱团发展，种植水稻，加工大米，从“一枝独秀”到“领头雁”，汪宗平带领村民一同走上了脱贫致富的道路，创办了瓦仓谷香生态农业有限公司，带头走现代农业道路，坚定走瓦仓特色品牌之路，瓦仓大米逐渐成为品牌，瓦仓村村民的生活也越来越好。他感恩土地，出于对瓦仓村土地的热爱，他创立了瓦仓大米特色品牌，实现了自己的梦想。看到瓦仓的土地无人耕种，看到瓦仓如此优质的大米难以推广，汪宗平用自己的一点点、一次次尝试与努力，用一粒粒、一颗颗瓦仓大米掀开了崭新的乡村振兴篇章。

春去秋来，瓦仓稻田的翠绿和金黄在四季间变换，点缀在远安的青山绿水之间，成就着美丽远安的粮食安全和人民幸福。

种地不是丑事，当农民也不是丑事。农民与其他职业并没有高低贵贱之分，它们都是赚钱、生活的途径，是社会分工不同带来的职业差异，仅此而已。幸运的，或许能够如汪宗平一样在其中找到人生的意义与价值。袁隆平院士说过：“一粒粮食能够救一个国家，也可以绊倒一个国家。”对于一个国家来说，如果没有农民，就无法保证粮食的充足供应，甚至粮食的自主权；如果没有粮食自主权，粮食命脉就容易落到别国手中，粮食安全要如何保障呢。常言道：“国之本，在于民；民之根本，在于粮。”我们可以没有住所、没有娱乐，却无法想象没有粮食的生活。古话说，民以食为天。粮食种植当然离不开农民，农业的重要性决定了农民的重要性，因此，无论是对于国家还是个人，农民的重要性不言而喻。除此之外，不重视农业必然会带来城乡差距不断扩大，贫富差距日益悬殊，便会成为社会不稳定的因素。不重视和解决“三农”问题，农村的稳定将无法保证，改革和发展也就无从谈起。中国几千年的乡土生产、生活方式孕育了悠久厚重的古代农耕文明，而农民就是农耕文明的坚守者；千百年形成的农耕文化，在代代农民手中薪火相传。

习近平总书记指出，实施乡村振兴战略是一篇大文章，要统筹谋划，科学推进。要充分尊重广大农民意愿，调动广大农民积极性、主动性、创造性，把广大农民对美好生活的向往化为推动乡村振兴的动力，把维护广大农民根本利益、促进广大农民共同富裕作为出发点和落脚点。中国乡村建设实践证明，实现乡村振兴战略过程中，必须充分尊重农民的主体性地位。种地不是丑事，而是光荣的、值得骄傲的、值得尊敬的事。农业和农民应受到更多的重视。首先，农业是国民经济的基础，事关国家经济安全，对国民经济增长有基础性作用。其次，在我国，工农联盟是我们的阶级基础，只有农民增收、生活改善，工农联盟才能稳固，国家才能稳定，改革和发展才能稳步推进。最后，社会主义国家性质也要求我们追求共同富裕。邓小平同志在1990年就指出，“共同致富，我们从改革一开始就讲，将来总有一天要成为中心课题。社会主义不是少数人富起来、大多数人穷，不是那个样子。社会主义最大的优越性就是共同富裕，这是体现社会主义本质的一个东西”。[①] 改革开放40多年来，国家已经积累了一定量的物质财富，已经完全有能力支援农业，贯彻工业反哺农业、城市支持农村的方针。实现全面建设小康社会的目标，重点和难点是农村，关心“三农”问题也是实践“三个代表”重要思想的体现。

我们的一切工作都要代表中国最广大人民的根本利益，以最广大人民的利益作为出发点和落脚点，农民又是中国最大的人民群体，因此，我们对农业、农村、农民的关心和扶助是发展所需，更是使命所在。如今的农村现代化与农民现代化都展现出了乡村新的面貌，那些认为农村落后、贫穷的偏见已然不攻自破。

愿意回到乡村建设，奉献自己的人也有很多。甘祖昌，是江西老红军、中华人民共和国的开国将军，更为特别的是，他“不当将军当农民”，他同夫人龚全珍回到农村奋斗，一生奉献人民。1957年，放弃将军待遇的甘祖昌回到江西省莲花县的沿背村，带领乡亲修建了3座水库、25千米长的渠道、4座水电站、3条公路、12座桥梁，他艰苦奋斗、呕心沥血，改变了家乡贫穷落后的面貌。龚全珍老人在日记中写道：“人生，各自选择自己的路。我选择了物质生活简陋，而精神生活富裕的路。”为家乡奉献，他无怨无悔。同他一样，每个选择回乡建设的人都是有勇气且值得敬佩的，汪宗平也是如此。支撑他的，一定有坚

① 唐启国．长江三角洲地区要在解决“三农”问题的进程中率先实施政治支撑[J]．青岛科技大学学报：社会科学版，2013.

定的土地情怀。

坚持做农业的企业需要极大的情怀与坚守，否则很难忍受农业企业赚钱少、周期长等问题。当其他产业具有更多、更轻松的盈利方式与途径时，坚守在农村企业，脚踏广袤又亲切的土地就格外值得人尊敬与称赞。我们期待着，农民不再只有辛劳与贫穷，人们不再对农民有无知落后的偏见；我们期待着，农民不再代表社会阶级或社会地位，而是与我们脚踏的这片土地紧紧联系的一种职业；我们期待着，农村里不再仅有日渐老去、丧失劳动力的老年人，而是有一群期盼建设农村、志同道合的年轻力量；我们期待着，乡村不再有光秃的山林，而是真正的绿水青山（图3－6）。

图3－6　瓦仓村的美丽风景

截至2020年年底，瓦仓合作社在全县建立了瓦仓大米优质稻核心基地超过5万亩，目前已辐射全县5个乡镇、43个村，惠及几千家农户，每年增收2000多万元。不仅是瓦仓村，如今的农村都不再是贫穷的代名词。2019年，农村居民可持续收入突破1.6万元，比2010年翻了一番，城乡居民的收入差距也在不断缩小。“十三五”期间，党中央坚持把解决好“三农”问题作为党工作的重中之重，确立了农业农村优先发展的总方针。可见，如今的中国乡村是有盼头、有美好未来的乡村；未来的乡村，农民也一定会有更多的幸福感和获得感。

如今，越来越多的人愿意并选择成为农民，他们和汪宗平一样，活跃在金色的稻浪间。

过去的农村“晴天一身土，雨天一身泥”，和土地打交道的农民离不开土地，可如今的新农村小城镇建设，基础设施及服务逐步完善，乡村面貌焕然一新；过去的农村“靠天吃饭”，遇上天灾人祸，可能整个家庭都断了经济来源，现在的农村，机械化生产保障品质，灾情预测、灾后保障制度完备，农民没有了后顾之忧……环境、政策、技术，农村的各个方面都越来越好，具有越来越强的吸引力。回乡建设的人们为乡村注入了新活力（图 3 -7）。

图 3 -7　瓦仓村的乡间小路

“暧暧远人村，依依墟里烟。狗吠深巷中，鸡鸣桑树颠。”陶渊明笔下的田园生活如今依然是许多人的心之所向。山间的薄雾萦绕着清晨的柴扉小院，泡一壶茶，诗云：“竹下忘言对紫茶，全胜羽客醉流霞。”站在稻田边，整个人仿佛被稻香裹挟着，那样清新，令人难以忘怀。安静的田园，河畔的垂柳，斑驳的老房，金黄的稻田，农民的笑容……乡村里的一点一滴以不同的形式充斥着人的感官，那样的满足与充盈是城市如何都难以比拟的。“寓形宇内复几时？曷不委心任去留？”人们对乡村美好的向往从未减少。

1955 年，毛主席提出“农村是一个广阔的天地，在那里是可以大有作为的”。2017 年，国家呼吁进城农民工返乡创业，鼓励高校毕业生、退役士兵、农业科技人员等人才回乡下乡创业创新。时隔半个世纪，“到农村去，广阔天地大有可为”将再次成为引领新时代的风潮。党的十九大首次提出“让农业成为有奔头的产业，让农民成为有吸引力的职业，让农村成为安居乐业的美丽家园”。我们有理由相信并期待一个和谐美丽的乡村早日出现。

三、说实话的价值

“你想听实话、真话，还是假话、官话？”汪宗平说这句话的时候表情很严肃，神态极认真。

汪宗平说话有他的一套话术。他常用“我跟你说实话”来开启话题，也是他的口头禅。采访时他说：“一个家庭，不讲实话，这个家就会败；一个企业，不讲实话，这个企业就会败。”汪宗平的这些话更让我们感受到他的坦诚真实、率性不虚伪。他的“实话观”也对他的创业历程起了重要作用，可以说，汪宗平说实话的性格特点造就了他真实可靠的企业形象。

2011—2013 年，由于汪宗平加工厂的瓦仓大米品质优、包装精美，成为许多人送礼的最佳选择，那段时间，瓦仓大米十分畅销，占据了很大市场。那几年的好市场让汪宗平每年有 200 万元左右的利润。2012 年年底，由于一些原因，瓦仓大米的主要销售途径和市场受到冲击，陷入了发展“瓶颈”。汪宗平说，自己的加工厂收购的都是优质稻，收购价比较高，但瓦仓大米一下子没了销路，他心急如焚。

这时候，国外的大米，如越南、柬埔寨、泰国的大米大量进口，这些进口大米能卖到 1.2 元/斤。进口大米价格高且更受消费者欢迎，于是，一些无良米厂为了盈利将自己的米掺入进口大米，以此获得巨额利润，这样的造假大米每吨能赚 1600 元。汪宗平说：“我和你说实话，当时我都把国外的大米拖到公司了。”但汪宗平还是放弃了，他的良心战胜了诱惑。他觉得，这钱他不能赚。汪宗平是个只说实话的人，他坦诚朴素，没有办法对自己的顾客、对家乡的村民说假话，更无法做违背良心的事。

在询问过游艾青后，汪宗平坚定了自己做优质大米的理念，坚定走品牌发展之路。他说，当时远安县的许多米厂一年甚至能有几千万的收入。他们都掺进口大米，但瓦仓大米不能掺，这样下来，瓦仓大米的成本远高于普通大米。瓦仓大米的价格虽然贵一些，但汪宗平是亏钱的，其他米厂的米虽然便宜一些，可他们是赚钱的。面对巨额利润的诱惑，汪宗平依然能坚守本心，不做违背良心的事，坚持走品牌发展之路，这很令人敬服。

汪宗平说：“和你说实话，进口大米我也吃了，口感不好。”进口大米产量高、外观好看、卖相好，可因为气候等不同，与我国市场偏好的大米有所不同。远安县生态优质、种植优质、品种优质，汪宗平更不愿自己费尽心思孕育出的优质大米被掺入口感欠佳的进口大米，汪宗平不愿作假，即使行业规则已经如此，即使身边的米厂都逐利，可他仍坚持自己的初心，他说：“这样可是会砸了瓦仓米的招牌。”汪宗平沉默了一会儿看向我们，眼神坚定：“说实话，我把自己的品牌看得比命还重要。”

汪宗平虽为一个商人，但身上没有一点儿世俗名利的铜臭味儿；他从商数十年，却不会说一句假话、官话。他的眼中没有虚伪，他更在意自己脚下的瓦仓土地、家乡的村民和粒粒瓦仓大米。我们发现，汪宗平的公司有加工厂、有车间、有粮仓，唯独没有一间真正意义上的办公室，对于汪宗平来说，说实话、做实事远比这些表面工程重要得多。

汪宗平说："我和你说实话，乡村建设，一是要搞好基础设施建设，二是要留得住人。"汪宗平说，留不住人是当今农村发展的病痛。如今，医疗、教育、住房的压力让农村的人难以坚守那片土地，只靠种地很难养活全家人，更别说遇上天灾人祸了。汪宗平在瓦仓土地上数十年的奋斗历程让他对乡村振兴有着独到的见解和真实的反馈。汪宗平看到村子里路通了人却走了，房子有了却都是空的。这样的乡村场景让汪宗平感到难过与心酸。乡村振兴离不开乡村的人，乡村没有人，振兴便失去了意义。要让乡村有烟火气，就必须面向土地，走生态发展之路（图3－8）。

图3－8　瓦仓谷香生态农业有限公司试验田

不知道汪宗平说了多少次"说实话"，一句句真诚的话语体现了汪宗平的诚恳与真实。他也深深体会到，无论是对国家、社会，还是对个人，说实话、做实事都是不可或缺的，汪宗平的实话观念也让他及他的瓦仓大米更加值得信赖。如今很多人都常常以拥有财富的多少来衡量自己的价值，但是在汪宗平眼里，能够堂堂正正做人、不辜负自己的良心、踏踏实实做好瓦仓大米才是他衡量自身价值的标准。汪宗平虽然文化程度不高，但他智慧、通透的自我认知，清晰、真实的自我定位，让我们敬佩。说实话，对一个人来说是做好自己本职工作的前提，是应当具备的原则与底线，也是一个人的道德与良知；对于社会来说，拥有“讲真话、说实话”的社会成员才能营造风清气正的社会氛围，一个没有真话的社会必定是腐败、堕落、黑暗的；对于一个国家来说，有人说真话，才会有不断前进、不断改革、不断试错的动力与方向，才不会被假话、官话蒙蔽。说实话的价值就在于此。

说真话，很多时候需要一种“虽千万人，吾往矣”的信念，需要不迷信权威、只相信事实的品格，需要敢于大声疾呼、为民请命的情怀。我们不应让讲真话的人瞻前顾后、心惊胆战，不应让讲真话成为一种犹豫、一种冒险，更不应让怕讲真话、不讲真话成为一种自我保护和人情世故。无论你身处哪个职业，说实话都是不可或缺的，如果连实话都不敢说，面对是非功过时也只会闪烁其词甚至颠倒黑白。说实话、做实事是全民所需、全民所向、全民所盼。

季羡林先生曾写过《敢讲真话需要极大的勇气》，他说，敢讲真话需要极大的勇气，有时甚至需要极硬的“骨气”。著名作家巴金，晚年花费 7 年时间，呕心沥血写成一部讲真话的《随想录》，这本书凝结了巴金先生的实话观。翻译家傅雷被誉为“最敢说真话的人”，他给自己定规矩，每日进度不超过千字，就是为了保证翻译的真实与贴切，“这样的一千字，不说字字珠玑，至少每个字都站得住”，即使这样，傅雷先生“一句话翻译得不好，十年都会耿耿于怀”。因为追求真实，他们被世人记住、尊重、敬佩。

近百年前，鲁迅先生在《立论》中深刻揭示了中国文化中的期满胆怯、圆滑世故的特性。这是鲁迅《立论》的立论，今天尤其不能忘却。然而，近百年后，如今的现实社会五光十色，一些人内心之“小我”不断膨胀，逐渐模糊了道德边界，让私欲悄然流淌：有人背弃公义，暗度陈仓，以公帑入私囊；有人心存侥幸，触碰红线，肆意输送利益；有人将说假话奉为“至理”，虚伪自私，对人民说假话，对国家说假话。

在现实社会中，说实话是需要勇气的，需要人直面现实、不畏压力，那些只顾个人利益、见风使舵、虚伪讨好的功利主义者是不会轻易说实话的。然而在一些人眼中，仿佛假话、空话、套话才是人与人交流的主导，本该是理所当然的说实话却变成了一种特立独行。

不驰于空想，不骛于虚声。说实话也要做实事。除了建立合作社和成立公司，汪宗平每年启动年产 2 万亿吨的优质大米加工及 2000 吨米制旅游休闲食品加工项目，实现年销售收入 2.2 亿元、税收 600 万元。汪宗平时刻不忘自己的家乡瓦仓，他积极参与“聚力脱贫攻坚，人大代表在行动”的活动，在全县率先与 4 个乡镇签订产业扶贫委托协议，与 14 个村、216 户贫困户签订产业扶贫帮扶协议、订单收购合同、产业精准扶贫务工协议书、农村土地经营权流转合同，为全县农民增收 1000 多万元，惠及 595 名贫困人口。汪宗平按照高于市场价 7% 的价格收购贫困户稻谷，又按照低于市场价 50% 的价格提供稻种。可以说，汪宗平就是说实话、做实事的典型。

同样地，乡村振兴的奋进历程中，需要说实话，也要做实事。“船到中流浪更急，人到半山路更陡。”摆在我们面前的使命更光荣、任务更艰巨、挑战更严峻、工作更伟大。实现乡村振兴是人民群众对美好生活的向往，是党和国家的重要决策部署。做好乡村振兴这篇大文章，其作始也简，其将毕也必巨，要坚持谋实事、出实招、求实效，既立足当下，解决好“两不愁三保障”的突出问题，又着眼长远，从体制机制、政策实施、资源投入等方面促进脱贫攻坚和乡村振兴的有效衔接，一步一个脚印地朝着农业优质高效、乡村宜居宜业、农民富裕富足的奋斗目标迈进。用脚步丈量乡情，用实干赢得民心，如此方能充分调动和激发更广泛的人民群众积极参与到乡村振兴战略中来，为加快推进农业农村现代化凝聚起更伟大磅礴的力量。

习近平总书记指出：“实事求是，是马克思主义的根本观点，是中国共产党人认识世界、改造世界的根本要求，是我们党的基本思想方法、工作方法、领导方法。”我们党就是靠实事求是起家和兴旺发展起来的，实践反复证明：“坚持实事求是，就能兴党兴国；违背实事求是，就会误党误国。”坚持实事求是是对说实话的诠释，实事求是作为我们党的思想路线，始终是马克思主义中国化理论成果的精髓和灵魂。坚持实事求是就要做到坚持一切从实际出发来研究和解决问题，我们想问题、作决策、办事情都必须从不断变化的客观实际出发。任何超越现实、超越阶段而急于求成的倾向都要努力避免；任何落后于实际、无视深刻变化着的客观事实而因循守旧、故步自封的观念和做法都要坚决纠正。这就说明了我们在实践过程中要将“讲真话”作为标准，一切遵循“真实”；坚持理论联系实际来制定和形成指导实践发展的正确路线方针政策。与此同时，理论只有与实际紧密联系，才能发挥对实践的指导作用，才能实现自身的价值和意义。

人们最想看到的是真相、最想听到的是实话，我们追求真理，期盼真诚；相反地，我们厌恶欺骗、讨厌谎言。汪宗平的“实话观”也让我们思考：这个时代需要怎样的新闻工作者。习近平总书记在 2016 年党的新闻舆论工作座谈会上说：“新闻舆论工作者要转作风、改文风，俯下身、沉下心，察实情、说实话、动真情，努力推出有思想、有温度、有品质的作品。”

物欲横流的社会，很多人都无法坚守初心。说实话是最起码的公众良知，也是新闻工作者最基本的工作原则。习近平总书记强调：“做好正面宣传，要增强吸引力和感染力。真实性是新闻的生命。要根据事实来描述事实，既准确报道个别事实，又从宏观上把握和反映事件或事物的全貌。”新闻工作者要反映人民心声，在新闻工作中，要敢于说实情，勇于说实话。因此，说实话就是对一名新闻工作者的要求，是新闻工作者的价值所在、出路所在；对于我们来说，挖掘真相、暴露谎言，责无旁贷。

翻开相册，这张照片抓住了我的眼球。它拍摄于瓦仓种植基地，那生机盎然的浓绿映入眼帘，充满了生机，充满了活力，让人觉得未来有希望、有期盼。我想，说实话应该也是这般鲜活且有力量（图 3－9）。

图 3－9　瓦仓大米种植基地

四

小汪：小哥哥的大格局

一、初识小汪哥

“小汪”是湖北省宜昌市远安县瓦仓村汪宗平的独生子汪洪波，对于汪宗平，远安县的村民都不陌生，作为当地的人大代表，汪宗平凭借自己的冒险精神和强烈的社会责任感将瓦仓大米从一个小作坊打造成一个在当地极具影响力的大米品牌，也带领着瓦仑村村民脱贫致富。对此，我们十分好奇，作为汪宗平的独生子，汪洪波又是一个拥有着怎样传奇经历的人？在未去远安之前，调研团成员和汪洪波有过微信和电话交流，协商确定调研日程和住宿安排，汪洪波充分考虑了我们的需求，十分体贴和周到地与我们进行细致的探讨和筹备，最终敲定于7月12日全体调研团成员出发前往远安。一直想象小汪哥这个“富二代”或许是个成熟的商业精英，精明老练、深懂处世之道。直到真正见到小汪哥才发现，他竟是比学生们只大几岁的“90后”小哥，但其言行举止中透露着与年龄不相符的踏实稳重。

调研团出发当日，由于成员从全国各地出发前往远安，到达的时间不一样，导致成员可能需要单独分拨打车前往远安县城。小汪哥了解了我们的情况后，为了我们的安全着想，竟派助理包车前往宜昌车站接我们，小汪哥的及时帮助和贴心安排让还没有碰面的我们十分感激，并期待见面。当我们从北京出发抵达宜昌高铁站时，天边的夕阳火红艳丽，似乎在告知我们，未来我们将会有一段奇妙的旅程。来到出站口，小汪哥似乎凭借经验，一眼就认出了我们一行人，他在出站口等我们已久。见到小汪哥的那一刻，我们发现这完全打破了我们对他的想象。没有西装革履，没有精致的打扮，只是穿着朴素的黑色简衫，略微褶皱的黑色牛仔裤，一双沾了些灰的皮鞋，他隐没在人群中，个子不高，微胖的手上拿着一串比亚迪的车钥匙，看起来与刚毕业找工作的大学生别无二致，但他身体里却好似蕴藏着巨大的能量和智慧。他看到我们一行略显疲惫，主动帮忙拿行李箱，并贴心引路前往地下车库，亲自开车送我们到远安县城。

从宜昌高铁站到远安国际酒店，一个小时的车程，我们与他无所不谈。我们惊讶于他的年龄和阅历，1991 年出生的他竟然是两个孩子的父亲。毕业于湖北江汉大学经济学专业的小汪总大学毕业后考了公务员，在政府财政部门任职近 5 年，后来由于一些原因辞职回到远安县，与父亲汪宗平一起经营瓦仓谷香生态农业有限公司，担任公司的总经理。他在加入公司管理后，积极配合政府实现瓦仓村的脱贫摘帽、乡村振兴。早早结婚生子的他已经打拼出了自己的一方天地，他的妻子和儿女对他的成长有很大的影响。他向我们讲道："我和爱人是初中同学，从相识到相恋，大学毕业直接结婚，一路是十分顺利的，我爱人现在是一位大学老师，可能在学历上我和她会有一些差距，但是我对自己的要求也从来没有放低，我一直相信保持一个学习的态度会让我走得更远。我在 23 岁就和爱人结了婚，结婚就意味着我不再是一个人，而是要做好一位丈夫，承担起一个家庭的责任。后来，我们又有了两个孩子，他们很可爱，我很爱我的家人，这就更加提醒我要做好一位丈夫、一位父亲。而讲到我的工作，我算是继承父亲的产业，父亲愿意将公司交给我，那我也需要做好我应该做的，需要谨记在为人处世上，成长为一个负责任有担当的人。既然我选择辞职回到乡下发展，那我也要认识到我是一个农民，一个新型职业农民，我需要对自己的选择负责。”小汪哥越说越来劲儿：“以我进公司工作的接触和认识，我认为生态农业如果没有年轻人参与建设，将面临农业发展受限的问题，城乡差距会进一步拉大，脱贫攻坚的成果也会受到影响，农村想要发展，青年一代需要有意识回乡建设，心系农业、心系土地才行，这是我选择回到乡村发展的信念格局。我对农村的情怀要大于农村的商业价值，我也是农民出身，我感谢曾经养育过我的土地和人民，所以也想在长大后回到这里，回馈曾经养育过我的稻田河流，陪伴过我的花草树木。”小汪总的这番话十分有见地，从自身的家庭生活经历谈到工作的抉择，再到生态农业的发展，思想深刻，视野广大。让我们也意识到，作为青年一代，需要拥有他思考的意识和事业，要能够站得高看得远，从长远利益出发，深谋远虑，平凡普通的人也要有大格局和大情怀。

行至途中，夕阳将落，天边的那一丝丝光亮也即将被黑暗吞没，隐没在乌云间的山川忽隐忽现，构成了一幅美景图。汽车平稳地行驶在高速公路上，车内，我们与小汪哥欢快地交谈着。小汪哥对我们说，他其实是一个害羞内向的人，却能和我们认真地攀谈起来。当我们与小汪哥谈起新闻专业时，经济学毕业的小汪哥却对新闻知识也了解一二，甚至认真地点评起调研团的采访提问来。谭教授现场教起课来，给学生现场出题，让学生们向小汪总提问，由小汪哥对问题进行点评分析来考察学生的采访提问水平。这样一个趣味性的活动一下子拉近了我们与小汪哥的距离。同学们跃跃欲试，也想知道小汪哥对于大家的问题会给出怎样的点评。学生们依次提出了“想了解大汪总和小汪总父子一起创业的故事，如果父子之间在某些事情上出现了分歧，遇到了矛盾，会如何解决？”“小汪总对于前面提及的乡村情怀主要是怎样的一种情怀，又会在未来付出怎样的行动去表达情怀?”“想了解瓦仓大米的产业链生产模式和环节是怎样的?”以及谭教授提出的“和妻子之间有什么故事?”4个问题，面对这4个问题，小汪哥依次给出了90分、88分、85分和100分。为何这样评分？小汪总解释道：“在新闻专业方面，我可能是业余的，但是我一直都对新闻专业很感兴趣。这4个问题从我们见面到交谈的这段时间，我最能回答的及透露的信息都是新闻点和素材来源，新闻要有现场，新闻要抓透现实，所以面对学生和谭教授的提问，我基于受访者的角度来考虑，要我能答出来并且给人真实感，能讲出故事来，同时恰到好处地把握隐私的范围，我觉得教授的问题是非常好的，其他同学的问题也很好。”就此，有学生提出疑问，如何才能很好地把握问题涉及的隐私的度呢？谭老师向学生们解释道：小汪哥说得很好，新闻记者就是要克服挖掘别人隐私的心理障碍，在新闻的接近性和相关性上，我们需要采访大众感兴趣的问题，而要达到这样的目的就需要在言谈交流中让别人舒服，要尊重别人，让受访者愿意倾诉。

一路上我们都在进行学术上的探讨，小汪哥的话语间表现出了对新闻专业浓厚的兴趣，对此我们都表示强烈的敬服。小汪哥与我们谈道：“我平时会保持不断学习的态度，有时候也会刻意寻找像我们现在交谈这样的学术氛围，我始终认为学无止境，即使我现在已经参加了工作，可能在时间、精力分配上存在不足，但是我对于自己所感兴趣的或对自己有帮助的知识和能力都愿意花时间去学习。”小汪哥继续说，“面对现在电商的潮流趋势，我们公司也创建了微信视频号、公众号、抖音号等，邀请专业的短视频团队来帮我们制作短视频，努力向大众讲述我们的产业运营，讲产业链、厂主故事，我记得有一次我们的抖音团队对我父亲进行访谈式视频采访时，他们的采访设计把我父亲都感动哭了，在视频里，我父亲讲着自己的故事就哭了，当时我就觉得，能让我父亲这样一个经历过大大小小风雨的人哭出来，我们的新闻视频采访是十分优秀的，视频所产生的共情效力是十分强大的，因为在我的印象里，父亲是一个很少哭的人。但是这一次，我想说，我们的短视频做得非常成功，不管是对于受访人还是传播的受众来说，它所传递的情感是我们无法忽视的。在做短视频这条路上，我们还在不断地尝试和探索，希望这种宣传方式可以对我们打造品牌有所帮助。”

听完小汪哥的讲述，我们又重新认识了这位“90 后”小哥，身为一个新型农民，小汪哥有着农民朴素、踏实、沉稳的性格；身为一个创业者，小汪哥有着“90 后”青年人敢拼、敢做的冲劲儿；身为一个总经理，小汪总有着与职位相匹配的眼界和视野；身为一个丈夫和父亲，小汪哥有着与身份相适应的责任与担当。这样一个独具魅力的“富二代”，是当代中国青年中的一员，也是我们来观察中国农村青年的一个窗口。谭教授对小汪哥的评价是“热情且务实”。几十千米的路程，我们奔赴的是目的地，但途中收获的是思想和认知水平的提升（图 4 -1）。

不知不觉中，我们来到了远安县，夜已深，雨也在我们进城后渐渐停了，公路上的车辆也没有想象中那么多，奔波的人们也回到了自己的小窝。

经过一夜的休整，第二天一早，我们就在酒店的大厅遇到了等待已久的小汪总及其助理，在远安县调研的这几天，小汪总推掉了自己的全部工作，专心担任我们调研团的“导游”。吃完早饭，小汪总带领我们前往瓦仓大米种植基地。从县城向着大山出发，房屋建筑渐渐消失在身后，宽阔的道路逐渐变得狭小，但还算平坦。途中，我们经过了一处基地，小汪总向我们解释道：在远安县有一个军事基地，这里有着很深厚的红色文化底蕴。沿途的路算不上颠簸，漫山耸立着青翠的松柏，山间的平地上种着玉米或水稻。“这山头除了平原种粮食，就没有其他的经

图 4－1 小汪哥（右二）送调研团部分成员到达宾馆后留影

济作物了，很多农户家门紧闭，只有几位老人在家，剩下的年轻人都去城里打工了。”小汪总向我们解释说。现在不是农忙的时节，夏日裹挟着热风吹过稻田，留下聒噪的蝉鸣。

大约行驶了 1 个小时，我们来到了瓦仓大米种植基地，这里的平原远比我们沿途看到的开阔得多，稻田里有由不同品种颜色的稻穗打造的“迎接建党 100 周年”的字样，从远处望过去，十分壮观。种植基地附近还打造了一个育苗基地和晒场，用于稻苗的培养和稻谷的收割。小汪总向我们介绍道：“这里原先是一个煤矿厂，后来因为资源枯竭和保护环境的需要，煤矿场被强制关闭，所以这里人的煤矿收入大幅减少。”小汪哥曾经思考过关于税收层面的问题，在他看来，我国中西部地区是山区，经济发展因人而异、因地而异，每个地方不一定要发展那么好的产业，每个地域的定位不一样，有的地域定位是生态保护，有的地域定位是生产粮食，有的地域定位是发电，还有的地域定位是发展经济、发展工业。每个地方有自己的定位，就不会存在同类恶性竞争，只要朝着自己的定位和目标前进就好。

小汪总继续介绍说："这里的煤矿不景气，公司重新利用这片场地，实现绿色生态发展。公司花费近百万元将煤厂硬化打造成晒谷场，这与国家提倡的绿色发展、循环发展相符，也是公司积极配合当地政府发展绿色农业的典范。国家粮食局（现国家粮食和物资储备局）的纪检书记视察的时候，基地正在培育秧苗，我们搭建起来的秧苗基地，下层用的秧盘是秸秆秧盘，是对秸秆禁烧后的一种处理办法，把秸秆用作秧盘，没有焚烧，作为育秧的肥料；并且因为这里的场地够大，可以把那些农村无法铺开的小稻厂、散场聚集在一起，在每年秋收的九十月，一次性铺开千百亩。同时，附近种植了上百亩稻谷，种植稻谷的土地是高黏土，即用来做瓷砖的材料，这里的很多土壤多被挖去售卖，但我们用来种植水稻，能更好地培育优质稻。农业要发展、要做成品牌，就必须实现规模化、集约化生产，瓦仓谷香生态农业有限公司一直在探索如何做。"

除此之外，小汪总还带领我们来到了瓦仓村村委会，向我们介绍了村里的基本情况。令人惋惜的是，村里现在是没有学校的，这里的乡镇小学、初中都已撤除，孩子全部到县里上学。相对而言，留在农村的人也在减少。小汪总说："茅坪场镇现在是没有初中的，以前我就在这里上学，初中有 6 个班，现在一个都没有了，这些都是村里人口流失的体现。同时，这里的师资力量也相对匮乏。"农村人口流失是我国普遍存在的现象，这个问题对于实施乡村振兴战略是一个很大的阻碍。尽管如此，我们还要用辩证的眼光来看待。从小汪哥的介绍中我们可以理解，将农村学生等向城镇转移，一方面可以帮助学生获得更好的教育资源，有利于学生的成长，同时，加速乡村的城镇化建设，对于促进城乡一体化有推动作用；另一方面，农村人口的转移造成了劳动力转移，造成农业生产缺人、无人，同时学生习惯城镇生活后，对农村的土地情怀会大幅减少，也会降低其成人、成才后返乡建设的热情，长此以往，这对农村现代化建设和农业的可持续发展会形成巨大阻碍。因此，我们需要思考的是，在乡村振兴格局下如何来解决这个问题，各方应该如何协作来促进农村人口回流。对此，调研成员进行了积极有效的探讨。

首先，解决人口“空心化”是核心问题，同时，我们在推进现代农业发展和生态农业发展过程中，也需要解决技术性问题及新型农民培育问题。目前我国正着力发展现代农业，以瓦仓大米为代表的农业生产需要以先进的农业科学技术支撑、高效率的农业设施设备武装、现代化的经营管理理念引领，要实现这些，则迫切需要高素质的职业化农民。以往的传统农民是被时代烙印上的身份，不是农民主动选择的，而且人们对传统农民普遍的印象是一种生活在农村、收入低、素质差的群体，是贫穷的“身份”和“称呼”，而不是可致富、有尊严、有保障的职业。要转变人们对农民的认识，就得使农民成为一种有身份、有知识、有保障的职业。新型职业农民不再只是传统意义上的农业继承者，而是将农业生产作为自己终生的事业来不断适应现代社会的发展。通过他们来带领群众发展生产、建设村庄，对解决农村“空心化”问题有积极作用。其次，可以依靠政策的调整将外出务工的人才吸引回乡村，也可以将城市里的实干型人才引进来，为乡村发展积蓄力量，把乡村振兴的各项举措落到实处。乡村振兴战略的实施在很大程度上还需要劳动力来实现，而农村大部分人口外流给乡村振兴战略的实施造成了很大影响，要解决这个问题还得从源头找方法，将农民变成有身份、有地位、有保障的新型职业农民，通过政策吸引人才，将能干的人才吸引回乡村，为乡村振兴出力，才是解决“空心化”问题的实用手段。

我们看着稀疏的房屋，满目青翠，耳边是夏日的蝉鸣，微风吹过，伴随着稻禾的清香，忽视炎炎烈日，这里不失为一方净土，不乏生活的气息。乡村的安宁和惬意是小汪哥一直向往的，他跟我们说："等自己老了一定要回到这里生活，远离城市的喧嚣，在这里享受安逸清静的生活。"

二、2 元与 22 元奶茶的味道

作为典型的"90 后"，小汪哥从瓦仓村走到县城，来到武汉读大学，见识了乡村与城市生活的不同，"乱花渐欲迷人眼"，城市的五光十色令小汪哥目不暇接。在小汪哥关于大学的记忆里，2 元一杯的奶茶成了小汪哥毕业后念念不忘的味道。就在大家纷纷逃离农村的大潮中，他却逆流而行，毕业后回到生养他的土地。如今，他在远安县为我们准备的奶茶已是 22 元一杯，我们无法比较城乡两种奶茶的味道，但当小汪踏上家乡泥土的那一刻，就成了一个未解之谜。为什么努力考上公务员，却在工作四五年后毅然辞职回到家乡？这个问题在前文给了一部分答案，但是真正的原因，在我们遇到茅坪场镇党委书记王燕后，她才给了我们答案。

小汪哥考的是茅坪政府机关干部，王燕书记对他的评价甚好。在他辞职的时候，同事、领导多次挽留，但小汪哥除却那份情怀，还是心系家中的产业、心系土地。如果小汪哥不回乡发展，那么瓦仓谷香生态农业有限公司的发展便会陷入无人承接的状态。伴随着现代科技的发展，更需要小汪哥以大学生青年人的现代经营理念去管理公司。同时，小汪哥也有自己的意愿："不能总是用国家的工资来养活自己，我更想为国家创造财富。"他回到瓦仓村子承父业，做起"新型职业农民"来。他说："农村需要年轻人，种地更需要技术农民，现代农民是智慧农民，我们需要以身作则来打破大家的刻板印象。”在政府的四五年里，小汪哥接触过体制内的领导干部，也熟悉农民的需求；他经历过村支部党委、村民委员会换届，也熟悉体制内政府相关工作的规律，回乡做一名农民企业家是他最终的选择，公务员的工作经历也为他在回乡创业的道路上提供了不一样的视角。

瓦仓大米的崛起不只是大汪总一个人的辛苦奋斗。王燕书记曾说，瓦仓大米是市场的主体，10 年前它是一个小作坊，10 年后成长为一个龙头企业，这离不开汪总自身的努力奋斗，也离不开政府的扶持，这是一段互相支持的关系。乡村振兴需要更多像汪总一样的农民企业家。这与乡村振兴提出的“一懂两爱”不谋而合。

懂农业，就是要成为“三农”工作的行家里手。[①] 农业是最古老的产业，发展历史长，看似简单，但专业性强、技术复杂，有其特殊性。不懂农业，不知道农村要发展什么、怎么发展、发展成什么样，就不能兴农富农，推进农业科学发展。大汪总和小汪总都是农民出身，了解农业生产的特点、懂得农业专业知识、能够把握农业科技发展动态和趋势，同时，他们在思想观念上也不断提升政策理论水平，深入学习党的理论路线方针政策，学深悟透习近平总书记“三农”思想，在大局下谋划、在大局下行动，不断丰富“三农”专业知识和实践经验。

爱农村，要对农村充满情感、充满正能量，在内心深处为乡村谋振兴。热爱是最好的老师，是职业发展的前提。只有爱农村，才能有望得见山、看得见水、记得住乡愁的情感，把农村当家乡，对农村有归属感和责任感，长期扎根农村，投身乡村振兴。[①]反之，如果没有对农村、对农民、对农业的真爱和情感，到农村工作或调研就会流于形式，就会

① 张海娜，冯靖，樊清誉．农林类高职院校“一懂两爱”教育优化研究——以上海农林职业技术学院为例[J]．青少年学刊，2021(1)．

把到农村工作和锻炼视为跳板，就容易急功近利，做出损害农村和农民长远利益的事。习近平总书记曾给大学生村干部张广秀回信说：“希望你和所有大学生村官热爱基层、扎根基层，增长见识、增长才干，促农村发展，让农民受益，让青春无悔。”爱农村，就要倾注感情、肩负责任，我们要树立起建设美丽乡村的责任感和使命感，在推动乡村农业发展、提高生产效率、改善农民生活环境等工作中脚踏实地，做好事，做实事，在乡村振兴道路上行稳致远。农民出身的小汪哥身上最能体现的就是热爱家乡、热爱土地、热爱农村。

爱农民，就是把农民当亲人，要心里装着农民、凡事想着农民、工作依靠农民、一切为了农民。没有一颗真爱农民的心，不把群众当亲人，就不会把农民的事当成自己的事，想农民之所想、急农民之所急，真心帮农民做实事。只有爱农民，才能对农民有亲近感，一心造福农民。爱农民，才能赢得农民的信任和支持，调动农民的积极性、主动性和创造性。习近平总书记指出：“老百姓在干部心中的分量有多重，干部在老百姓心中的分量就有多重。”爱农民，就要加深对农民的感情，为农民谋幸福。农民增收是“三农”工作的核心任务。农业农村工作，说一千、道一万，增加农民收入是关键。同时，要注意带着情怀和志向做“三农”工作，深入群众，把农民群众当亲人，事事关心，尤其在家庭建设和农业生产中，要站在农民的角度看问题，向农民学习，尽最大的努力帮助农民增收，促进乡村发展。

汪宗平父子不仅长得像，他们的性格和事业心也一样。作为从小在革命老区长大的孩子，小汪总和年轻时的父亲一样，敢闯敢拼，身上充满了干劲儿和韧劲儿。谈起父子俩的关系这个话题，小汪总给我们做了详细的介绍。小汪总心中父亲的形象是严厉的，在他小时候，父亲常年在外奔波做生意，一般是不怎么管教小汪总的。对父亲在工作的协调安排上，小汪总常常持反对意见，他认为自己父亲的工作状态是不太合理的，如老汪总经常晚上一两点才回家，早上六七点就起床工作，一天一大半的时间都处于一种迷糊状态。对父亲的工作方式和生活状态，小汪总是无法接受的，因为这种早出晚归对于身体的伤害是极大的，这也是小汪总辞职回家帮父亲打点工作的一个重要原因。尽管如此，小汪总也不能否认父亲的能力，老汪总凭借自己的能力让瓦仓大米从籍籍无名到现在的名声在外，其中把握住的机会及长远的战略眼光都是小汪总需要学习的，在小汪总的内心，他还是十分钦佩自己父亲的。在回到家族企业工作的这几年，父亲有意培养小汪总成为接班人，经过这些年的磨合，父子俩已经培养出了独有的默契。

农业企业的发展是很艰苦的，尤其是传统农业生产，想要打开市场，除了保证自身企业的运转，还需要获得政府部门的扶持。汪氏父子间也有较为明晰的分工合作，老汪总负责后端的产品生产、农业种植产业链，小汪负责前端销售、市场拓展及与政府的相关沟通。要做好现代农业，每个环节都十分重要。湖北瓦仓谷香生态农业有限公司作为本土企业，有着一定的物质群众基础，更熟悉当地的生产模式，也获得了一定农户的支持。扩展到全国来说，乡村振兴，关键是产业振兴。2020年12月的中央农村工作会议指出，“要加快发展乡村产业，顺应产业发展规律，立足当地特色资源，推动乡村产业发展壮大，优化产业布局，完善利益联结机制，让农民更多分享产业增值收益”。推进乡村产业发展，要因地制宜，宜种则种、宜养则养、宜旅则旅（图4－2）。

“授人以鱼，不如授人以渔。”要做好乡村产业发展规划，不能只学习先进地区的发展经验，还要学会将“经验本地化”，把先进的生产模式融入当地的发展，探索出属于自己的独特发展模式，以创新为引领，深入开发乡村功能价值，创造出新的发力点。瓦仓大米就是这样一

图 4-2　谭云明教授与汪氏父子（右一、右二）交谈

个产业，充分考虑地方地理环境因素，牢牢抓住地方农民，发挥地方的生命力，将传统农业与现代农业结合发展。走在新的历史时期，推动高质量发展成为主题，乡村产业发展也要从起步阶段走上高质量发展之路。在远安县的产业振兴中，除了瓦仓大米，还有食用菌等，这些产业发展需要被重视。但在推动新业态的过程中，仍需要牢记“绿水青山就是金山银山”，企业在利用自然、科技、工艺等资源时，除了以实现收益最大化、增加产业附加值，还需要支持和配合政府的工作，坚持“农为邦本，本固邦宁”，维护好人与自然的生态平衡，切忌以牺牲环境为代价来获取“蝇头小利”。在远安这片土地上，需要更多如老汪总、小汪总这样的企业家来推进共同富裕。

谈及小汪哥对自己的定位评价，他说自己更像《平凡的世界》里的孙少平或孙少安。母亲怀着小汪哥时，父亲第一次创业失败，因借不到钱给母亲看病导致他出生后遗留下心脏隔缺损的疾病，这个病伴随着小汪哥的成长。他给我们看了有伤疤的胸脯，那一道狰狞的手术疤痕是小汪哥病痛的标志，他向我们讲述着自己艰难的人生经历，即使没有像孙少平、孙少安那样困苦的生长环境，但是在成长过程中磨砺出的意志与他们别无二致。从农村到城市，再由城市回到农村，这其中的抉择和犹豫我们都无法知道，面对未知的事情，一般人会选择逃避或安于现状，小汪哥却选择跳出舒适圈，选择做实事、做有意义的事情。透过他的选择我们看到了如今城乡一体化和乡村振兴战略的成果。

城乡一体化的目标是推动工业和农业、城市和农村协调发展，以统筹规划、体制改革和政策调整为抓手，实现全体人民的共同富裕。城乡一体化要在发展中逐步改变我国因历史原因在现代化进程中不断扩大的城乡二元结构，实现城乡协调、产业互补、市场沟通、信息联通、社会福利和发展机会的均等化，让农民与城镇居民共享现代化的发展成果。① 而小汪哥就是在这个时代变革中，成为当代青年应该如何做的典型代表。作为新鲜的血液，小汪哥以产业发展为己任，实行土地流转的经营模式，带领乡村集体致富，实现了农业生产模式升级，在青年劳动力不足的情况下仍然实现了帮助家乡“老农民”提高家庭收入，为农村的物质文明、精神文明、社会文明和生态文明的协同共进贡献出了自己的青春和汗水。而体制改革和政策落实的协同问题需要懂政策、知改革的人来推进。这就不得不需要“有知识”的人才来配合，政府、乡村大学生、乡村企业的高知分子是乡村振兴的中坚力量，要促进农村产业结构升级，转变经济发展方式，实现人才、资金、技术等生产要素的优化配置，则需要这些中坚力量与老百姓的配合和共同发力。

在新的历史条件下，小汪哥就如同新时代的“知青”，从企业层面积极配合实现乡村振兴，带动村民共同致富。我们从小汪哥身上看到了当代中国年轻人的另一副面孔，找到了观察中国青年的另一扇窗口。

① 郑丽果．城乡一体化与乡村振兴如何协同发展[J]．人民论坛，2018(30)．

习近平总书记指出，“青年兴则国家兴，青年强则国家强”。小汪哥选择职业的格局何其伟大！像他父亲一样，全部的心思集中在想做好一件事上，不甘于现状。他对农村独有的情怀：看到好田被弃，很多的农田不被重视就十分痛心。这种农田荒废伴随而来的可能是第一产业的没落，更严重的可能会威胁到国家粮食安全。从长远利益来考虑，发展农业、振兴乡村才是我们应该努力的方向。

2 元和 22 元的奶茶是我国在不同发展时期的经济体现。我们喝着小汪总买的 22 元奶茶，也反躬自问：在如今经济快速发展的阶段，会选择何种职业方向去实现自己的目标和追求？这个问题我们现在还无法回答。但是可以肯定的是，小汪总身上所体现出的大视野、大格局是我们需要学习的。作为当代青年，站在时代的潮头，我们需要审视的是自己的内心。“不忘初心，方得始终”，无论是何种选择，无愧自己、无愧祖国才是最好、最值得的投资。

三、小汪哥的小心愿

湖北瓦仓谷香生态农业有限公司致力于发展现代农业。什么是现代农业？现代化农业是相较于传统农业而生的一个概念，同时是工业化发展到一定程度必然产生的事物。现代化农业的基础是技术、资金及物质，它强调通过上述因素对传统农业进行改造，通过工业化手段进行农业生产，以科学技术助力农业发展，采取社会化服务、科学化经营理念来支持农业的发展，加强对农业生产的管理。现代化农业代表了农业科学化、市场化、产业化发展的趋势，同时也实现了农业的高产、优质及持续性发展。[①] 其主要特征是广泛地运用现代科学技术，由顺应自然变为自觉地利用自然和改造自然；由凭借传统经验变为依靠科学，成为科学化的农业，使其建立在植物学、动物学、化学、物理学等科学高度发展的基础上；把工业部门生产的大量物质和能量投入农业生产，以换取大量农产品，成为工业化的农业；农业生产走上了区域化、专业化的道路，由自然经济变为高度发达的商品经济，成为商品化、社会化的农业。[②] 而中国的现代农业发展还在探索阶段。在中国，现代机器体系的形成和农业机器的广泛应用使农业由手工畜力农具生产转变为机器生产，如技术经济性能优良的拖拉机、耕耘机、联合收割机、农用汽车、农用飞机等机器，成为农业的主要生产工具，使投入农业的能源显著增加，电子、原子能、激光、遥感技术及人造卫星等也开始被运用于农业。[③]

在远安县，汪氏父子也紧跟时代潮流，开拓新的农业发展模式。瓦仓大米的种植环节依靠土地流转来实现规模化、机械化运营，其流转的种植稻田有 3 万亩，投资近 1 亿元，在宜昌属于头部高新农业领头雁：现代化的种子种植产业、育秧生产线、瓦仓大米种植基地、大米加工车间、具有知识产权的大米加工机械、网络广大的销售体系等，让人目不暇接。我们进一步了解后才发现，公司从小作坊发展为企业，也存在巨大的行业痛点：所有的米厂发展都受原材料的限制。一个公司产品要做成品牌，产品质量必须稳定，商品必须标准化，老百姓种什么公司收什么是无法保障原材料稳定、商品标准化的。在无法保障的情况下，再好的品牌也卖不出好价钱，是走不长远的。

---

① 陈博. 推进现代农业建设促进农业和农村经济全面发展实践探究[J]. 商讯,2020(25):137－138.

② 何盛明. 财经大辞典[M]. 北京:中国财政经济出版社,1990.

③ 周子楠，卫路兵. 甘肃产业创新路径选择[J]. 甘肃科技，2016(32).

小汪哥将公司的发展历程向我们娓娓道来：曾经农业局的一个领导为公司引荐了湖北省农业科学院水稻研究所所长游艾青，游老师年轻的时候在远安做过育种，对远安本身就有情怀。他将农科院研究的优质种子引进远安进行种植，公司的发展因此迎来了一个契机，于是，从原始的加工模式变成了订单模式。即将种子给农户种植，公司齐价收购，这样操作为公司积累了很好的口碑，也从根本上改良了品种。附近的村、镇、县居民吃了这个品种的大米后，觉得瓦仓大米的质量很好，自然就帮公司做了推广。2013 年，瓦仓大米的生产经营从瓦仓村搬到了远安县城的工业园。凭借不到 4 年的时间，瓦仓大米的种植基地不再仅限于瓦仓村的茅坪场镇，而是扩展到了榔坪镇、旧县镇等，扩大了种植范围，远安县的 7 个乡镇有 5 个种植基地。除此之外，公司还经营种植服务基地，包括基础设施，如育秧基地、晒场烘干基地、纯机械化作业等，借助国土局高标准农业整治项目，公司流转土地实现小田改大田，改变传统的小农经济去发展现代化生态农业。

公司目前的营收主要集中在“卖米”和“卖服务”两块，即正在做农业的社会化服务。对此，小汪哥特地向我们解释了其社会化服务的具体流程和增值计算。例如，按照传统的人工插秧，农户请人的成本包括工资 180 元/天，而一个人一天做不到一亩，加上一亩田地的种子成本 90 元和其他投资，农户自己种田的成本是 350 元/亩。而公司提供的机械化种植服务总花费约 260 元/亩。农户只需要整好田，公司去机械化种田，一个人一天就可以完成多亩田地的插秧。这其中涉及的投入就是公司的基础设备购买及专业人才培训，公司未来 5 ~ 10 年都会将社会化种植服务作为一个重点工作方向。之所以会产生提供种植服务这个想法，是因为公司在扩大规模时，遇到了老百姓不愿意种田的问题，而选择这种种植方式，不只是为了让农民把土地利用起来，更多的是企业想保证产品的质量和品种统一，通过控制秧苗、控制种子、提供种植服务，即提供好前端的一条龙服务，可以有效地保障后端的正常运营。

由此可见，中国现代农业生产的社会化程度有很大提高，如农业企业规模的扩大，农业生产的地区分工、企业分工日益发达，“小而全”的自给自足生产被高度专业化、商品化的生产代替，农业生产过程同加工、销售及生产资料的制造和供应紧密结合，形成了农工商一体化。[①]管理方法也有显著改进，相对于传统农业，现代农业正在向休闲、观赏、教育等方向扩延，瓦仓谷香生态农业有限公司也在朝着休闲农业、观光农业、旅游农业等新型农业形态发展，作为产业增收的一部分，他们会以旅游度假村的形式满足城市居民节假日在农村进行采摘、餐饮休闲的需要。

当我们熟悉了瓦仓大米的生产运作流程后，便来到汪氏父子的公司办公区，但发现属于小汪总的一间小小的办公室都没有（图4－3）。小汪哥说，现在要将钱用在刀刃上，将资金与人力投入产品开发，将来有钱了再拥有一间属于自己的办公室也不迟，算是自己的一个小心愿吧。这大概也是汪氏父子企业经营的另一种大格局吧。这是一种特殊的瓦仓精神，一种自强不息的精神。他跟我们解释道：“做农业企业的工作很累，当企业的产业链延伸得长了，所需要管理的内容也增加了。我不愿将资金耗费在打造一间通透明亮的办公室上，我更希望加强企业的基础设施建设投入，更多地培养做服务的群体。而目前我们面临的问题和‘瓶颈’有两个。”

小汪哥遇到的两个“瓶颈”，一是要集约化种植。为此，必须有现代化的基础设施设备，还有政府的协调管理，如稻田整治、农田改造、

---

① 什么叫现代农业[J]. 湖南农业，2011(1).

图 4－3　调研团成员在公司办公室区的小会议室采访老汪总

水系改造、河道治理等。公司是需要大量土地投入的，仅公司的 4 个育秧基地就花了几千万。现代农业要做好，难点在于农业现代化。公司虽然经过流转获得了大量的种植土地，但是受地理条件的限制，农户稻田多是一块一块零散分布的，并且在国家整体农业技术发展相对滞后的情况下，国内的农产品生产与销售的竞争力并不强，农业的企业现代化发展自然受到了明显制约。而要打破这一局限，土地流转与城乡融合发展相配合是完美的解决方案。土地流转可以将零散的稻田整合起来，实现集约化、规模化经营，辅之以城乡融合发展，有效提供资本、人才、技术和信息等要素，实现城乡之间要素的双向流动，以此构建城乡统一的农产品市场，通过工农互促、城乡互补和全面融合发展，实现农业的高质量发展。①

二是人才队伍的选择和培养。选种育秧首先要懂品种，但是懂品种的高质量人才很难找；插秧要学会开插秧机，这对于目前农户的年龄、

① 韩文龙．以城乡融合发展推进农业农村现代化[J]．人民周刊，2019.

身体状况及文化程度也有相对较高的要求，现在急需的是有技术的青壮年群体，但现在青年人很少愿意回到农村。同时，公司想要发展、想要扩大服务，就需要大量的人才。但面对水稻种植的季节性特征，公司采取的措施是土地流转，包括错季节种植油菜和水稻，这虽然解决了农田休耕轮作的问题，但未耕作的时间，这些工人要做什么呢？毕竟一年中从事耕种的时间只有几个月。面对这样的问题，公司提出的解决方案是让工人做完农业社会化服务后，再换到前端销售环节去做粮食贸易。同时，公司不仅为工人提供农业社会化服务的岗位，工人自己也可以承包田地，种植稻田，一般来说种植二三百亩稻田，一年也会有 10 万 ~ 15 万元的收入。

小汪哥说，目前这只一个思路，公司的重心还是在不断地扩大的农田种植规模、扩大核心原材料的来源、增加销量上，为此公司服务的范围也要相应增加，两端同时开放，一端是销售市场，一端是服务基地。如何把人留在农村，如何吸纳农民加入企业，如何让农民增收，小汪哥说，这是一个亟待解决的问题。他的建议是要打破城乡之间的人口流动限制，构建城乡一体的劳动要素市场，要实现城乡融合发展。在政策层面，一是需要彻底取消城乡二元的户籍制度限制，除了少数城市暂时有限制人口规模的必要，对于大部分城市都应该允许农民进城安居乐业，让他们成为市民，享受市民的待遇；二是鼓励一部分有理想、有抱负、愿意扎根农村发展农业和农村的人成为职业农民，以解决谁来种地和科学种地的问题，使农民成为一个有前景有奔头的职业；三是允许一些城市居民在农村通过合法的途径投资农业和农村产业，将资本、技术、管理等带到农村，促进农业农村现代化发展。

小汪哥对乡村振兴也有自己的思考和认识。他说，乡村振兴需要教育行业能培养出农村实用性人才，培养新型职业农民，做好职业培训。

大众对农民的理解不应该局限于这是一种身份。农业是有技巧、有专业含量、有标准的一个行业，在经济快速发展的中国，农业生产也不再是传统的小农经济各自为政。小汪哥向我们解释了他有这样感悟的原因。2020 年，他到省农科院参加一场种植培训会，听了两天的培训课程，收获颇丰。他说，现在的农业种植还是太业余、太凭借经验了，而在省农科院所展现的，是将一个植物品种结合地方的温度、土壤、气候、雨量、光照、病虫害的环境等因素，加以科学考量的，也就是说，每个植物品种必须与环境相适应，施肥、病虫害防治需要正确地看待，农业种植不能妖魔化，每个环节和领域都可以成为一个专业。在什么时间段需要结合水稻的长势施什么、施多少肥，这些都是需要高等教育和实践操作习得的，现代农民需要有综合素养，农民在未来应该是一个知识含金量非常高的职业，不是头脑简单，徒有力气，而是有专业素养的职业人。当需要使用无人机进行飞防和预防病虫害时，我们需要的是会操纵无人机的高素质农民。要从一家乡镇企业发展到辐射全国的现代农业知名企业，不但需要有中国特色的治理模式和管理方法，更亟须在人才培养上发力，专业型人才培养应是现代农业未来发展的重点。

然而，培育新型职业农民不是一项简单的教育培训。在小汪哥看来，这需要从环境、制度、政策等层面引导和扶持，重点是要构建包括农民教育培训、认定管理、扶持政策等相互衔接、有机联系的国家制度体系。新型职业农民培养最核心的内容就是教育培训，要想实现“高素质、高水平、高文化”的现代农业发展，就要有“教育先行、培训常在”的培育模式。如何才能使农民具备新型职业农民的潜质呢？他认为要从以下 3 个方面着重考虑：一是针对种养大户等骨干培养对象，要通过教育培训和实践训练相结合来衡量测定其达到新型职业农民能力素质的要求；二是针对经过认定的新型职业农民，要长期关注并做好从业素质培训，在提升专业能力的基础上进一步加强思想教育培训，使他们能够更好地承担相关的责任和义务，并与政府相关部门积极配合，协同发展；三是针对所有新型职业农民，要开展经常性培训，熟能生巧，在农业领域也适用，通过常规培训不断提高他们的生产经营能力。新型职业农民培育制度体系的基础和保障是认定管理，严谨明确的认定标准是保证培训体系规范化、系统化的准绳，只有按要求通过各阶段水平认定，才能更好地管理、确认、扶持新型职业农民发展。对此，认定管理要明确认定条件、制定认定标准、实施动态管理。最后是起重要作用的扶持政策，只有配套好真正有含金量的扶持政策，才能为发展现代农业、建设新农村打造一支用得着、留得住的新型职业农民队伍。而扶持政策涉及土地流转、生产扶持、金融信贷、农业保险、社会保障等。新型职业农民作为未来农业生产的主力军，不仅需要以上的培养和支持，而且需要随着现代技术的发展在实践中给予更多的帮扶、鼓励和培育。为此，开展多种形式的教育培训，培养职业农民素质，重点抓好普及性培训、职业技能培训、农民学历教育，不断创新培育培训内容和方式等，有助于农民成长的措施仍然是农业发展的重要环节。此外，还需要通过实施专业合作组织、典型示范引领、创业实践等方法来积极助推新型职业农民的成长。①

汪洪波，一个“90后”小哥却有着远超年龄的深邃思想。他的心始终放在百姓身上，系在土地上，不贪图自己能拥有窗明几净的办公室，只希望为生态农业、智慧农业贡献自己的一份力量。

---

① 曹茸，刘远．为现代农业建设培育核心主体——访新型职业农民培育专家咨询组组长、中央农广校常务副校长王守聪[J]．云南农业，2013(7)．

五

湘西子腊贡米与鄂西瓦仓米

一、“米袋子”的意义

人们对美好生活的向往，无外乎“五子登科”，即菜篮子、米袋子、衣领子、车轮子、钱袋子。古语有云，民以食为天，食以安为先。水稻作为我国南方地区最主要的粮食作物，历来是谈及农业发展与乡村振兴时的重要话题。谭云明教授带领团队的产业扶贫与乡村振兴“三部曲”活动的第二部《摘帽：苗家贡米助力脱贫的路径选择》重点探索研究了子腊贡米助力湖南省湘西土家族苗族自治州花垣县石栏镇子腊村脱贫攻坚之路。而在本次的湖北省宜昌市远安县瓦仓村进行调研的过程中，调研团队同样将目光聚焦在了当地纯种大米——瓦仓大米上。

事实上，瓦仓大米与子腊贡米在诸多方面都存在着相似之处，如都具有米粒晶莹透亮、腹白细少、入口绵甜、糯而不腻等特点，都是全国农产品地理标志，具有远近闻名的影响力和良好的品牌口碑。两者在品质口感方面的相似之处多源于湖南省与湖北省作为毗邻省彼此共同具有的天然地理属性。

气候方面，瓦仓村与子腊村均属于亚热带季风气候，夏季高温多雨，冬季温和少雨，雨热同期，十分有利于热量与降水量要求高的水稻生长；灌浆结实期昼夜温差大，营养物质积累多，赋予了两种稻米优秀的口感与品质。两地一年都可种植两季水稻，在两季水稻的交替期，即所谓“农忙”了。农忙时节，“双抢”成为农民最重要的工作，即抢收庄稼、抢种庄稼，“抢”便是与时间抢庄稼的收成，因为7月早稻成熟，将早稻收割后，需要立即耕田插秧，务必在立秋左右将晚稻秧苗插下。因水稻插下后得60多天才能成熟，8月插下10月收割。如果晚了季节，收成将大减，甚至绝收。不到一个月的工夫，农民需要完成稻谷收割、犁田、插秧等一系列烦琐的农作，故将此时称作“双抢”或“农忙”。在“双抢”时期，许多外出打工的年轻人也会回到家乡，和家人共同完成“双抢”工作。正如我们第一天来到瓦仓村时，村子里很多人家大门紧闭，瓦仓谷香生态农业有限公司经理张朝坤当时说，村里的“农忙”刚刚结束，回村的人前两天才忙完“双抢”，又赶回城里谋生了。可能一年中村里并没有住什么人，平时他们大多在附近的乡镇和城市务工，但是“农忙”时都会回家帮忙。7月忙忙碌碌与难得团聚，其实是鱼米之乡的农民对于水稻种植的经验之谈，是他们刻在骨子里的劳动作息，更是对于千百年来农村文化的代际传承。如此一来，在水热条件与生长时间高度相似的前提下种出的水稻，自然会在外形、口感、品质等方面有着共同之处。

地形地势方面，瓦仓村与子腊村多以丘陵地貌为主，村庄坐落在层峦叠嶂之间的低矮平坦处，稻田高低错落分布于山脚，交相映衬，将一栋栋独立的房屋间隔开来，随处可见山间的汩汩小溪纵横交错，或是汇入清泉，或是顺着智慧的农民特地为其开凿的引水渠流入田间，抑或流入古老的井里，被村民用于日常生活和灌溉。由于地势起伏，稻田呈碎片化起伏分布，因此，虽然瓦仓村也在不断探索与提高农业种植机器设备的使用率，但还是无法像平原地区一望无际的田地一样大规模使用机械化的现代耕作装备和技术，而是更加依赖精细化与人工种植。如此一来，对于农民和技术人员的专业程度和应变能力提出了更高的要求：为了实现在不同田地种出品质高且相对稳定的大米，他们必须根据田块细微的条件差异与可能发生的突发状况，及时且具有针对性地提出预防和解决措施。但也正是由于这份上心与细致入微，才能够造就外界环境条件千变万化下的子腊贡米与瓦仓米几十年、上百年的优秀品质。

土壤条件方面，子腊村与瓦仓村均以黄土为主，土壤酸碱度较为适中，适宜水稻的生长；且两村多山地，森林覆盖率高，漫山遍野的树木在净化空气与水源的同时，提供了充沛的自然肥源，因为土壤里的有机质含量丰富，所以收获的大米不仅外形优秀、口感好，而且具有很高的营养价值，是米中的佼佼者。值得注意的是，大多数时候我们都在强调土壤条件对于水稻生长与大米品质的影响，但相对应的，水稻的选择与种植同样会影响当地的水土保养。如果为了经济利益最大化而选择了不适宜当地土壤条件的外地品种水稻或不合理的种植周期，则可能导致当地土壤肥力迅速下降，甚至导致水土流失、粮食减产的不可逆后果。为了避免这种情况的发生，当地的农民往往会运用朴素的智慧和实践总结出的保养水土、提高土壤肥力的方法，如子腊村和瓦仓村都坚持选用当地纯种稻，毕竟本地稻已经与当地的自然环境相互适应、彼此“迁就”了很多年，比外地稻种更能与当地水土保持平衡和双赢。

除此之外，还有子腊村的“铺树造田”的独特方法和包括瓦仓村在内的很多农村地区都在尝试与不断本土化的“鸭稻共生”技术等。而“鸭稻共生”技术作为农业发展与生态保护相平衡的典型案例，还出现在了许多版本的高中地理教材与大学农业专业课教程中，为中国南方水稻田种植与生态可持续发展的研究做出了巨大贡献。在瓦仓谷香生态农业有限公司的水稻种植基地进行实地调研时，我们注意到，第二季水稻秧苗刚刚插下，田间已经有肉眼可见的小蝌蚪嬉戏穿梭了。由此可见，水稻的种植环境是与当地的自然水土相适应的。

在产业扶贫与乡村振兴“三部曲”中，无论是“探路”篇、“摘帽”篇，还是“振兴”篇，当地的粮食生产与销售状况一直是调研活动的重中之重，而调研团队对粮食发展的关注，实际上是对于当地风土人情和民生的关注。作为世界上历史最悠久的农耕文明之一，农业发展之于中国的意义是不容小觑的。微观来说，民以食为天，数量充足而质量安全的粮食供应是人民身体健康、身体素质强健的基础，也是我们拥有更高层次的物质精神追求的根本前提与坚实保障；宏观而言，中国经济以农业为基石而得以持续发展，中国政治背靠充足供给的粮食才能保持稳定，中华文明以农耕为脉络延绵不绝……农耕养育了世世代代的中国人民，衍生出勤劳俭朴、吃苦耐劳等助推中华民族更好地生存与进步的高尚精神品质。如果把千千万万追求幸福生活、建设强大祖国、致力于民族复兴的各行各业的中华儿女比作一棵棵茁壮成长的大树，那么农业就是树的强大根系，孜孜不倦地汲取养分以保障树有足够的养分与能量。因此，作为中华儿女的每个人，都不应当在物质条件极大进步、精神生活愈加丰富的今天就“数典忘祖”，而应该真心实意、脚踏实地、持之以恒地对农村、农业、农民给予关注与重视，共同探讨新时代背景下的农业发展，力求减少、杜绝基层农民农业与现代社会进步速度脱节问题。而这便是谭云明教授开展产业扶贫与乡村振兴“三部曲”活动的初衷。

我们在前文多次提到子腊贡米与瓦仓米的共同点与特质，而它们与目前市场中大量销售的稻米相比，最突出的特点就是它们野生纯种稻的属性。事实上，种植野生稻不只是当地农民执着的选择，还是他们的缅怀和回忆，更是他们朴素、无私的担当。对于农民而言，这个选择或许有利有弊，但对于粮食市场和国家利益而言，这个选择则是正确的，这份担当更是难能可贵的。

于两地农民及瓦仓谷香生态农业有限公司而言，坚持选用当地纯种稻进行培育种植必然是将自身的经济利益考虑在内的，这样做能够更好地保证大米的品质，能够更好地凭借独特的外观、口感和营养价值，从一众大米中脱颖而出，从而在粮食市场中更好地保持和增强自己的品牌竞争力。由于子腊贡米与瓦仓米都在不同程度上具有贡米的特性，目前主要面对的也是高端市场，因此头衔与光环越大，人们背负的期待与要求也就更高。如果无法长期保证稻米的口感与品质，则必然会造成对于品牌口碑的消耗，甚至可能造成知名度反噬，给农民与企业带来难以承受的风险和损失。除此之外，还有很重要的一点，在前文提到的水稻种植与当地水土保养是相互联系、相互作用、相互影响的。如果不能坚持选用当地稻种，则势必要花费大量时间精力筛选能够与当地种植条件相适应的稻种，否则很可能造成不可逆的水土流失与土壤肥力下降等问题，不利于当地农业的健康持续发展。在两相对比下，始终选种本地纯种稻其实是最稳妥、最保险和最具长远意义的决定。

然而，相较于近年来在各大农业科研团队努力下，不断实现性能完善与改进的杂交水稻而言，本地纯种稻存在着很多“硬伤”：单亩产量较杂交水稻低近1/3、抗倒伏与抗灾害能力远低于杂交水稻、生长周期更长、需要更多的人力物力投入等，造成纯种野生稻的培育成本高于杂交水稻，需要农民与企业冒着更大的损失风险，更少的产量、偏高的成本使纯种野生稻的价格普遍高于杂交水稻，因此其很难打开下沉市场，因此销量有限，且难以在短期内增长，销售利润将低于杂交水稻。综上所述，如果单纯计较经济利益，或许野生纯种稻带给农民与企业的并不会高于杂交水稻，但是许多农民对于养育自己的田地与水稻有很深的感情。老汪总曾经发自肺腑地说道：“其实最开始推行农村服务社会化的初衷之一也是看着有些年纪很大的农民自己种田种不动了，子女又进城务工了，他们看着自己的田地快要荒废特别心疼，但又无能为力，农民出身的我特别能够理解，所以才想着能不能找人帮他们把田种上，摸索出了农村服务社会化这条路。”种植本地纯种稻其实也是当地农民对于过往岁月的生活痕迹与当时来之不易的粮食的一种执念。毕竟“吃自己种的本地米才是最香的”。

如果站在集体与国家的高度去看待这些村庄与企业对于当地纯种稻的坚持，或许会对这份坚持肃然起敬，它是对粮食市场和消费者的尊重。十几年前，泰国米刚刚进入中国粮食市场时，以其低廉的价格迅速在中国打开市场，给中国本土的大米销售造成了沉重的打击。当时有很多米厂先后倒闭，还有很多米厂为了生存，将本土稻米与泰国米混卖以降低成本。由于泰国处于热带，粮食作物可以实现一年三熟甚至四熟，因此产量高，价格低廉。另外，由于全年都在高强度种植水稻，土壤不堪重负，肥力下降严重，加之泰国其实并不是全年高温多雨，而是属于冬季降水相对较少的热带季风气候，冬季的水热条件很难满足高品质水稻生长的要求。因此这种环境下种植出来的水稻品相不好且营养价值较低。因此，虽然很多消费者都对泰国米有偏好，但其实除了泰国香米等特定品牌的稻米外，普通泰国米的品质是不及中国本土大米的。然而，当时的消费者一方面对于泰国米的了解不够，只能够看到最直观的价格与外观，加上当时中国人均可支配收入还很低，大多数消费者还未像现在一样注重健康与品质，认为只要吃饱就好，所以对泰国米颇为青睐。而少数注重品质的消费者还有可能买到黑心厂家的“掺假米”。在这样的市场环境中，瓦仓谷香生态农业有限公司始终坚持不掺假，也不刻意压低价格卷入恶性价格战，而是始终做好自己，坚守本分，始终种植、出售瓦仓纯种大米，凸显了公司领导对瓦仓村乃至远安县经济发展的责任感。在调研团进行调研的过程中，曾遇到三峡大学农学院的教授与学生同样受邀前往瓦仓米种植地调研。由此可见，当地人为了探索出瓦仓米发展与当地经济和谐互动的最佳道路而请教了各路学者与专业人士，可谓煞费苦心。

子腊贡米与瓦仓米作为品质上乘的高端米品牌，自然有全国影响力的官方媒体进行宣传，以提高其品牌知名度。随着知名度在全省乃至全国打响，将会有更多消费者知晓并了解这一品牌，而其中的很多人也会对大米种植地产生好奇，于是，将助推当地旅游经济的发展。而到此旅游的游客在了解了纯种野生稻的种植历史与技术发展后，将对大米品牌产生更高层次的信任与青睐。于是，在稻米品牌与当地旅游的良性互助循环下，助力当地乡村振兴事业的蓬勃发展。在这方面，虽然瓦仓米目前还未达到与子腊贡米相当的知名度，但这也是瓦仓谷香生态农业有限公司的长期目标与远安县统筹规划的重要内容之一。

国家粮食安全问题自古就是领导者尤为关心的问题，如《尚书》中说道："洪范八政，食为政首。"可见，古代领导者很早就已经意识到了保障粮食安全对于国家安定、社会和谐的重要作用。近年来，对于粮食安全的保障更是上升到了国家战略层面。习近平总书记曾多次强调，中国人的饭碗任何时候都要牢牢地端在自己手上。粮食既是关系国计民生和国家经济安全的重要战略物资，也是人民群众最基本的生活资料。粮食安全与社会的和谐、政治的稳定和经济的可持续发展息息相关。2019 年 10 月 14 日公布的《中国的粮食安全》白皮书中指出："民为国基，谷为民命。粮食事关国运民生，粮食安全是国家安全的重要基础。"党的十八大以来，以习近平同志为核心的党中央把粮食安全作为治国理政的头等大事，提出了"确保谷物基本自给、口粮绝对安全"的新粮食安全观，确立了"以我为主、立足国内、确保产能、适度进口、科技支撑"的国家粮食安全战略，走出了一条中国特色粮食安全之路。中国坚持立足国内保障粮食基本自给的方针，实行最严格的耕地保护制度，实施“藏粮于地、藏粮于技”战略，持续推进农业供给侧结构性改革和体制机制创新，粮食生产能力不断增强，粮食流通现代化水平明显提升，粮食供给结构不断优化，粮食产业经济稳步发展，更高层次、更高质量、更有效率、更可持续的粮食安全保障体系逐步建立，国家粮食安全保障更加有力，中国特色粮食安全之路越走越稳健、越走越宽广。①

正是在国家有力的粮食安全保障下，中国才能从在联合国世界粮食计划署2010年8月18日公布的“2010年粮食安全风险指数”中排名94的“中度风险国家”发展到如今实现了粮食产量稳步增长，中国人均粮食占有量达到470千克左右，稳定在世界平均水平以上；谷物供应基本自给，确保口粮绝对安全；粮食储备能力显著增强，粮食储备和应急体系逐步健全，安全储粮能力总体达到了世界先进水平；居民健康营养状况明显改善；有效解决贫困人口的吃饭问题，按世界银行每人每天1.9美元的国际贫困标准，中国对全球减贫的贡献率超过70%，是世界上减贫人口最多的国家，也是世界上率先完成联合国千年发展目标中减贫目标的国家。

不可否认的是，在解决粮食短缺危机与保障粮食安全方面，杂交水稻做出的贡献尤为突出。杂交水稻的成功研发不仅使得我国14亿多人解决了温饱问题，还被世界科学界认为是解决21世纪粮食问题导致的世界性饥饿问题的有力法宝。国际甚至把杂交水稻称为中国继四大发明之后的第五大发明，将其誉为“世界粮食的第二次绿色革命”。作为研发杂交水稻的袁隆平院士在2006年4月当选美国科学院外籍院士，被

① 摘自《中国的粮食安全》白皮书。

誉为“杂交水稻之父”。国际水稻研究所所长、印度农业部前部长斯瓦米纳森博士高度评价：“我们把袁隆平先生称为‘杂交水稻之父’，因为他的成就不只是中国的骄傲，更是世界的骄傲，他的成就给人类带来了福音。”由此可见，杂交水稻对于中国乃至全人类的粮食安全问题的保障所做出贡献是无与伦比的。

但杂交水稻对于中国粮食安全问题的贡献主要在于数量保障，其他很多方法还是很难顾及的。食品安全方面，近年来，人们的关注主要集中在转基因作物与化肥农药使用上。由于杂交水稻的广泛种植，其以优越的质量、产量和相对较低的价格迅速占据了中国粮食市场的半壁江山，在巨大的冲击下，其他谷种的价格持续走低，农民收入减少，积极性降低。很多谷种刚从泰国米的冲击中艰难存活下来，又在杂交水稻的降维打击下，濒临种植面积大危机。以瓦仓村为例，在实现大规模土地流转前，农民都是自己选择自己家种植作物的品种。于是，大多数农民为了更好地销量与收益，纷纷放弃种植瓦仓纯种稻，转而选择种植杂交水稻，只有少数农民坚持种植瓦仓纯种稻。但由于零散而不科学的土地规划和管理，导致化肥农药的过度使用，直接造成土地质量下降，种出的水稻质量堪忧。如此一来，自己本地的水稻没落了，且种出来的杂交水稻质量也远低于平原地区大规模集中机械化种植下培育出的水稻，市场竞争力依旧很低，当地水稻种植和农业经济发展一度陷入迷茫与困境。关键时刻，湖北瓦仓谷香生态农业有限公司挺身而出，率先在当地提出了解决这一困境的有效方法：土地流转。公司承包瓦仓村大多数村民的土地，统一种植瓦仓纯种稻，采取统一的选种育种、收割与加工方法，定期给予农民土地流转费与大米销售分红。如此一来，不仅大米不存在转基因问题，而且产品整体品质也有了保障，并且通过企业化的集中推广宣传，打响了瓦仓大米品牌，增强了其市场竞争力，开辟了一条与杂交水稻卖点截然不同的销售道路，有力地保障了当地水稻种植的食品安全问题。

此外，瓦仓谷香生态农业有限公司的老汪总对于响应国家号召，守卫中国种子安全问题也有自己的见解与实际行动。实际上，对中国种子安全保障的重视是中国粮食安全保障不断完善的必然结果。种质资源作为重要的生物资源，为研究农作物的起源和进化、培育农作物新品种奠定了丰富的物质基础。中国最重要的种质资源开发实例，是由袁隆平等科学家参与研究的杂交水稻。水稻作为中国人最重要的粮食之一，在国家粮食安全和人民生命健康安全的保护方面意义非凡。子腊贡米和瓦仓米都是老谷种，是祖辈的智慧传承，其保护、利用与开发对丰富我国水稻种质资源的多样性、维护国家粮食生产安全发挥了重要作用。如果说袁隆平研发的杂交水稻解决了中国人吃得饱的问题，那么以子腊贡米和瓦仓米为代表的老谷种米则解决了中国人吃得好的问题。

种子安全包括数量安全、质量安全、市场安全和行业安全。前瞻产业研究院出品的《2021 年中国种子安全报告》指出：种业作为农业生产产业链的起点，是我国战略性、基础性核心产业。种子被称为农业的“芯片”，是农业生产最基本、最主要的生产资料，种子安全影响着农业生产的方方面面，对于保障我国的粮食安全与战略安全具有至关重要的作用。抓住了种子，就抓住了粮食安全的关键。2019 年以来，党和政府高度重视种业发展，出台了一系列政策措施，构建起了支撑种业发展的“四梁八柱”。2020 年 12 月召开的中央经济工作会议，在 2021 年要抓的 8 项重点任务中，首次提出要“解决好种子和耕地问题”。2021 年 3 月，“十四五”规划指出，要加强种质资源保护利用和种子库建设，确保种源安全。加强农业良种技术攻关，有序推进生物育种产业化应用，培育具有国际竞争力的种业龙头企业。截至 2021 年 1 月，中国农业科学院已牵头建成并完善了由1座长期库、1座复份库、10座中期库、43个种质圃、205个原生境保护点及种质资源信息中心组成的国家作物种质资源保护体系，成立了农业农村部作物种质资源保护与利用中心，保存资源总量突破52万份，位居世界第二。① 此外，在良种覆盖率方面，我国农作物良种覆盖率在96%以上，良种对粮食增产贡献率已超过45%。目前，我国种子安全整体发展情况：种质资源丰富。虽然还有部分作物的种质资源依赖进口，但大部分主粮种子基本实现完全自主，自主选育品种面积占比超过95%（图5－1）。中国种子安全保障之所以能够取得如此耀眼的成就，离不开千千万万和湖北瓦仓谷香生态农业有限公司一样的具有家国责任感与长远发展眼光的农业企业几十年如一日的默默坚守。

图5－1　中国种质资源情况

资料来源：农业农村部。前瞻产业研究院整理。

粮食安全问题，是上到国家长期发展战略内容，下到寻常百姓家茶余饭后永不过时的话题。谈及这一问题，有人在高谈阔论世界种子安全现状，探讨着中国的各大政策与措施给粮食安全带来了怎样的保障；也

① 王琦琪．紧盯“两个要害”插上科技翅膀[EB/OL]．(2021－03－16)[2022－03－20]．https://www.iarrp.cn/ysdt/mtbd/276541.htm.

有人津津乐道野生稻与杂交水稻的口感和营养价值有什么差别，争论着二者各自存在的意义。而他们的共同点，都是在回忆曾经因粮食匮乏而遭受苦难与困顿后的痛定思痛，对今日中国丰衣足食的珍视与感恩，对更高层次的粮食口感品质与营养价值的追求，对未来中国粮食安全保障措施还能不断进步与完善的信任与希望。

二、子腊贡米：农业文化遗产

产业扶贫与乡村振兴“三部曲”的第二部《摘帽：苗家贡米助力脱贫的路径选择》详细介绍了湖南省湘西土家族苗族自治州花垣县石栏镇子腊村的主要粮食作物——子腊贡米的种植历史、独特的种植方法及它在助力当地实现整体脱贫中所起的重要作用。有了子腊贡米的调研经验，调研团在对瓦仓米助力生态农业发展进行调研时，更加游刃有余了。在此不妨先回顾一下子腊贡米助力脱贫中的一些亮点，旨在为瓦仓米如何助力生态农业发展做些“铺垫”。

子腊贡米来源于子腊香根米，属于老谷种，是引进贵阳黏米经驯化逐渐形成的适合子腊村生态环境的稻谷品种。因米品质较高、口感香糯，于明代开始作为敬奉尊者的特贡米，而广为人知的进贡历史，保守估计也有150年。清代贡生麻阅芜曾撰文《子腊贡米序》，序中这样称赞：“可遇满斗金，难得子腊米。水泛千丘田，月笼半山明。”麻德立、麻兴金（上一任族谱记录者）、麻祖贤（现任村长爱人的爷爷）和麻世明（现为退休教师）等人均表示，族谱是清代麻国祥考中举人之后才开始记录的，而麻国祥则是子腊香稻米转变为“子腊贡米”的关键人物。根据古人的记载与当代学者的研究，我们不难发现，“子腊贡米”不仅在当地有着悠久的种植历史，并且很早就开始受到社会上层乃至统治阶级的关注与青睐，以至于能够在古代典籍与当地家族的族谱中有所记述。

“子腊贡米”之所以能成为贡米，离不开子腊村先民发明的独特水稻种植方法——“铺树造田”（图5－2）。有学者指出，自然环境既是具体文化的生存依托，又是该文化的制约因素和加工对象。劳动人民的智慧往往能成为后人得以延续百年的生存之道。“铺树造田”的技术系统始于宋末元初，主要包括：

（1）在深水沼泽的淤泥底部铺垫原木和回填砂土，抬高稻田的水位，以便顺畅排掉多余的水。

（2）待水位提高后，受太阳光照射的水面面积增大，稻田水对日照能量的吸收能力增强，稻田水温也在一定程度上提高。

（3）在原木上按照一定规律回填混合的特殊土壤，这种特殊混合土壤在透气、透水和储水方面更适合水稻生长，土壤中的营养物质也更丰富。

（4）由于在田底铺垫的原木为圆柱体，相互之间间隙较大。在原木上方用砂石和土壤填埋压实后，原木隔绝空气而数百年不腐烂，于是在稻田底部形成一个具有很好的绝热性能的隔离层。上下两层相对独立蓄水，既有调节水温的作用，又有调节水量的功能。

图5－2　湘西花垣县子腊村农田一角

所以，无论是在天旱还是雨多的年份，田底的蓄水可以自主调节、相互补充，于是子腊村的稻谷总产量通常比较稳定。因此，“铺树造田”技术是一种高度适应当地生态环境的土地开垦利用技术，高效解决了水温偏低、日照不足等客观问题，使在此地进行大规模水稻种植成为可能。就生态价值而言，“铺树造田”技术在调节大气、固定并保护碳汇、水土保持、提高单位面积生物物种多样性等方面具有明显的生态正效应。① 其独特之处在于，通过“铺树造田”这一特殊的传统技术系统，很好地解决了山区水温偏低等不宜种植水稻的自然问题，在类似的高寒山区、水温偏低地区具有较高的参考意义。不仅如此，该复合种养系统可在水稻种植期间，与鱼、鸭、蚌、鳝、鸟、蛙等养殖有机结合。数百年来，这种稻作文化又与苗族巫傩文化、祭祀文化、生育文化、歌舞文化、节庆文化、饮食文化等有机融合、长期演变，逐渐形成了一整套生物多样性保护和生态环境良性循环的农业生态体系，是特色鲜明的苗族农耕文化瑰宝。

由于苗族没有文字流传，子腊村“铺树造田”的历史目前只有《苗乡探奇》《花垣苗族》和《子腊贡米序》碑文中有所记载。《苗乡探奇》记载：“传说最初这儿是一片沼泽，后经苗族祖先们的辛勤开拓，尤其是用马尾松铺作田基，才造就了这片水旱无忧的农田。”② 这一记载概述了“铺树造田”技术的核心，但它具体始于何时，所用何种树木，目前不得而知。不过，从后来陈茜博士一行人从田底挖出的原木来看，铺作田基的树种最初可能以杂木为主。《花垣苗族》的记载：“据子腊村老人相传，最先在子腊定居的是果冬、果故和果保几个麻氏兄弟，他们看中了这块两旁深山老林、中间一条大峡谷的风水宝地，便

①② 陈茜．苗族文化资源在生态扶贫中的价值研究——以花垣县子腊村为例[D]．吉首：吉首大学，2018.

决定住下。因为这条峡谷是沼泽地，不能耕种，他们就伐下两旁松树填在谷底，再铺上厚厚的砂土，改造成现在的块块良田。”这里明确提到的果冬、果故、果保三位苗族先民的名字，这种具体到“主人翁”的铺树造田的故事，似乎多了一些真实性。

而清末贡生麻阅芜题写的《子腊贡米序》碑文却是这样记载的：“子腊为湘西一拥有六百余年历史之古村落。宋末元初，麻大与麻二兄弟二人携妻儿，自崇山披荆斩棘七日七夜，抵于子腊河谷。当此之时，树木丛生，蔽日遮天；野猪遍山，虎豹结伴；河流泛滥，沼泥漫泛。兄弟二人斩木结庐于半坡，砌石出岸，导水成溪，伐松木以填泥，代代繁衍相继。迄今，子腊木屋满山，良田满川。麻大麻二创制之松木填泥，大量松香琥珀浸淫，满川稻米馨香油腻。至明朝洪武年间，崇山卫游击都司始征子腊米进宫贽礼，延及乾嘉于兹为盛。”通过这段碑文，可以大致推断出子腊村的历史，该碑文约写于 20 世纪 50 年代，文中的 600 多年还需加上后续约 70 年，故子腊村约有 700 年的历史。

子腊村“铺树造田”改造环境的历史然至今还在老一辈子腊村民中口口相传，但一直缺乏具体文献的证明与支持。为此，吉首大学陈茜博士等人于 2017 年 1 月 14 日至 2 月 25 日，先后多次实地组织进行了稻田探测和挖掘工作，从多处稻田挖掘点都找到了铺树造田的原木，这是证明“铺树造田”技术存在的极为关键的事实证据。尽管如此，可以肯定的是，子腊村“铺树造田”的创举经历了相当长时间的摸索、改良，并且是一代代传承下来的。据文献推断，很可能从麻大、麻二就开始了，至少历经了前后 4 代人的摸索、创造，最终才总结得出的。此后又经过多代人的共同努力，不断扩大“铺树造田”的战果，终于造出了今日所见约 800 亩良田。

2020 年 7 月，“摘帽”篇的调研团成员专门对麻世花老人做了采访，他说很小的时候，自己曾亲眼见到父辈“铺树造田”的具体地点，且能用脚感知田地中树木的存在，但老人却并不清楚“铺树造田”这一技术的起源。除麻世花老人外，子腊村中只有部分老人知道“铺树造田”的历史传说，但他们都不能肯定地指出具体地点。由此推知，最后一次“铺树造田”的时间很可能在麻世花老人的幼儿时期，也就是距今 80 多年前的民国时期。

一个地方的历史经历与民间传说对旁观者来说，也许不过是一段无法考证真伪和无关痛痒的故事，但对于那些亲历者和一路传承的人们来说，是溶于血液和骨髓的记忆。虽然目前难以确定子腊村“铺树造田”技术的创造者和确切时间，但透过“铺树造田”技术系统生产的稻米，在几百年间一直成为子腊村村民的主要粮食。也正是它，不仅改变了子腊村苗族先民的农业生产方式，提高了土地的利用率，增加了村民的收入，还在调节大气环境、水土保持、固定和保护碳汇、保护生物多样性等方面发挥了积极的作用。无数的岁月变迁改变了生活在这片土地上的一张张面孔，却未能改变这片土地上的人的坚毅、热忱，以及人们对村落屋舍、黑土稻田的热爱。数百年过去了，如今我们仍能看到子腊村村民在田地间辛苦劳作的身影，恍惚间仿佛能看到苗族先民着民族服饰，在田地里齐心开垦、挑战自然的画面。稻花香，田野味，鹧鸪声，农忙季，天高云淡，鸟群低飞，就是这样，子腊村的人民与自然构成了一道和谐的风景线。

“子腊贡米”的另一大亮点在于，其种植用“老谷种”，运用传统耕作技术，不用现代农业化肥和农药，在水质、土质均极高的子腊村，虽水稻产量不高，但品质不低，营养丰富。不仅如此，与杂交水稻相比，老谷种种出来的稻米具有好口感，调研团在子腊村村民家中吃饭时，走到家门口便能闻到蒸饭锅中馥郁的稻米香。此外，子腊香稻米更是具有独特的文化价值：子腊村的苗民在“万物有灵”“万物亲缘”观念的指导下，将稻田与树林、人与稻田视为一个整体，创造了以“铺树造田”为例的自然改造技术，向后人展示了苗族人为适应生存环境而创造、积累和传承的生态智慧。在工业化种植水稻的今天，生活在城市的人们能得到这样一碗从播种到收获都是由农民辛勤劳作而产得的大米饭，这是高品质生活的体现，也是对农耕文化与文明的传承。

子腊村是花垣地区精准扶贫的重镇，文化遗产苗族赶秋的发源地，子腊贡米的原产地，其农业文化遗产的成功申请与岩锣村米厂合作工程的顺利开展，不仅为花垣县的扶贫攻坚道路注入了活力，而且为农业文化遗产的保护、利用与开发，为处在新时代中国特色社会主义发展之路上的其他地区，指明了新途径。而其中最大的“功臣”——“子腊贡米”系统的老谷种在现代农业的背景下，越发凸显出其价值。在陈茜和子腊村村民的共同努力下，通过岩锣村米厂的加工及与湖南步步高集团的合作销售，子腊贡米被销售到了全国各地，生活在城市里的人们也能享受到这份来自密林深处、山野之间的美味。同时，子腊村老谷种的再度使用，也提醒了人们应该对种质资源保护、留心粮食生产安全等国计民生问题进行关注。在陈茜等人的宣传与带动下，吉首大学历史文化学院院长罗康隆教授也开始在自家院子中种植子腊贡米。随着子腊贡米、子腊香稻米等名字逐渐从花垣县传到全国各地，子腊村老谷种及“子腊贡米”复合种养系统的未来命运，一定是前途光明的，连同其独特的生态种植系统，有望再上一层楼，为中国人“吃得好”做出卓越的贡献。

三、瓦仓大米：没菜也可吃两碗

远安县隶属宜昌市，位于湖北省西部、宜昌市的东北部。远安县是黄帝之妻嫘祖的故里，是楚文化发祥地之一。远安县辖6镇1乡，有102个村、15个居民委员会、494个村民小组。6镇1乡即鸣凤镇、花林寺镇、洋坪镇、旧县镇、茅坪场镇、荷花镇、河口乡。全县总人口约19.5万人。其中茅坪场镇便是我们这次调研重点之一，瓦仓大米的种植地瓦仓村所在的镇了。茅坪场镇位于远安县东部，与荆门、当阳、南漳等县市相邻，距远安县城12千米。其中瓦仓大米生产区域地形地貌为丘陵岗地，平均海拔500米，其特点在于既不同于平原又别于山区，区域内山峦起伏，云雾缭绕，溪流纵横，稻田错落其间、高低有致，且远离城镇、村庄、工业区及交通要道等，隔离条件优越，产地环境无污染。稻田土壤质地为土层深厚的黄泥、青岗泥和紫潮泥，土壤酸碱度适中。该区域稻田历来施用猪、牛栏粪及农作物秸秆，土壤有机质含量高，土壤理化性状好。产地森林覆盖率高达80%，且山林面积超过了耕地面积7倍，自然肥源异常丰富。秸秆、野生绿肥、山草和树叶作有机肥料，耕地年亩平均在100担以上。除此之外，区域内稻田灌溉用水资源丰富，因为产地在漳河、巩河的上游，是两河的发源地，溪流多且水质优无污染，符合农田灌溉水质标准。水利设施也很完善，有小型水库3座、灌溉渠道15千米，有效灌溉面积达100%。当地属亚热带大陆性季风气候，气候温和，雨量充沛，光照充足。产地中籼稻灌浆结实期的7—8月昼夜温差大，平均温差达9.6℃，有助于瓦仓大米积累丰富的营养物质。

初次从远安县出发到瓦仓村时，令人印象最深刻的便是多山地区人民的共同记忆——盘山公路。百转千回的盘山公路在一定程度上给部分在平原地区长大的调研团成员造成了一些不适的生理反应。好在沿途风景秀美，树木林立，山路外侧的田地高高低低随着车子的驶进动态起伏，颇有“风吹稻浪，百里飘香”的境界。间或出现的房屋以村民自修的低矮独栋“小别墅”为主，有时穿插着些许颇具童年回忆气息的小木屋。房屋多以块状零散分布，大多两三栋房子自成一体，与其他房屋隔着大片田地。下车后，我们在实地调研过程中发现，很多房屋都大门紧闭，屋里并没有人。来时的路上也鲜有车辆和行人经过。整个村庄即使在上午 10 点也静谧无声，只有树上的鸟叫和蝉鸣。对此，小汪总向我们解释道，村里大多数年轻人都在城市谋生，身体尚康健的老人也会在农忙之余在远安县赚些外快，只有部分人晚上回家休整。特别是我们到达瓦仓村时正好是 7 月农忙结束，村民们刚刚离开，所以显得尤为寂静。微风徐徐，由于空气过于清爽干净，抑或老谷种的喜人之处，深呼吸，仿佛能够闻到风中夹杂的些许稻香。伴随着丝丝稻香，我们的瓦仓米调研之旅正式开始（图 5 –3）。

图 5 –3　瓦仓村农田一角

在当地独特而优越的自然条件中生长的瓦仓大米，无论是外在感官还是内在品质都非常优秀。外在感官方面，瓦仓大米属中籼稻，生长在气温、水温相对较低的山区冷浸田（山泉水），在灌浆阶段昼夜温差大，营养物质积累多，稻谷千粒质量一般比其他产区的重 2 克左右，其外观谷粒金黄，大而饱满，米粒晶莹透亮，大小均匀整齐，坚实丰满，粒面光滑，手摸有凉爽感。新米有自然稻香味，碎米少，无杂质，腹白少而细小，生嚼味香；加水煮沸后味佳，清香、微甜，无任何异味；米饭泡松柔软，入口绵甜，糯而不腻，清香四溢，冷后不回生，堪称米中精品。

正因如此，瓦仓大米虽然位于地理位置并不优越的县城，却是名副其实的"酒香不怕巷子深"，连习近平总书记来湖北宜昌考察时品尝瓦仓大米后也不吝赞美之词：尝到了儿时的味道，即使没有菜也可以吃上两碗了。因此，瓦仓大米在湖北省内打响了名声，习近平总书记的故事广为流传，湖北乃至全国人民都不禁好奇："能被国家领导人如此夸赞的米饭究竟是什么人间美味?"湖南卫视推出的《中餐厅》第四季第五期的明星嘉宾也慕名而来。当他们品尝完瓦仓大米后，评价它"像奶一样"。这时，当地向导介绍道："瓦仓大米含胶质多，有丰富的淀粉与植物蛋白质，可补充人体消耗的体力及维持人体正常机能。其胶稠度≥80 毫米、蛋白质≥6.44%、垩白粒率≤3%、垩白度≤0.3%、直链淀粉（干基）≤15.6%、碱消值 6 级。因此，瓦仓大米当之无愧地成为湖北省远安县特产，全国农产品地理标志。2011 年 9 月 13 日，农业部（现农业农村部）批准对"瓦仓大米"实施农产品地理标志登记保护。

和子腊香稻米一样，瓦仓大米在当地同样有着悠久的种植和生产历史，它凭借卓越的口感与品质，不仅在当代受到了国家领导人的青睐，而且早在清代就已经"出圈"：民间盛传康熙年间，康熙浏览三峡风光，夜宿鸣凤山，与道长探讨道教之道。远安邑候宋绎备远安冲菜、农家熏肉、清汤泥鳅等特色小菜，上瓦仓大米为主食。康熙食用瓦仓米饭后，赞不绝口，龙颜大悦，特钦赐"瓦仓大米，皇家御品"，瓦仓贡米由此而来。据清同治五年（1866 年）《远安县志》记载："邑米行销沙市、汉口，米质上等，价高数码。"可见瓦仓大米在 150 多年前就很走俏。中华人民共和国成立前，中国四大米市之一的汉口就有一家远安米饭铺。改革开放后的1986年，邓颖超同志视察宜昌时，在吃过远安瓦仓大米后，连声夸奖说这种米好。由此可见，作为一个农业大国，中国历代领导者都十分重视米业的发展，而瓦仓大米则凭借实力始终在众多稻米品牌中名列前茅。

20世纪90年代，远安大米总体品质虽然远超其他地区，但由于品种五花八门、品质参差不齐，卖不出好价钱。例如，瓦仓村家家户户种水稻，但人均只有四五亩，稻谷品种却有10多种，由于量小且品质不一，大米售价只有3.5～3.8元/千克。在此背景下，瓦仓人不断探索着改良瓦仓米品质、打响瓦仓米品牌的道路。2008年，瓦仓村大米发展专业合作社成立，吸纳社员503户，实行抱团发展。合作社种植水稻近3000亩，建立了加工厂房、粮食贮备仓库等，实行统一品种、统一育秧、统一收购、统一加工、统一品牌出售，经过数年的摸爬滚打，瓦仓大米初具规模，开始走出大山，远销宜昌、孝感、武汉等地，在周边大米市场渐渐有了名气。虽然统一了品种，但种植过程都是社员各管各的，管理、技术、加工、包装、品牌策划等都没有跟上，产品品质并未发生根本性转变。

2013年9月，在瓦仓大米专业合作社基础上成立了湖北瓦仓谷香生态农业有限公司，通过“合作社+家庭农场”模式，与湖北省农科院开展技术合作，流转3000多亩土地用于集约化种植，建立优质水稻种植基地3.5万亩。选用专家推荐的玉珍香、鄂中五号等高端稻种，实行工厂化育秧。在管理模式上，严格实行“统一提供品种、统一育秧服务、统一机械插秧、统一管理技术、统一粮食收购”。[1] 目前，瓦仓大

---

① 新华社．一粒米的“成长”[EB/OL]．(2019-07-05)[2022-03-20]．https://baijiahao.baidu.com/s?id=1638182872564009453&wfr=spider&for=pc.

米中销量最高的是140元10千克的规格，主打高端米市场。而这和瓦仓谷香生态农业有限公司合理的管理与运营模式是息息相关的。公司对于瓦仓大米从选种、育种到病虫害防治的质量技术要求都非常严格。

在大米品种与耕地选择方面，生产瓦仓大米的品种首先要米质优，兼顾抗性好、产量高的要求，选用省级以上核定标准的农作物品种。耕地则选择生态环境条件良好，远离污染源，且具有可持续性生产能力的农业生产区域。耕作制度为排灌条件好的水稻田实行“水稻—油菜”或“水稻—绿肥”两季耕作制，排灌条件差的冷浸田、积水田实行“水稻—冬翻”耕作制。播种与育秧要求采用旱育秧方式，4月播种，一般秧龄不超过40天。除此之外，在瓦仓大米的品种与耕地质量方面，还有着许多严格的农业专业标准对其品控进行保证。

种植过程中的稻田管理更是一项复杂烦琐的大工程，主要包括水肥管理、中耕时除草晒田、病虫害防治、草害防治、除杂保纯等主要工作（图5-4）。整个瓦仓大米的种植过程秉持着生态环保的理念，这样，一方面能够保证米的品质，另一方面能保障当地的自然环境不受毁坏。为此，瓦仓村甚至关闭了一个小型煤矿，为的就是给瓦仓大米的种植提供一个更加健康的环境。对老汪而言，瓦仓大米的价值不仅在于为当地人民提供更加上乘的粮食，而且在于能让更多年轻人不需要背井离乡，还在于推动家乡经济发展的同时能够留住童年的美好光景。

等到9月中旬，稻谷蜡黄时，农民便开始抢晴收割。收获方法主要为用板仓人工脱粒，风干扬净，分品种归仓存储。烈日下，农民们将割倒的稻谷拿在手上举起，再一把一把地往地下摔，当稻子碰到地面的时候，成熟的稻子就从稻穗上脱下来。每一下，都在与另一粒生命的种子亲密接触；每一声，都映衬着农民因丰收而笑容灿烂的脸庞……在整个种植、加工过程中，瓦仓谷香生态农业有限公司会组织培训瓦仓大米种

图 5－4　刚插秧不久的稻田

植大户、生产加工企业，做好品种选择、栽培、土肥管理、田间管理、病虫害防治、收割管理、成品整理、收后的栽培管理、出入库台账等工作，并对这些工作做好认真仔细的记录处理、收集整理，为瓦仓大米的生产管理体系提供依据。

瓦仓大米种植对瓦仓人而言，不仅是重要的经济来源和就业岗位来源，还是当地人民回味悠长的儿时味道，是背井离乡游子的精神寄托，同时是瓦仓大村从大山里“走出去”，为外人了解的最好中介。瓦仓大米在湖北省乃至全国的走红与畅销将会促使更多的人了解瓦仓谷香生态农业公司先进的产业链运营模式，了解瓦仓村令人心旷神怡的自然风景与令人热泪盈眶的革命文化。一方水土养一方人，愿未来有越来越多的人为瓦仓大米所养，这一方水土能够为更多人所知。

六 老汪的“生态观”

一、反季节蔬菜好吗

坐在从酒店前往瓦仓大米种植基地的车上，一抹抹碧绿映入眼帘。远安县的山很多，层峦叠嶂，从一个种植基地到另一个种植基地都需要驱车走很远的山路。这些山路就像蜿蜒在一条广袤绿毯上的青色脉络，连接着一片又一片的绿色汪洋，勾勒出一幅秀美的乡间油画。向远处眺望，山林间的植被茂密而葱茏，颇有一种“绿树村边合，青山郭外斜”的静谧之感。在山野间摇下车窗便能闻到空气中弥漫的稻香，说不上浓郁，但绝对沁人心脾。远安县拥有如此优越的生态环境，离不开一位位农民和企业家科学的“生态观”。

近年来，随着科学技术和现代农业的飞速发展，反季节蔬菜逐渐走入人们的视野。所谓反季节蔬菜，即春夏类蔬菜秋季延后及春季提前生产的蔬菜，种植时必须采取防寒措施，达到提早上市的目的。在满天飞雪的寒冬可以吃到草莓、桃子、葡萄等盛夏水果是很多人再期待不过的事情。因此，反季节果蔬一经上市，便受到了很多消费者的追捧。吃反季节果蔬有一段时间甚至一度成为一种“潮流”，寒冷的冬季，街边的商铺售卖着刚采摘下来的奶油草莓，郊野的农田里，伫立着一排排蔬菜大棚，这成为人们生活中再普通不过的景象。甚至有不少人认为，只有吃上反季节果蔬，才更有生活在现代农业飞速发展的感觉。

诚然，反季节蔬菜受到很多人的欢迎，自然有其独特的优势及存在的意义。反季节蔬菜在一定程度上给人们的生活带来了便利，保障一年四季市场上都有充足、新鲜的果蔬，让消费者在饮食方面有了更多选择，尤其在冬季更为寒冷的北方，反季节蔬菜极大地丰富了消费者的“菜篮子”。此外，从社会层面及人类社会农业文明发展进程的角度来看，反季节蔬菜能够改善农民的生活条件，甚至解决了部分农民的生活问题。种植反季节蔬菜意味着调整种植业结构，促进果蔬产业转型升级，延长农田的耕种时间，充分利用人力、时间和水土资源，帮助农民更好地实现增收，从而脱贫致富。

然而，从自然角度来看，老汪（汪宗平）却持有不同的意见，他认为反季节蔬菜是不妥的。“我从来不吃反季节蔬菜。”老汪如是说。自谦没读过太多书、没多少文化的老汪常说：“我不是企业家，我是种地的。”但正是内心深处那份对土地的热忱，以及常年和土地打交道所积淀的丰富经验，赋予了老汪对于生态农业的独到看法。在老汪看来，反季节蔬菜违背了大自然的生长规律。在他眼里，所谓“生态观”，首先是要遵循大自然的生长规律，不违农时。春种、夏长、秋收、冬藏，这是千百年来流传下来的人与大自然和谐相处的自然规律（图6－1）。

从小在乡村长大的老汪有着浓厚的乡土情怀，他对这片土地怀有无限的希冀与热忱。年轻时，老汪种过水稻、香菇、黄姜，养过蚕，也经营过油菜、橙子、西瓜等农产品，后来开办了瓦仓米厂……细数数十载光阴里与乡土为友的务农经历，老汪可谓博识多闻，他深谙蕴藏在这片广袤土地里的秘密与规律。老汪认为，在耕种过程中不能破坏生物的自然生长规律，所有违背自然规律种植的农作物都是“不生态”的产品。在带领调研团参观瓦仓大米种植基地时，老汪看着眼前绿油油的稻谷在微风的吹拂下轻轻晃动，他常常流露出来自内心深处的欣喜。在谈及

图6－1　瓦仓村的辣椒

“品牌”时，老汪说过的一句话让调研团的成员印象深刻：“如果自己对自己的米没有信心，就没有底气。”这份信心并非凭空而来，而是伴随着老汪的科学“生态观”油然而生的——因为热爱且笃定，所以胸有成竹。这份信心，也内化在湖北瓦仓谷香生态农业有限公司的品牌发展中，成为老汪发展生态农业重要的内在动力。

老汪的生态观也是中国广大传统农民生态观的典型代表。在人类历史长河中，一代又一代的农民积攒下来了无数种植经验，这些经验汇聚成中国传统农民的“生态观”，远安县农民的生态观的形成亦是如此。远安县种植大米的历史非常悠久，最早可追溯至清代同治年间，《远安县志》中就有对大米种植的记载：“邑米行销沙市、汉口，米质上等，价高数码。”中华人民共和国成立前，中国四大米市之一的汉口就有一家远安米饭铺。1986 年，邓颖超同志视察宜昌时，吃了远安瓦仓大米饭后连声夸奖。由此可见，瓦仓大米的种植与生产历史一代代传承至今，或可谓“流芳百世”。这得益于瓦仓良好的自然环境和地理位置，这里盛产大米，品质上乘。老汪提到，远安县曾出产贡米，相传为清康熙皇帝的御膳贡品，历史悠久，享誉全国。远安县的大米之所以拥有如此好的口碑，除了其优越的地理环境，还离不开农民自古以来形成的春天萌生、夏天滋长、秋天收获、冬天储藏的生态观。

“不违农时，谷不可胜食也。”这是先民用实践与智慧留给后人的结晶。炎热的夏天凉拌一盘西红柿，饱满的汁与刚撒上的白糖融为一体，浓郁的番茄味与清凉可口的甜味相互交融，消热解暑；秋收时节，漫山遍野红橙相间的硕果缀满枝头，采撷一串果实，清香留在指尖，余韵悠长。然而，人们不难发现，相较于时令果蔬，很多反季节果蔬失去了其独有的味道，不甘不甜，也没有沁人心脾的气息，品尝起来甚至味同嚼蜡。而这背后的原因大抵是反季节蔬菜违背了大自然的生长规律。

反季节蔬菜大多以大棚栽培为主，受到光照不足、通风情况不好等因素的影响，其生长周期相较于时令蔬菜更短，从而导致蔬菜品质下降。有资料显示：“大棚里阳光照射远低于露天农田，果蔬光合作用不足，导致叶绿素、维生素 C、糖分含量不足。”[①] 同时，大棚通风条件不好，导致蔬菜叶片表面的水分蒸发减少，而相应地从土壤中吸收的矿物质及其他微量元素也随之减少。因此，反季节蔬菜的矿物质含量明显不如时令蔬菜。除此之外，反季节蔬菜还存在一定的安全隐患，为了在本身不适宜农作物生长的环境中种植，通常会在反季节蔬菜种植过程中添加一些特殊的生长激素等，这些化学药剂如果在食用前没有彻底洗净，在人体内积累过多，可能会对人体机能造成一定伤害；同时，由于大棚的通风条件较差，病虫害情况普遍高于露天农田，通常会喷洒更多农药以防止病虫害，而棚内潮湿的环境不利于农药的降解和挥发，容易使其残留在果蔬中，长此以往可能会对人体造成伤害。此外，光照不足还可

① 夏欢，彭红明．反季果蔬营养低谁来管[N]．江西法制报，2006 - 02 - 17.

能导致反季节蔬菜中的亚硝酸盐含量偏高，可能会对人体产生一定危害。

一些秉承传统耕种理念的农民认为反季节蔬菜不妥，不只因为其口感和营养含量不如时令蔬菜，还因为种植反季节蔬菜不利于生态环境的良性发展。种植过程中所用的农药、化肥不仅会残留在果蔬上，还可能会残留在土壤及周边环境中，降低土壤的肥沃程度及土壤中的矿物质含量，还可能污染水源，在一定程度上不利于可持续发展。

大自然的生长规律除了季节，还包括地理位置因素。“橘生淮南则为橘，生于淮北则为枳，叶徒相似，其实味不同。所以然者何？水土异也”，早在春秋时期，《晏子春秋·杂下之十》中便有对这一自然规律的记载。同样的种子播撒在不同的地理位置，结出的果实有天壤之别，而究其原因，在于水土之异、气候之别。因而，符合特定区域生长的农作物，才可谓生态产品。就水果而言，中华大地幅员辽阔，气候各异，不同的地区盛产不同的水果，这是大自然的“分工”，也是作物的自然生长规律——海南盛产芒果、福建盛产龙眼、新疆盛产葡萄……这种自然规律类比于动物亦然。众所周知，内蒙古的牛羊肉颇受游客和广大消费者的青睐，味道纯正且食后不易上火，这是因为当地特有的自然气候和植物草料为牛羊提供了更适宜生长的条件。羊草、羊茅、冰草、披碱草、野燕麦等禾本和豆科等牧草非常适合饲养牲畜，此外，洁净的水源和空气也为牛羊提供了得天独厚的生长环境，因此，西北地区的牛羊肉较少有腥味和膻味，吃后也不容易上火。

归根结底，老汪眼里的“生态观”就是“顺应自然”，这是人与自然相处时应遵循的基本原则。不可否认，反季节蔬菜是在科学技术和现代农业力量推动下对种植业的创新，拥有显著的进步意义，也带来了一些社会效益，但从本质上来看，反季节蔬菜是对大自然生长规律的违背，甚至从某种层面来看，是一种“揠苗助长”的方式。大量农药化肥和激素的使用增加了果蔬和土地的负担，虽然人类看似“征服”了自然，实则过犹而不及。“人利用和改造自然的实践活动只有适应自然规律，才能做到人与自然和谐相处。顺应自然，就是要使人类的活动符合而不是违背自然界的客观规律，以制度约束人的行为，防止出现因急功近利和个人贪欲而违背自然规律的现象。”① 对于利弊兼具的反季节蔬菜，完全禁止和过度追捧都是不妥的，应当在两者之间寻找一个平衡点，减少过度的人为干预，给予生态环境足够的可持续发展空间。

正是源于一位又一位农民、企业家及百姓对“生态观”的坚持，远安县才拥有山清水秀、沃野千里的自然环境。而瓦仓大米之所以享誉千里，不可或缺的因素之一便是远安县卓越的生态环境——这里大多数农田位于山岗之间的平坝，山上的植被覆盖率很高，且农田远离城镇、村庄、工业区及交通要道，大米产地清洁，没有环境污染，颇有一种“世外桃源”的纯净之感。山青、水绿、天蓝、云净、稻谷香，远安县如同镶嵌在群山之间的一颗明珠，用秀美的环境向人们展示着新时代的乡村风貌。

二、生态就是不人为破坏

老汪的生态观除了顺应自然，遵循“春天萌生，夏天滋长，秋天收获，冬天储藏”的自然规律，还蕴含着不人为破坏的生态环境、保持生态平衡的观念。生态是一种动态平衡，在人与自然相处的过程中，应当尊重、顺应、保护自然，从而达到生态系统中人与自然高度适应、协调

① 本书编写组．毛泽东思想和中国特色社会主义理论体系概论［M］．北京：高等教育出版社，2021.

统一的状态。

随着人类社会的快速发展，人们对自然资源的过度利用和对自然环境的开发破坏愈加严重。乱捕滥猎、乱砍滥伐、毁林造田是人类社会破坏生态的典型行为。在经济利益和社会发展需求的驱动下，全球生态环境正在悄然恶化，全球变暖、水土流失、森林锐减、土地退化、生物多样性减少等问题在全球范围内不断涌现。从马克思主义哲学的角度来看，人与环境的关系是相互依存、相互影响、相互制约的对立统一的辩证关系。正如恩格斯所说："我们不要过分陶醉于我们对自然界的胜利。对于每一次这样的胜利，自然界都报复了我们。每一次胜利，在第一步都确实取得了我们预期的结果，但是在第二和第三步都有了完全不同的、出乎预料的影响。常常把第一个结果取消了。"① 因此，在人类社会飞速发展、人类对自然资源需求日益旺盛的今天，在发展的同时不破坏生态环境尤为重要。

"建设美丽中国"是"五位一体"总体布局的重要组成部分，形成人与自然和谐发展的新格局，要坚持保护优先、自然恢复为主。而"保护优先"首先需要人们不破坏生态环境。保护自然、不破坏生态意味着"要把人类活动控制在自然能够承载的限度之内，给自然留下能够恢复元气、休养生息、资源再生的空间，实现人类对自然获取和给予的平衡，多还旧账，不欠新账，防止出现生态赤字和人为造成的不可逆的生态灾害"。②

从国家层面来看，近年来，国家有关部门陆续出台了很多保护生态环境的政策，2021 年 8 月 16 日，中华人民共和国生态环境部发布《关

---

① 中共中央马克思恩格斯列宁斯大林著作编译局．马克思恩格斯选集(第 3 卷)[M]．北京:人民出版社,1972:517.

② 本书编写组．毛泽东思想和中国特色社会主义理论体系概论[M]．北京:高等教育出版社,2021.

于成立自然保护地生态环境监管咨询专家库的公告》，发挥专家智库作用，进一步加强自然保护地生态环境监管，减少生态环境破坏。从公民的角度来看，对于普通人而言，不破坏环境就是对环境最好的保护；而对于广大农民而言，科学使用农药和化肥、土地休耕、土地轮作、科学耕种则是他们力所能及的不破坏生态环境的方式。

长久以来，化肥和有机肥的选择一直是农产品种植业尚未达成共识的课题之一。化肥即化学肥料，是采用化学和物理方法制成的含有一种或几种农作物生长需要的营养元素的物质，由无机物合成，具有水溶性强、肥效快、肥力猛等特点，受到很多农民的青睐。但施用化肥也存在一些争议——虽然其见效快，但它对于改善土壤质量、提高土壤长期肥沃度见效甚微，长期使用甚至可能导致土地结板，破坏农田生态的平衡，从而导致土壤肥力减弱，不利于农作物的茁壮成长；同时，过度使用化肥还可能灼伤农作物，导致庄稼减产甚至枯萎。而与化肥相对应的有机肥料来源于微生物、有机废弃物及其他类似材料等自然资源，能够刺激土壤中的微生物繁殖，从而改善土壤结构，能长期提高土壤肥力。

显而易见的是，从生态农业角度出发，有机肥更有助于改善土壤质量，保护生态环境；而化肥则对生态环境有一定的破坏性。但有机肥见效需要一定时间，因此一些农民对有机肥的认可度并不高，大部分农民在耕种过程中倾向于施用化肥。

瓦仓大米却不然。小汪总提及，湖北瓦仓谷香生态农业有限公司生产的瓦仓大米不用化肥，全部使用有机肥料。远安县瓦仓大米生产区域稻田土壤质地为土层深厚的黄泥、青岗泥和紫潮泥，土壤酸碱度适中。正是源于远安县悠久的稻米耕种历史，这里的农民长期以来秉持着对历史和自然的敬畏之心，一直沿袭着传统的耕作方式——稻田历来施用猪、牛栏粪及农作物秸秆，有效地提升了土壤有机质的含量，同时，在这一传统种植方式的作用下，瓦仓地区土壤的理化性状很好，很少出现因过度施用化肥而导致的庄稼灼伤及土地结板等情况。此外，远安县瓦仓村大米产地森林覆盖率达到80%，山林面积为耕地面积的7倍以上，自然肥源丰富，秸秆、野生绿肥、山草和树叶等自然资源都能够作为有机肥，远安县耕地年亩产在100担以上，这为瓦仓农民选用有机肥耕种提供了得天独厚的区位优势。不仅如此，瓦仓地区的矿物质含量丰富，再加之当地农民对传统耕种方式的尊崇，瓦仓大米中的矿物质含量和营养含量高，含有多种对人体有益的微量元素及维生素，口感独特，营养丰富，口碑极佳。2011年9月13日，农业部批准对“瓦仓大米”实施农产品地理标志登记保护，瓦仓大米逐渐“走出瓦仓”。久而久之，瓦仓大米凭借其独特的优势闻名于远安县乃至整个湖北省，成为全国农产品地理标志。

在老汪总的“生态观”中，除化肥和有机肥的区别外，是否让土地轮作也是长久以来摆在农民面前的课题，同样关乎生态破坏与生态保护。施用有机肥和采取休耕的耕作方式，其本质是为了提高土壤肥力，保障作物的营养价值和食用口感，从而达到保护生态环境的目的，它们都是对“不破坏生态环境”的有效诠释。如果说施肥是对土地的外部输入，那么是否让土地轮作则关乎土壤的“输出”能力。所谓轮作，是在同一块田地有顺序地在季节间和年度间轮换种植不同作物或复种组合的种植方式，土地轮作是用地和养地有机结合的一种措施，不仅有利于均衡利用土壤中富含的有机物、矿物质等，还能防治病虫草害、有效改善土壤的理化性状、改善土壤肥力，从而达到增产、增收的目的。

泱泱大国，巍巍华夏，5000多年的历史积淀了数不胜数的农耕经验，自古以来，人们便对“土地轮作”的意义有所认识——“谷田必须岁易”“麻欲得良田，不用故墟”“凡谷田，绿豆、小豆底为上，麻、黍、故麻次之，芜菁、大豆为下”，早在北魏时期，《齐民要术》中便有对土地轮作的阐述与记载。近年来，我国国务院、农业农村部等也陆续推出有关土地轮作的试点方案，从政策上进一步加强对土壤资源和生态环境的保护。

我国南方地区大部分位于亚热带季风气候区，全年平均气温较北方高，降水量达到800～1600毫米，一年四季都符合水稻的生长条件。因此，在亚热带地区，水稻大多一年收割2～3次，盛产两季稻、三季稻。在这样的耕种模式下，一年的稻米总产量明显高于一季稻，有利于保障粮食供应与粮食安全。然而，两季稻与三季稻却加重了土壤的负担，无论春秋抑或冬夏，稻谷源源不断地从土壤中汲取相同的养分，而土壤却难以在短时间内得到相应的给养，长此以往，容易导致土壤肥力下降，营养成分与矿物质流失。在某种程度上，这种耕作方式不利于生态的保护，甚至可能对生态环境造成破坏。

然而，地处湖北亚热带季风区，气候温和、雨水充沛、光照充足的瓦仓地区始终坚持种植一季稻，通过土地轮作的方式实现土地高效利用。在这里，农民坚守着自古以来土地轮作的传统，遵循自然、传统的耕作农法，每年只种一季稻谷，“一季红花草，翻耕作绿肥”，春末播种，早秋丰收，让稻谷在半年的时间内充分汲取土壤中的养分。小汪总提及，瓦仓地区的种植业主要采取“一季水稻，一季油菜”的种植方式，让土壤在种植油菜期间拥有半年休养生息、孕育养分的调整空间，充分保护蕴藏在山水农田之间的生态环境。

“品质高的大米只种一季。”小汪总如是说。而瓦仓大米“品质高”，主要体现在其上乘的口感与丰富的营养上。瓦仓大米坚实饱满，谷粒光滑，晶莹透亮，腹白细少，亦无杂质。相较于一些种植周期短的双季稻、三季稻，瓦仓大米不仅在外观上出类拔萃，在口感上则更胜一筹。将一捧大米放入清水中浸泡洗涤干净，煮熟后，无须靠近便能闻到沁人心脾的清香。大米入口绵甜而细密，糯而不腻，清甜可口，余韵悠长。“冷后回生”或许是许多双季稻、三季稻共有的特点，令很多人困扰；而只种一季的瓦仓大米则不会出现此类问题。不仅如此，在这一“生态观”下，土地轮作赋予瓦仓大米的，还有其卓越的内在品质。瓦仓大米胶质含量多，得益于其中含有丰富的植物蛋白质，能够补充人们在生活中消耗的体力，并帮助人体维持健康。正是源于发展生态农业带给瓦仓大米的独特优势，湖北瓦仓谷香生态农业有限公司生产的“瓦仓大米”被评为湖北省十大名米，获得国家级优质渔米银奖，成为湖北省唯一上榜的渔米品牌。

在老汪看来，土地休耕是与土地轮作相近的不破坏生态环境的耕种方式。所谓休耕，是在同一片土地上种一年，停一年，让其“休养生息”，实现用地和养地的有机结合，从而提高粮食产量，巩固粮食生产力。土地休耕并不意味着使土地荒芜，这是一种让生态得到治理和修复的耕种模式，让过度使用后疲惫不堪的土壤拥有足够的休息时间。在休耕期间，可以改良土壤在耕种时出现的问题，完善土壤结构，保护和提升地力，增强农业发展后劲儿，真正实现“藏粮于地”，让一片片广袤的、农民深爱着的土地焕发出生机与活力。

“千山抱绿净无尘，泉韵禽歌野气新。”生态保护的理念蕴藏在农人一朝一夕的耕耘之间，播种在翠绿万顷的农田之中。生态就是不人为破坏，而施用有机肥、土地轮作、土地休耕便是对这片长久以来馈赠着芸芸众生的土地最好的呵护。生态农业是中国传统农业的重要组成部分，深刻体现和贯彻着千百年来中华传统文化中的天时、地利、人和，以及自然界各种物质与事物之间相生相克关系的阴阳五行思想，是一种精耕细作、轮种套种、用地与养地结合，农、林、牧相结合的典型的有机农业。正是以老汪为首的一代又一代与农业打交道的人对生态农业的发展与建设，才塑造出良田千亩、碧水青山的远安风貌。而远安县的企业家与农民对“生态观”的坚守则成为全省乃至全中国生态农业的缩影。

三、生态农业的核心在种子

谈起老汪的“生态观”，不得不说的便是种子。如果说土壤是生态之“基”，气候是生态之“因”，那么，种子则是生态之“核心”。这是老汪在多年务农的基础上总结出来的宝贵经验，这套理论虽然算不上系统，却在生态农业生产中起到了至关重要的作用，为湖北瓦仓谷香生态农业有限公司的发展奠定了基础。

老汪对种子重视的原因还要从多年前的“偶然发现”谈起。那是2010 年，在瓦仓大米申请国家地理标志保护认证两年后，老汪在政府的引领下逐渐发现了这个行业的痛点：米厂受原材料的限制非常大。当时老汪经营的米厂还只是远安县瓦仓大米专业合作社，远安县约有 10 万亩农田，老百姓种什么米，合作社就收什么米，在这种相对被动的生产模式下，合作社无法保证大米口感的稳定，因而其加工与销售的商品无法实现标准化。由于大米的品质常常有较大起伏，当时的瓦仓大米很难在市场上卖出好价，更难以在远安县乃至更远的区域站稳脚跟。在原材料高度受限的情况下，食品加工企业很难走远，甚至在加工成本较高，无法实现集约化、大规模生产的情况下，企业很可能因无法持续经营而倒闭。可以说，原材料的好坏与稳定性在某种意义上决定了企业的未来发展空间。这种困境让老汪很头疼。

在长达两年的时间里，老汪反复推敲瓦仓大米专业合作社未来的发展路径，究竟该如何保证原材料的稳定性呢？无数个辗转反侧的长夜、无数个在田间思量的午后，老汪终于在政府的引导下认识到：想要发展生态农业，做自己的品牌，就一定要从生产源头解决问题——统一种子，种植优质大米，从而提高产品质量的稳定性和商品的标准化程度。然而，这并不容易。公司自身不搞研发，优质水稻种子从何而来？远安县有10万亩农田，如何让优质种子短期内播撒在如此广阔的土地上？农民如果不接受、不信任公司的优质稻种怎么办？这一系列关于合作社未来发展方向的问题对于老汪来说，都是迫在眉睫、亟须解决的。

“公司一路走来，发展到今天，要感谢的人太多了。”老汪曾向我们感叹。其中，他特别想感谢的人便是时任湖北省农业科学院粮食作物研究所副所长，现任湖北省农业科学院副院长的首席科学家游艾青。非常幸运的是，游院长和远安县很早就有过交集，年轻时，他曾在远安县做过育秧、育种等工作，因此，游院长一直对远安和远安的土地有着很深的情结。2010年，在远安县农业局的引荐下，老汪认识了游院长。在听了老汪对于生态农业的发展构想及农产品加工业的发展现状后，游院长将粮食作物研究所研究的一些优质稻品种引进了瓦仓。相较于此前农民使用的普通种子，游院长引进的优质稻种产量高、质量稳定、口感软糯香甜。

在游院长的鼎力支持下，远安县瓦仓大米专业合作社开始发展起订单农业，这对于合作社乃至当地农产品加工产业来说，是一项前所未有、举足轻重的创新之举。所谓“订单农业”，就是和当地农民签订订单，合作社把优质稻米的种子发给农民，农民用这些种子耕种后，合作社提高收购价格，收购高质量的稻谷。从原始的加工模式到以优质稻为核心的订单模式，瓦仓大米专业合作社实现了“质”的改变，这一举措对合作社之后的发展与转型提供了至关重要的保障。订单模式不仅保障了大米的质量，而且解决了农民不信任、不敢种的问题，同时化解了如何在短期内大量种植优质稻的难题，可谓一举多得。

在具有突破性的订单模式下，瓦仓大米的品质突飞猛进，一跃千里。统一选用优质稻的瓦仓大米属于中籼稻，谷粒金黄、大而饱满，剥开谷粒，宛如一颗颗纯净璀璨的珍珠，捧起一把大米，近看光滑而透亮，远看洁白如玉，细嗅便可察觉四溢的清香；煮熟后入口，便可获得一份独特的味觉享受。似乎在一瞬间，瓦仓大米的品质从原来的波动起伏转变为长期向好，合作社因此积攒了极高的口碑。约两年的时间，瓦仓大米这一品牌便在瓦仓村乃至远安县积累了良好的客户基础，几乎无人不知、无人不爱，从此，瓦仓大米得以在小范围内立足。2013 年，工厂从瓦仓村搬到了远安县县城的工业园，9 月 24 日，湖北瓦仓谷香生态农业有限公司正式注册，瓦仓大米的生产与加工不再局限于之前的远安县瓦仓大米专业合作社，公司的产业规模与销售范围逐渐扩大，至今，公司的种植基地已覆盖远安县乡镇超过 5/7 的区域。

老汪对种子的看重绝不只停留在多年前在统一选种上的创新与突破，这份极具前瞻性与格局性的理念被他铭记于心，成为多年来公司发展之路上重要的决策来源与理论支撑。从成立专业合作社到注册生态农业有限公司，再到瓦仓大米一步步走向品牌化，十余载光阴，推动公司向前迈进的，是老汪内心关于种子的危机意识，这是支撑一个公司发展、成熟、转变的不可或缺的因素。

远安县的生态环境和自然环境对于发展农业有着得天独厚的优势，这里自然环境优美，森林覆盖率高，土壤肥沃且富含矿物质，水质纯净、无污染，周围也没有大型化工企业，甚至连游客都鲜少驻足于这片乡野。但老汪坦言，正是在这种纯天然的环境下，他更有一种强烈的危机感。在科学技术和农业科研飞速发展的当今社会，盐碱地这样的恶劣环境都能够种出水稻。在农业发展日新月异、千变万化的时代，“如果没有更加优质的稻种，瓦仓大米怎么能不被其他地区、其他品牌的大米取代？然而，很多大米加工企业并没有意识到这个问题的严重性”。

因此，在选种和种子研发阶段，湖北瓦仓谷香生态农业有限公司非常重视与长江大学科研院所、湖北省农科院、湖南省农科院、中国水稻研究所及种子公司的合作。“种子的科技含量是非常高的，公司目前有几款核心品种都是省农科院培育的。”小汪谈道。当前，远安县约有 10 万亩农田用来种植水稻，在瓦仓大米品牌覆盖范围内的土地只有 4 万亩左右，而其中，种植优质稻的农田仅有 2 万多亩，这一数字对于生态农业未来的可持续发展而言还远远不够。因此，公司现阶段的目标是把远安县大部分农田都种上优质水稻。

与普通大米加工企业不同的是，湖北瓦仓谷香生态农业有限公司对种子的重视程度绝非只停留在选择优质稻种上。老汪谈道，公司每年都会选出两个品种的稻种做试验，通过育秧、栽培，筛选出质量更好、更适宜在当地种植的种子。筛选的标准有很多：第一，最核心的标准是米质好，即种出的大米要饱满、软糯、绵甜；第二，大米的产量要高，能够让公司的销售供给满足日益增长的市场需求；第三，优质的水稻要能抗瘟、抗病，这样才能够保障大米种植业的稳定；第四，要能抗倒伏，水稻生长中后期容易发生倾斜歪倒的现象，这会造成减产和品质变劣；第五，生长在南方地区的水稻还要能够抵抗高温。同时满足以上条件，公司才会使用这批稻种。

“如果对种子安全没有意识，公司就不会每年出这么多钱做研究。”老汪感慨。区别于大部分企业，湖北瓦仓谷香生态农业有限公司每年都拿出不小的一笔资金用于种子研发，这是贯穿于老汪“生态观”的重要举措。他坦言，每年投入水稻选种的研究、试验不是一个农产品加工企业能够独自完成的，这不仅需要企业拥有足够的种子安全意识，而且需要政府的支持与帮助。湖北瓦仓谷香生态农业有限公司每次与省农科院签订的合同期限为5年，对于种子研发、试验的资金，政府出资400万元，公司出资100万元。可以说，企业自身的安全意识及政府的帮助与支持缺一不可。

恰如老汪所言，他对水稻种子的重视，不只是出于对公司长期发展、提高竞争力、在行业内拥有一席之地的考虑，更深层次上，是一个企业通过完成力所能及的事情为国家种子安全、粮食安全、农业长期可持续发展做出贡献的体现。一言以蔽之，保证种子安全是发展农业的核心与要害。近年来，国家将粮食安全和种子安全提到了国家战略层面，进一步明确、强调了种子安全对于国家农业发展的重要意义。2020年12月16—18日，中央经济工作会议在北京举行，会议指出：“要解决好种子和耕地问题。保障粮食安全，关键在于落实藏粮于地、藏粮于技战略。要加强种质资源保护和利用，加强种子库建设。要尊重科学、严格监管，有序推进生物育种产业化应用。要开展种源‘卡脖子’技术攻关，立志打一场种业翻身仗。”[①] 这一精神深刻体现了国家对于保障种子安全的重视，同时彰显了保卫种子安全、粮食安全的决心与信心。

在多年与农业打交道的过程中，老汪发现，很多农作物的种子都是从国外进口的，基于农作物生长的特性与惯性，如果最初用了某个国家或品牌的种子，就要配套使用该品牌生产的化肥、农药等，否则无法消灭侵害这种农作物的病虫害，甚至无法使农作物汲取足够的养分，从而导致农作物减产甚至死亡。这是一种链条式的“农业生态”，从选种到育秧，再到中后期栽培，农作物需要在与种子适配的环境中成长，否则

① 新华社客户端. 中央经济工作会议在北京举行 习近平李克强作重要讲话[EB/OL]. (2020-12-19)[2022-03-25]. https://baijiahao.baidu.com/s?id=1686411753010497462&wfr=spider&for=pc.

便破坏了其原有的生长模式。在这一状况下，如果农民大量使用进口种子而较少使用中国本土的原生种子，就会在种植的一系列环节中对进口农资产生依赖，甚至面临被国外“卡脖子”的困境。

在种子市场上，我国国产种子大多论“斤”卖，而进口种子则按粒卖。资料显示，2015—2019 年，我国蔬菜种子的国际贸易逆差不断扩大，即我国进口的蔬菜种子价格越来越贵，但出口种子的价格却越来越便宜。中国是种子净进口国，2019 年我国种子贸易逆差达到 2.24 亿美元。从某个层面来说，这些数据意味着中国的国产种子在一些领域质量并不高，因此只能依赖进口。然而，这就涉及农业种植的成本问题，如果中国农业长期依赖外国种子，农业种植成本将会显著提高，不利于农业和国民经济长期稳定发展。此外，当前中国在种业的自主知识产权方面仍有很长的路要走。中国国务院发展研究中心农村经济研究部部长叶兴庆表示，目前发达国家已经把大量种子功能基因注册申请专利，如果将来中国需要提高农作物的某方面性能，就需要购买国外的知识产权，这有可能陷入“卡脖子”的境地。

或许很多人难以理解种子对于农业生产和粮食安全的重要意义，换一个领域来说，我国电子芯片产业目前的发展困境就在于掌握的自主知识产权不够，导致生产高端电子产品的企业只能进口外国芯片，而一旦美国等西方国家开始遏制中国科技发展，便会找到弱点领域加以攻击，断绝部分企业的芯片供给，这就是“卡脖子”的典型。因此，在农业领域，种子安全的重要性不言而喻。种子是农业的“芯片”，种子安全是粮食安全的前提，种业发展水平关乎一国农业生产和粮食安全的命脉。国务院发展研究中心农村经济研究部部长叶兴庆指出，在农业发展中，不管是提高产能，还是优化农产品品质，都需要将种业作为关键环节。

种子安全不只涉及水稻，还有果蔬等其他农作物。当前，中国的玉米、马铃薯、甜瓜、小番茄等农产品的种子安全问题仍存在隐患。老汪感慨，小时候常吃的那种漫山遍野的毛栗子现在已经找不到了，大抵是因为没有保存好原生的种子。宜昌市雾渡河镇盛产红心猕猴桃，资料显示：“2008 年 11 月 6 日，在新西兰举行的国际猕猴桃大会上，来自 19 个国家的 200 多位专家一致认定：中国是猕猴桃的原生中心，世界猕猴桃原产地在湖北省宜昌市夷陵区雾渡河镇。”① 2016 年 5 月，该镇成功注册“雾渡河猕猴桃”地理标志商标。虽然猕猴桃已经被引入世界各地，且不断被移栽，但猕猴桃最初的遗传信息一直掌握在我们手中，纯种猕猴桃种源不丢失，这就是种子安全的重要性（图 6－2）。

图 6－2　雾渡河猕猴桃

就更广泛一点的领域而言，种植业如此，养殖业亦如此。虽然养殖业没有传统意义上的植物的“种子”，但基因的保留与传承是与“种子安全”一样的。老汪无奈地感叹，小时候家里养的纯种生猪不喂饲料，

① 新浪财经. 200 国际专家确认猕猴桃原产湖北宜昌[EB/OL].（2008－11－06）[2022－03－25]. http://finance. sina. com. cn/roll/20081106/18242501829. shtml? qq－pf－to = pcqq. c2c.

只喂米糠，半年左右就可以长125千克左右，而现在的生猪、小山羊都是经过一元杂交、二元杂交后繁殖来的，已经很难找到纯种的生猪和山羊了。目前，我国商品猪种质资源多从欧美等地引进，但引进后，相应地选育工作难以跟上，这就导致我国的生猪产业陷入了从引种到退化，再到引种的恶性循环，很难摆脱对进口种质资源的依赖，其他畜禽种质资源也是如此。只有把养殖业的基因掌握在自己手中，才能够保障我国农产品的安全。有数据显示，现在世界绝大多数农业和养殖业的种子供应已被美、法、德等西方国家种业公司垄断，① 因此，我国当务之急便是做好选种、育种工作，在多领域打破对外来种质资源的依赖。

袁隆平院士曾说："关键时候，一粒小小的种子能够绊倒一个巨大的国家；种业的安全关系到粮食的安全，也关系到国家的安全。"② 而守卫种子安全，归根结底还需要千千万万从事不同行业的人一起努力。对老汪这样农民出身的企业家而言，守护种子安全是一种"匹夫有责"的体现。在他看来，遵循自然规律的农业才叫生态农业，而生态农业则以农业安全为基础，要实施生态农业，就要建立以农作物种子安全为基础的生态农业安全观。因此，只有守护好、发展好种子这枚"芯片"，才能让生态农业在这片他深爱着的土地上焕发出勃勃生机。

四、思想更要"生态"

人的意识会对行为产生能动的指导作用，只有在思想上、观念上重视生态，才能在行动上更好地实施。思想"生态"就是要有生态观和

---

① 张学武. 实施种业攻坚工程破解农业芯片卡脖子难题[J]. 中国食品工业,2021(5):32-34.

② 毛莉. 关键时刻一粒小小的种子可以绊倒一个大国[N]. 中国社会科学报,2013-12-16(A01).

生态理念，牢牢树立生态文明观。

老汪的生态农业自2007年发展至今，逐渐由专业合作社发展为在湖北省小有名气的生态农业有限公司，其成功的背后离不开思想上的“生态”，更离不开公司在生态农业上独到的文化。对于生态农业有限公司而言，只有将“生态观”融入企业文化，才能将这一理念在实际中践行，帮助企业行稳致远。老汪认为，做农业，就要秉持“民以食为天，食以安为先，安以质为本，质以诚为根”的理念，在生态农业领域，应当竭尽全力培育出让消费者满意的大米，不使用违禁药物，不种植转基因水稻，绝不能为追求效益而不顾农产品安全，不顾消费者利益。坚持传统农业的耕种模式，顺应“春种、夏长、秋收、冬藏”的自然规律，致力于生产“生态”产品，这些都是湖北瓦仓谷香生态农业有限公司企业文化的重要组成部分。“从不赚违背良心的钱，把自己的品牌看得比命还贵”，这是老汪多年来在经营公司的过程中一直坚守的信条与准则。

在这种生态思想下，老汪谈到，他希望瓦仓大米越来越好，让公司做出“独有”的大米——不只从外观上能看出是瓦仓大米，从口感上也能吃出是瓦仓大米，这是他的毕生梦想。老汪认为，企业文化能够在潜移默化中影响一个企业的未来发展，塑造企业文化是很有必要的。他坦言，年轻时由于自己没读过多少书，文化水平不高，因此不太重视企业文化，每年只给公司员工开2～3次会议；后来，公司吸收了小汪总等一批年轻有为的人才，在每周一早上，公司负责生产的部门都会开会，定期传递企业文化、生态思想，明确公司的定位与未来发展方向。在这种“生态”企业文化的熏陶下，公司发展得越来越好，近年来，瓦仓大米因其卓越的口感与品质逐渐被更多人熟知。在以老汪为代表的农民与企业家的努力下，远安县的生态农业在历史的长河中不断延续，并不断焕发出新的生机（图6－3）。

图6－3　与山林相依的瓦仓生态稻田一角

在思想上坚持科学的“生态观”，农业如此，其他领域亦如此。科学生态观的形成不仅需要每个个体积极学习与践行，国家在思想和理念上的引导更发挥了尤为重要的作用。习近平生态文明思想是习近平新时代中国特色社会主义思想的重要组成部分，提出了一套相对完善的生态文明思想体系，形成了面向绿色发展的四大核心理念，包括：生态兴则文明兴、生态衰则文明衰，人与自然和谐共生的新生态自然观；绿水青山就是金山银山，保护环境就是保护生产力的新经济发展观；山水林田湖草是一个生命共同体的新系统观；环境就是民生，人民群众对美好生活的需求就是我们的奋斗目标的新民生政绩观。建设生态文明，关系人民福祉，关乎民族未来。[1] 贯彻新发展理念，推动形成绿色发展方式和生活方式成为全民共识。加快生态文明体制改革，建设美丽中国，成为未来绿色发展的思想遵循。习近平生态文明思想必将成为我国生态文明

① 中共中央文献研究室．习近平关于社会主义生态文明建设论述摘编[M]．北京：中央文献出版社，2017.

建设的指路明灯，因此，我们应当全面把握、深刻领会，并在实践中发扬光大。

长江流域物种丰富，生态环境多样，是我国生物基因宝库和生态安全屏障。然而，在多年的过度开发和利用下，长江流域的生态环境面临“超负荷”的问题，生态环境被严重破坏，长江流域的生态可持续发展面临严峻挑战。2016 年 1 月，在重庆召开的推动长江经济带发展座谈会上，习近平总书记就长江治理问题提出“共抓大保护、不搞大开发”，走“生态优先、绿色发展”之路。这一思想成为推动长江经济带发展的战略指导。2018 年 4 月，在武汉召开的深入推动长江经济带发展座谈会上，习近平总书记再次阐释这一发展理念的丰富内涵：“共抓大保护、不搞大开发侧重当前和策略方法；生态优先、绿色发展强调未来和方向路径，彼此是辩证统一的。”正是在科学生态观的指导下，各地区政府部门积极推进、贯彻落实，长江流域的生态建设才取得显著成效。

近年来，远安县以沮河流域整治、保护、修复为突破口，大力推进生态文明建设，主要包括大力改善流域水质、有序推进生态修复、逐步实施岸线绿化等。在政府“生态观”的领导下，沮河流域生态修复态势良好、成效显著，水清、岸绿、景美的沮河岸线逐步形成。2021 年 7 月，湖北省生态环境厅发布全省 2020 年度生态环境状况指数评价报告，远安县位列全省 105 个县（市、区）第一。最近几年，远安县在习近平生态文明思想的指导下，牢固树立“绿水青山就是金山银山”的理念，勇当“绿色湖北美丽荆楚典范、全省全面发展综合发展典型”，认真落实党中央和省委、市委决策部署，坚持以改善环境质量为核心，深入推进蓝天、碧水、净土三大保卫战，全力做好环保督察整改、坚决打好三大污染防治攻坚战、严厉打击生态环境违法行为、深入开展生态环境保护宣传教育，扎实推进生态文明建设和环境保护，环境空气质量、水环境质量越来越好，土壤环境状况进一步得到改善，全县环境状况总体持续向好，环境保护目标基本实现。

“行成于思，毁于随。”认识对实践具有能动的反作用，正确的认识、科学的理论对实践具有积极的指导作用。无论是深爱着脚下这片土地的农民，还是像老汪一样的成功企业家，抑或生活在华夏大地上的芸芸众生，都应当在思想上培养科学的生态观，解放思想，实事求是，遵循自然规律，守护生态环境，将内心深处对大自然的热忱与向往付诸理念与实践，共同守护好这片广袤的绿色家园。

七

生态农业的关键在“人”

一、“三本”乡镇书记：小燕子

调研过程中我们遇到了一位很有个性的年轻镇党委书记，她叫王燕，本科所读专业为工商管理，毕业于哈尔滨工程大学，年轻的女书记是一个自带“风水”的，有灵气的“80后”选调生。她属牛，也像“牛”一样辛勤耕耘，就像习近平总书记指出的，发扬为民服务孺子牛、创新发展拓荒牛、艰苦奋斗老黄牛的精神一样，王燕书记以实际行动证实了这一点。《人民日报》曾发文说：精神的力量是无穷的。人无精神则不立，国无精神则不强。唯有精神上站得住、站得稳，一个民族才能在历史的洪流中屹立不倒、挺立潮头。“孺子牛”“拓荒牛”“老黄牛”是家喻户晓的美好形象，是底蕴深厚的文化意象，蕴含着中国人民自强不息、砥砺奋进的精神密码。① 习近平总书记在2021年全国政协新年茶话会上号召大家发扬孺子牛精神、拓荒牛精神、老黄牛精神，正是要借辞旧迎新之际，激扬风雨无阻向前进的豪情，凝聚越是艰险越向前的力量，在新的伟大征程上披荆斩棘、开拓创新、坚毅前行。②

王燕书记是为人民服务的千百万党员之一。她对我们说：“把本事

---

① 本报评论员. 大力发扬为民服务孺子牛、创新发展拓荒牛、艰苦奋斗老黄牛的精神[N]. 人民日报，2021-01-04.

② 文忠. 发扬“三牛”精神 奋力全面建设社会主义现代化国家[J]. 党员干部之友，2021(2).

用在自己的本职工作上，才叫共产党员的本色。”正是基于这一点，我们称她“三本书记”，很想写写她，但王燕书记则向我们解释道：“如果你们打算宣传我个人，这就违背了我自身的本职工作，我希望你们可以去发掘、宣传我们瓦仓村，我们远安县各地的资源，值得借鉴的经验模式。我的本职工作是把我的一亩三分地、把茅坪场镇老百姓的需求了解好、满足到，让咱的村民富起来。我们工作秉持的理念是‘如何把产业振兴，把产业搞起来’。”王燕书记给我们分享了刚刚发生的一件事，她说今天下午县人事局副局长在他们乡镇进行调研考察，副局长询问他们乡村振兴现在有什么困惑，有什么难点、痛点，你们接下来想干什么。王燕书记针对这三个层层递进的问题回答了茅坪场镇乡村振兴的三个“逻辑”。

第一个逻辑是“振兴哪里”。王书记说，茅坪场镇的乡村振兴主要体现在3个层面，首先体现在产业振兴层面，这里的产业主要是瓦仓大米产业。为此，把老百姓的土地流转给企业来管理，这样老百姓一方面有了稳定的收入；另一方面，非种收时节老百姓可以外出务工，增加额外收入，当瓦仓大米变成品牌后，其市场价也会相应提高，可实现经济效益和社会效益双丰收。除瓦仓大米产业外，茅坪场镇还有一个产业是食用菌，茅坪是中国香菇乡，基于之前的产业基地，努力打造蘑菇小镇，让小镇成为一个品牌。其次体现在文化振兴层面。瓦仓村本就是红色文化基地，瓦仓起义打响了鄂西起义第一枪，瓦仓起义探索了工农武装割据的道路，给国民党反动派以英勇回击，体现出中国共产党人不畏强敌、前仆后继的革命精神。这种革命精神影响着一代又一代瓦仓人，甚至是整个鄂西人，这种红色文化是我们发展必不可少的精神支柱。最后体现在人才振兴层面。王书记说他们通过政策扶持，正在培养一批种田能手，并组织乡贤回家，把人才吸引回来。对于瓦仓谷香生态农业有限公司这样的龙头企业，对其缺乏专业型人才的情况，政府也给予了帮助，不但为公司配备了一个产业专班，还抽调了一部分行政干部与企业进行政策对接，提供类似保姆式经济顾问服务，为之出谋划策。

第二个逻辑是“谁来振兴”。王书记说这当然要依靠土生土长的人民群众，既需要像汪总这样的农民企业家，也需要更多的种田能手、更多的农民，这样产业才会有生命力。为此，一方面是把本地比较勤劳的人，可以通过自有土地流转，由家庭农场变为农场主；另一方面，培养新型职业农民，通过政策扶持、吸引一部分职业农民过来建设茅坪镇。关于谁来种田的问题，《半月谈》曾专门做过一次调研，指出未来的农田可能不再像现在这样一块一块分割，而是整合成一整片，类似国外的农场，进行机械化种植，乡村的人口将实现梯度转移，农村劳动力向城镇聚集，更多的人会转向第三产业。

第三个逻辑是“怎么振兴”。王书记说这是他们正在努力的方向，因材施“振”，因户施策。最关键的是针对农村里成人没成才的，没有技术可以养活自己的 18 ~ 35 岁的农民，技能提升迫在眉睫，需要按需去培训。同时，基于前两个振兴逻辑，结合实际，各个方面共同发力，实现茅坪场镇的乡村振兴。

广阔天地，大有作为

王燕书记上面的那番话震撼了我们，一位如此年轻漂亮的女书记却有着如此朴实的工作态度和思想，心系百姓是对她最好的评价。因此，我们对她为什么选择扎根基层，来到瓦仓村产生了浓厚的兴趣。

为什么会回到远安？王燕书记在大学毕业时选择选调生之路的原因，简单又有格局。“广阔天地，大有作为。”这是她的回答。王燕对我们说道，当时她还有一份北京富士康的录取通知书在手，去北京的车票也准备好了，最后她却回到了湖北远安县。这中间的纠结和选择，可能是“心里总想着回到家乡做好一件事的信念”劝服了她。在读大学期间，漂亮有气质的王燕并没有和一些大学生一样花费时间去谈恋爱，而是将自己全部的精力放到学习上，当时的哈尔滨工程大学属于半军事化管理，为了在枯燥的学习生活中找点乐趣，王燕和她的同学还自己创作了属于他们的大学生自习曲，她将音乐放给我们听，借着音乐哼唱，表达的是当时大学生积极向上的态度。“我的大学生活每年过得跟高三生活一样，大家都在疯抢自习室，就连上下课的铃声也是昂扬的冲锋号。”王燕说到此处有一些激动，可能是回忆起了当时的青葱岁月，犹然留有韵味。大学生活对王燕书记的触动和帮助是很大的，这段大学生活对王燕的最大影响可能也是坚韧性格的塑造，心无旁骛的学习，最终目的是提升自己的能力，回报祖国。王燕也向我们提起她的很多师兄，他们也投身祖国的国防事业。在学校期间的努力和接受的培养使王燕书记的学识阅历不仅限于传统的理工科知识，教授与王燕说起文学来她也能够侃侃而谈，教授评价王燕，认为她与中国女子乒乓球运动员、奥运冠军丁宁的性格相仿，“不爱红装爱武装，骨子里有不服输的傲气”。

王燕与茅坪场的缘分在哪里？她向我们叙述道：在湖北远安的大山里，坐落着一个代号为“066”的三线基地。在这个偏远的山区，诞生了我国第一代地对地战术导弹。什么是“三线”？三线基地是1969年周总理亲自批复建立的。20世纪60—70年代，我国开展了一场以战备为中心的大规模基础建设。因为建设的地点主要位于被称为“三线”的广大中西部地区，因此这场建设被称为“三线建设”。为此，有超过400万人远离家乡，在“三线”落地生根。十年磨一剑，科研是一个长期的过程，有很多人一直坚守在这里，包括我国著名的导弹工程师王振华，他在“三线”坚守一生，只愿以一人之身成一国之事、全万家之福。当王燕了解到这些历史故事时，她觉得茅坪是一个很神奇、给人无穷力量的地方，“为什么我的眼里常含泪水，因为我对这土地爱得深沉”，王燕在茅坪场待了 7 年，她对这里的感情是深刻而无法抹去的。茅坪场就是这样一个地方，你越了解它就会越发现的它的魅力。“你在一个地方，如果不了解它的历史、它的过去，你就无法把握好它的现在，更无法谋划好它的未来。”王燕书记说，“做乡村振兴这个工作及当初我择业的初心，都是 2008 年想到的要到农村去。或许一开始我们谁也不知道自己的根在哪里，会扎多久、扎多深，选择这条路只是因为当时拥有‘想要做一点儿事，做一点儿实实在在的事，期望能够去改变这个地方’的信念”。

事实证明，王燕确实是将自己的全部身心投入为人民服务上去。王燕在茅坪场镇坚持了 7 年，是源于生长在这片土地上，流淌在血脉里的红色基因。脱贫攻坚这几年，王燕全程参与，接触到的都是社会基层人民的生活状态。“把所有人带动起来，去帮扶这些人，去改变他们的生活状况，我们会发现，当我们身体健康地坐在这里，吃着可口的饭菜，谈天说地，上天已经给我们开了一扇窗，我们除了珍惜，不要也不能再去奢求其他，而且不能忽视的是，在脱贫攻坚的路上，还有很多人献出了宝贵的生命。”王燕平静地向我们述说着她的感悟。当我们问起王燕书记扎根在农村印象最深刻的一件事时，她给我们讲述道：每天都会有很多事情发生，会遇到各式各样的问题和群体，方方面面都会觉得很新鲜。在基层，你会遇到很多不同的个体，每个个体又会有不同的诉求。脱贫攻坚和疫情防控过程中，每天都有难忘的事情发生。要说最难忘的一件事，是我工作中遇到的一户家庭，母亲是智力障碍，父亲是行动障碍，家里家徒四壁，什么都没有，他们家稻田里面长满了草，可以想象，在这样的家庭生活孩子会变成什么样？然而令我们感动的是家中唯一的孩子非常成大器，考上了大学也读了研究生，目前一个月工资

9000 多元。他的成长成才离不开自己的努力和身边人的支持，同时也离不开政府的扶持。我们无法选择自己的家庭，也无法选择自己的出身，但是身处逆境，一定不要放弃希望，这个世界上有很多苦，读书是性价比最高的苦，他如果不读书，他这个家庭的命运就很难改变。

关于脱贫攻坚，王燕书记有自己的感悟和理解：首先，幸福是奋斗出来的，世界上很多人有各种各样的不幸、各种各样的困难和挫折，但在困难面前不能退缩，要勇敢地面对这样方能跳出困境；其次，脱贫攻坚的过程是人生成长的过程；最后，必须学会珍惜，人的生老病死不可预测，但是可以预见的是当下的生活怎样通过努力过得更好。

把党支部建在产业链上

关于脱贫攻坚的做法，茅坪场镇开创了“把党支部建在产业链上”的新型治理模式。传统模式下，每个村都有自己的党支部，但不是每个村都有产业人、农业大户带动乡村发展。群众最关心的是什么？是增收致富。增收致富就像货车，它的经济功能是需要懂市场的人才能发挥。把党支部建在产业链上，传统的村与村之间形成的壁垒就会被打破。在产业链上建立党支部，产业的经济影响范围就会扩大，资源才能更好地共享，才能实现政策、资金、项目、技术、信息在全镇范围内共享。党建引领群众增收致富，党建使党群利益形成共同体。王燕说，农民最需要什么，最迫切需要解决什么，只有党支部为其解决了，群众才会跟着党走（图 7 –1）。

“把党支部建在产业链上”意味着什么？它意味着党员实现双重管理：党员的政治生活仍然在原来的村党支部，即如果你是这个村的人，你就在原来的村党支部开展政治生活，包括党团课学习、交党费等。但是涉及经济活动，如产业技术的培训、产业销售的对接等，这些通过功能性的产业党支部实现，产业党支部搞活动和提倡的激励政策是非常有

图 7－1　调研团成员与瓦仓村党支部书记宋仕龙（前排中）在村部留影

影响力且十分有效的。产业党支部到底是干什么的？简而言之，就是推动产业方面的培训，提供信息、技术和交流，打造一个多赢的合作模式。产业党支部党员的活动场所在果棚、在现场，从理论到实践，旨在推动产供销一体化。王书记说他们的经济活动渗透到产业活动的每个环节，这样能够更好地把党的主张融入新的农村党员。

王书记曾发表过《把产业党建做实做细》论文，文章指出：党的力量在人民、血脉在人民、根基在人民。远安县茅坪场镇委紧抓市场脉搏和群众诉求，以“三在”工程为统领，以产业党建为突破口，充分发挥基层党组织战斗堡垒作用，因势利导，让发展立在产业党组织上，让党员聚在产业党组织上，让群众富在产业党组织上，党建为富民产业装上了“红色引擎”，提供了坚强的后盾。文章提出把握三个“关键点”：一是把握关键环节。党的所有工作从根本上讲还是做群众工作，从群众中来，到群众中去。茅坪场镇和各村的党组织通过发展产业，当好“火车头”，让群众生活在集体中，从产业发展中尝到“甜头”，在融入集体时感到更有“奔头”。全镇把产业党建的活动覆盖到每个菇棚，实现菇棚不空、菇价不贱。全镇在装袋、点种、灭菌、越夏等技术要求高的环节，组织产业党支部中的能人大户、技术骨干深入生产一线开展技术指导培训。二是抓住关键人。如何让党的基层工作成为强信心、暖人心、聚民心的“硬核支撑”？首要的是做好人的工作，坚持抓两头、带中间，全面提升基层党组织的组织力，用关键少数来带动大多数，提升群众组织化程度。三是打造党群利益共同体。基层支部必须带领基层群众往前奔，用实干业绩赢得群众依靠。为此，镇党委经常性地开展应农时、顺民意的活动，让群众在生产生活上离不开集体，在思想情感上离不开组织。王燕书记在文中提及的方法和建议都是茅坪场镇产业党建的方向和动力所在。①

31 个雨天，52 个晴天

为组织“建党 100 周年”活动，茅坪场镇组织策划了建设瓦仓起义政治生活纪念馆。为建设这座场馆，茅坪场镇人一共经历了 83 个风雨日夜，其中有 31 个雨天和 52 个晴天。这个工期是十分紧张的，因为在建党 100 周年之际，有很多党支部会开展党史学习教育，这个纪念馆的建立是非常重要的一环。预计的工期是 6 月 3 日前建好，6 月 11 日正式开馆。为了在规定的时间完成规定的任务，王燕书记统筹的建馆活动就像新冠肺炎疫情期间的火神山、雷神山建设一样，一刻也不能停，必须精打细算到每一天。政治生活体验馆建设的政治性很高，每个环节都必须深思熟虑，对待错误必须零容忍。为此，他们还派了专班去福建学习，从无到有，积极取经，终于按期建成了让每个党员深受教育的红色殿堂。

---

① 王燕. 把产业党建做实做细　远安县茅坪场镇党委书记[N]. 三峡日报，2020 - 09 - 29.

这座体验馆汇聚的是瓦仓人民的历史。1927 年，发生的震惊鄂西的农民武装起义就源于此。在那个年代，为了推翻旧的统治，不顾一切地去革命、去战斗，而未来的一切都是不可知的，但是先辈们却勇往直前，不惧艰险，都是因为革命理想高于天。“当你有崇高的理想时，你就会有无穷的动力。”王燕书记动情地说：“我们在建馆的每一天都过得非常有意义，虽然付出很多，但当这个纪念馆建成后，我们所有参与建设的人都是非常激动的。同时，我作为一名共产党员，把这样一件非常有意义的事情完成，觉得非常有成就感，周边的群众也非常认可。正式开馆那天，看到那些六七十岁的烈士后人眼眶中充满了泪水，我们觉得建馆之事是对祖辈的一种最好纪念和慰藉，否则这些烈士后人老去后，还有谁能给下一代讲述先辈的宏伟故事?”是啊，我们常说不忘初心、牢记使命。其实初心和使命就在我们身边，我们应该用实际行动去传承红色基因，赓续精神血脉（图 7 -2）!

图 7 -2　瓦仓起义政治生活纪念馆

二、要感谢的人太多了

人常说：凡成功，需要四种“人”：“高人”指点，“贵人”相助，“本人”努力，“小人”监督。“高人”指点，能帮你找到方向；“贵人”相助，能助你克服困难；“本人”努力，是走向成功的动力；“小人”监督，能使你防微杜渐。老汪作为湖北瓦仓谷香生态农业有限公司的董事长，一个生态农业企业的领头人，在其由农民变成企业家的过程中，遇到了许多贵人和高人，回顾老汪创业过程中的艰辛，他们如拨云见日般为老汪指明了方向，为老汪在创业之路上解决困难。在当地生态农业建设中，由于是系统工程，从村到镇到县局，再到县委，各级领导十分重视和支持。在老汪众多要感谢的人中，尤其要感谢两个人，一个是当初茅坪场镇的杨书记，他给了老汪勇气和决心，特别是面对两次生意失败时，有信心最为重要。

第一次经历正值老汪年轻时。为了改善家庭生活环境，他贷了款，买了大货车跑货物运输，看起来日子在向着好的方向发展，可谁知，一次意外车祸断送了老汪好不容易经营起来的事业，那次车祸后导致老汪的经营出现了很大的问题，仅 1990 年就亏损了 4 万多元。20 世纪 90 年代，当时人民的生活水平尚且拮据，工薪阶层每月的收入大概为 70 元，高一点的 100 多元，除了企业家，老百姓手中一般没有什么钱，就算是在今天，这 4 万多元依然是一个不小的数字，更何况是在改革开放初期国内物资仍然匮乏的年代，4 万元简直就是一个天文数字，犹如一座沉重的大山压在老汪的身上，又如同一把悬着的利剑，让老汪寝食难安。根据小汪的介绍，那段时间家里真的是祸不单行，感觉日子没有了继续下去的动力，“父亲在那段时间每天浑浑噩噩”。这完全能够理解，常人在经历了如此巨大的打击，斗志肯定会受到严重的影响。好在老汪是坚强的，换成别人可能会做出更加极端的事情。那段时间，虽然老汪表面上和正常人没有什么不同，但是这件事情还是击垮了老汪的斗志。不过，这件事情过了几年后，老汪重拾了信心，打算再进行一次创业。

可天有不测风云，年轻的小汪心脏病发作，急需做手术，这对于老汪而言无疑又是沉重的打击。小汪在跟我们叙说这件事情的时候，情不自禁地撩起他胸口的伤疤给我们看，那时候还没有微创手术技术，心脏病的治疗手术只能在胸部剖开一个大口子，再进行搭桥等治疗。在讲述这段经历的时候，小汪脸上没有了笑容，虽然极力克制，但眼神中充满着伤感。生意上的失败加上家庭的变故，彻底摧毁了老汪内心的最后一道防线，这个坚强的男人还是没有撑住。如果说跑运输的经历只是击垮了老汪的斗志，而这一次小汪的病情，彻底击毁了老汪的信心。面对巨额债务、儿子生病急需用钱却借不到一分钱，老汪充分体会到了绝望的滋味，生活不仅在和老汪开玩笑，更像是在不断地戏弄着这个疲惫不堪的男人，就像是中国版《幸福来敲门》，所有生活的苦难，一起降临到了老汪的头上。

经过这两次打击，老汪万念俱灰，他觉得自己的后半生会永远生活在不断还债、不断被催债里，永远活在前半生创业失败的阴霾中。就在老汪准备放弃、准备向命运屈服之际，杨书记给了他信心。对老汪而言，杨书记就是那株无比珍贵的“救命稻草”。在创业初期，甚至在家中遭遇变故的极其困难的时候，这些磨难几乎都是老汪独自承担的，那时他太需要别人的鼓励和指点。而每到此时，仿佛是上天计划好的一样，杨书记找到了老汪，询问其遇到的困难，慰问老汪的家人，给予必要的帮助，如同雪中送炭般及时而温暖，老汪重新振作了起来！在杨书记的鼓励下，老汪重整旗鼓！

为了还债与养家，老汪先后养过蚕、种过香菇、种过黄姜，还买过油菜、油饼等。其中，种植香菇的收入相对来说比较可观，但是市场供需不稳定，需求方面太过饱和，不能作为一项长久的产业发展。再后来，老汪靠着收集种植香菇的废袋挣了一些钱，还清了外债，也存了一些积蓄。也许他本打算继续靠收集废袋养家糊口，但是杨书记找到他，希望靠着他之前创业的经验，另外做一项能够长久发展下去的产业，可以规模化经营，惠及全村甚至全县。老汪当即想到了瓦仓村的大米，过去基本家家户户都种大米，但几乎从来没有拿到市场上卖过，一般都是等着收粮或留着自家当作口粮。在杨书记的鼓励下，老汪决定再试一试，毕竟有了之前失败的经验，以及“高人”的指点，应该更加容易接近成功。孟子云：“故天将降大任于斯人也，必先苦其心志，劳其筋骨，饿其体肤，空乏其身，行拂乱其所为，所以动心忍性，曾益其所不能。”有杨书记的鼓励与支持，在信心上，老汪更加坚定；在工作细节上，老汪也更加谨慎。凡力所能及处，老汪都坚持亲力亲为，从合作社到注册公司，凭着老汪的苦心经营，总算是有模有样了。

杨书记作为老汪成功路上的“高人”，还体现在一件事情上。在建设生态农业过程中，老汪招商引资差一个指标，而这个指标的缺失有可能会让老汪的努力前功尽弃，就在此时，杨书记给予了大力支持，组织领导班子一起想对策。最后在杨书记的帮助下，老汪成功地完成了融资，差的那个指标也补上了。

如果说杨书记是老汪成功路上的“高人”，那么湖北省农科院水稻所游艾青所长无疑是老汪成功路上的“贵人”。游所长为老汪的瓦仓大米提供了很大的农业技术支持，当初游所长由县农业局引荐，对接瓦仓村实施优质稻谷育种，改良品质。老汪回忆初创瓦仓大米品牌时，发现受原材料制约影响很大，而要做一个大米品牌，并将这个品牌做大做强，就要保证大米质量持续稳定，同时产品必须做到标准化。如果从原材料开始，大米品质就良莠不齐，那么在整个大米生产加工过程中，其产品的差别只会越来越大，有可能会导致有些消费者购买到品质较差的产品，从而形成负面口碑，在市场上很难形成充足的竞争优势。基于这样的困境，游所长果断选择了帮助老汪，走科研育苗之路，通过提高收购价格来购买大米原材料。在游所长和他的团队的不断努力下，稻米的品质越来越高，质量也越来越稳定，而且科学的育苗和种植，使得秧苗有了较好的抵抗力，病虫害的侵染概率也从很大程度上得以降低，整体从村到镇再到县，米的品质得到了极大改善，两年左右，瓦仓大米品牌有口皆碑，在当地“青缸米，冷水田，瓦仓大米香又甜”的品牌和口号家喻户晓。不久后，大米加工厂也由瓦仓村搬到县城的工业园，扩大了种植基地，小田也改成了大田，在政府的推动下，瓦仓地区开始实行大规模的土地流转，将每家每户零散的土地集中起来种植瓦仓大米，实施生态农业计划。

有句话这样说：换一个角度去看待人生的失意与不幸，怀着感恩的心生活，生活将赐予你灿烂的阳光。是的，对于老汪而言，要感谢的人很多，除了杨书记和游所长，还有很多人在老汪的成功路上充当了扫清障碍的“清道夫”和奔向成功的“助推剂”。如小汪，虽然和父亲有过一些激烈的争执，但仍然不离不弃地陪伴着父亲，义无反顾地支持父亲，在父亲创业的基础上，思考怎样能使公司更大规模地经营，思考如何能让瓦仓大米更进一步地迈向全国。他要感谢的人还有自己，感谢自己在浑浑噩噩时依然没有放弃，诚如海明威说过的那样：“生活总是让我们遍体鳞伤，但到后来，那些受伤的地方一定会变成我们最强壮的地方。”感谢自己在生活最困难的时候仍然迎着困难挺了过来，感谢自己没有忘记立志让乡亲过上好日子的初心。老汪仍然会继续前进，继续战斗，继续书写属于瓦仓人自己的生态农业发展，完成全面振兴的传奇故事……

三、路好了，为何人走了

蔚蓝色的天空嵌着流散的白云，笼罩着鄂西大山深处的这片土地。蜿蜒的乡间小路勾连着几家农舍，矮屋疏篱衬着路旁那不知名的小花，一幅安静祥和的画卷徐徐展开。清晨、午间、傍晚，村子便活跃起来了：屋顶升起的袅袅炊烟，扛着锄头从田垄归来的村民，树荫下三三两两乘凉的人，在顽童逗弄下团团转的黄皮小狗，空气中，最是人间烟火味。

然而，近些年，这儿再不复往年的生气。还是那片天空、那棵老树，却不再是当年的那些村子了。

乡村经济在发展，乡村人的生活水平在提高，更完善的基础设施和更美好的环境给予了村子更多的美好。条条大路直通闭塞的大山深处，村民们盖起高高的楼房，越来越多的人可以前往城市谋求更好的生计。但在这幸福表面的背后，却是一番令人唏嘘的景象：无人耕种的田地在渐渐荒芜，田间的野草疯狂地吞噬着庄稼人曾经深爱的这片土地，放眼望去尽是紧闭落锁的屋门，即使到了夜晚，整座村子也只能看到零星的灯光。

路越来越好了，人却越来越少了。

瓦仓的这座村子，风景依旧，却少了许多人的身影。“种田很辛苦，赚到的钱又比不上外出务工赚得多，这些年，远安的好多村子都没有什么人了。留在家的，多是些孤寡老人和孩子，到现在甚至连孩子也少了，都跟着父母去外地上学去了。”当车子穿梭在这片村落间的时候，小汪这样说道："剩下的那些老人，年纪大能管好自己的日常生活已经很不容易了，像种田这种体力活，恐怕也是心有余而力不足。"

村路已经修好，为何人却一直在流失呢？据统计，1980 年，我国农村人口数量 9 亿人以上，其中几乎全部为农业种植人口，总共生产出 4 亿吨粮食。而到了 2018 年，我国农村人口数量下降至 7 亿，而农业种植人口数量仅为 4 亿人多一点，共生产出 6.5 亿吨粮食。40 年内，中国种粮农民的数量减少 4 亿以上，我国粮食产量却直线上涨，机械化耕种也逐渐代替了传统的一户一耕。长久以来，大多数人对于我国的农业生产现状都没有一个比较客观而清晰的认识，其实不管是过去，还是当下，我国的农业人口的数量都是处于过剩的状态，甚至于未来，我国农业种植人口的数量也会继续减少，这是客观规律和必然趋势使然。

随着我国城镇化率的不断提高，农村有大量人口拥入城市已经是一个不容逆转的事实。走出农村，走向城市，对当下乃至未来的农村年轻人来说，是实现理想、实现人生价值的一个必要途径，越来越多的农村青壮年劳动力选择走向城市，为家庭的幸福生活而努力打拼。根据国家统计局发布的权威数据显示，截至 2018 年年底，我国外出务工人员高达 2.9 亿左右，其中"80 后"和"90 后"超过 1.4 亿人，所占比例超过 50%。也就是说，目前，我国农村地区外出务工的年轻人数量已经超过了他们的父辈，成为第一大组成部分。对于这些外出务工人员而言，在城市工作也为今后整个家庭在城市扎根生活提供了一个前提条件，他们对城市以及城市的现代生活更加有亲近感，更期望在年轻力壮的时候选择合适的时机，扎根城市成为新型市民。相较于农村而言，城市的教育、医疗、文化娱乐和基础设施都更为先进完善，对于习惯了城市生活方式的年轻人而言，也更具有吸引力。在这样的背景下，农村专门种田的农民越来越少，许多人都不再愿意守着自己的一亩三分地，而是抛下田地外出务工，荒废的田地越来越多。

除了外出务工、城乡差距大这些原因，还有多重因素对农村人口流失产生一定的影响。

首先，农村的产业链较为单一，农村大多以种植业为主，靠土地生产作物获取经济效益，土地碎片化问题日益严重，总体上人均耕地面积少且规模不大，再加上机械化程度低、效率不高，付出与回报难成正比，使农村的产业呈现相对单一的现象，留不住劳动力，更留不住人才。

其次，农村居民整体文化素质不高。在我国大部分农村地区，人均受教育程度较低。由于知识水平的限制，农村人力生产大多集中在最粗糙的农耕生产上，对于一些需要掌握技术能力的职业只能望而却步。农业生产需要大量的青壮年劳动力，但是在我国大部分农村地区，青年人口为了赚取更多的经济收入多选择进城务工，在村子里剩下的老人孩童又因缺乏劳动能力，故而无法在田地这一项事务上获取额外收益，这就阻碍了我国农村的经济发展。农村经济前景之黯淡，难以留住更多的人才，甚至连最基础的田地耕种，如今也是少有人问津。

对于农村青壮年劳动力大量流失，田地无人耕种这一问题，小汪总说：“青年人都往城里去了，农村现在都空心化了，留下来的老年人种不了田，田地无人种植，都荒废了，所以才有了后来的土地流转，我们公司对此也提供了专门的种植服务。”

事在人为，乡村振兴的关键在人，更在人才。党的十九大报告中明确提出实施乡村振兴战略，这是以习近平同志为核心的党中央心系农村农业、情系农民的博大情怀，体现的就是以人为本的精神。乡村人才振兴的关键，就是要留得住人才，让源源不断的人才注入乡村经济发展的活水，最大程度上满足乡村振兴所需要的人才储备。

近10年来，随着农村人口的不断减少，我国的“空心村”数量越来越多，目前全国农村的空心化率在20%以上，根据自然资源部的数据显示，2006—2016年，全国农村常住人口就减少了约1.6亿人。[①] 由此可见，人才流失极为严重，缺乏专业对口的人才参与乡村建设、助力生态农业。

生态农业的发展有赖于农村基础建设的现代化，但农村基础建设是难上加难，机耕道建设、村村通、道路硬化等，所有这些，除了需要资金投入外，关键还需要人去具体落实。老汪曾渴望每个县或地区能办一所培养现代职业农民的大学，以此推进生态农业的发展，这其实也体现了他对于人才的重视。乡村人才贵在“引”，难在“留”，乡村振兴如何实现人才振兴，这一问题值得探究。

人才蔚，事业兴。让人才成为乡村振兴的源头活水，方能厚植一方繁荣沃土。

首先，要从大力培养本土人才入手。一方面，要以产业留人，立足地方经济社会发展的特点和资源禀赋，精准市场需求，因地制宜选好适合本地发展的产业，才能让回乡创业的人才施展才华。同时，要优化产业环境，对返乡创业的产业加强技术、资本的支撑，引导更多能人返乡干事创业，以就业带动人才，用创业带动就业。另一方面，要以情感留人，加大对基层人才的投入，关心关爱基层人才的工作和生活，支持人才担当重任、实现价值。

其次，要注重引进外来人才。当下我国农村的人才缺口较大，同时也存在农村人口素质不高、专业知识匮乏等问题，农村“老龄化”“空心化”导致农业现代化进程滞缓，因此，需要更加积极、开放、有效的

---

① 张延定，田甜．乡村振兴战略视域下浅析农村人口流失原因[N]．广西质量监督导报，2019-12-28.

人才政策，让更多的人才回流。各地要从营造良好的创业就业环境、提升服务质量入手，良好的创业就业环境离不开最基础的交通、物流等设施，基础设施建设日益完善，能吸引更多的人才返乡创业。

最后，要格外加强培养新型职业型人才。要把乡村人才队伍素质提升摆在更加重要位置，结合农村经济发展实际按需施教，探索政府引导、市场化运作的培训模式，开展好本地群众就业的培训和指导，定制化培养新型职业农民，培养出更多本地产业发展需要的人才，助力生态农业的发展；要畅通“能人”选拔渠道，搭建好锻炼平台，吸引更多的大学生服务基层，为乡村振兴提供必要的人才支撑。

“我希望以后有更多人才来到农村，参与农村建设，这样，生态农业的发展才更有前途，乡村才会真正振兴……”老汪看着这片村子、这些田地，感慨着人才的重要。

没有炊烟的乡村，没有人气的乡村，是无法得到振兴发展的，更谈不上生态农业的建设了。每每看到空置的房屋，每每看到野草疯长的田地，老汪和小汪都在渴望年轻人的回归、渴望人气的回归。

相信这一天，近在咫尺。

四、邓家坡村的百年老树

秭归县地处湖北省西部，与远安县同属鄂西，位于三峡工程坝上库首，是三峡库区首县，也是伟大的爱国主义诗人屈原的故乡。屈原故里、屈原祠是秭归县的标志，秭归县也获得了“中国诗歌之乡”的称号。秭归县的县名就来源于《水经注》：“屈原有贤姊，闻原放逐，亦来归，因名曰姊归”，“秭”由“姊”演变而来，因而叫“秭归”。

“后皇嘉树，橘徕服兮。受命不迁，生南国兮。”2000 多年前，诗人屈原在家乡秭归写下千古名篇《橘颂》，灿烂的文化赋予了秭归脐橙厚重的历史底蕴，秭归柑橘也在千年风韵里传承繁衍。

秭归县山峦起伏，沟壑纵横，山高坡陡，土地贫瘠，“十年九旱”，有“八山半水一分半田”之称。[①] 受秦巴山脉及三峡水库影响，秭归河谷地带气候特殊，为湖北“冬暖中心”，是秭归脐橙栽培的最佳适宜区，也是天然的“水果保鲜库”。中华人民共和国成立以来，秭归县劳动人民经历了70多年的艰苦奋斗，基本形成了“低山柑橘，中山茶叶和核桃，高山烤烟和蔬菜”的立体种植格局，而其中，又以柑橘生产最为著名。秭归一年四季都有橙子，春天伦晚脐橙、夏天夏橙、秋天早红脐橙、冬天纽荷尔脐橙[②]，负有“四季橙都”的盛名。

郭家坝镇邓家坡村是秭归县首个脐橙亿元村。邓家坡村两面临水，独特的峡江河谷气候为当地的柑橘生长提供了天然的自然生长条件。村里有棵不同寻常的老树，已经屹立在邓家坡村超过百年了。这棵百年老树不仅是邓家坡村脐橙品改的试验树，也是秭归脐橙产业发展的源头和活化石[③]；这棵树浓缩了秭归脐橙产业的发展历史（图7－3）。

图7－3　邓家坡村的百年老树树干道

①② 向长海，兰华锋．秭归县七十年柑橘发展历程、成就与经验[J]．中国果业信息，2020(7)．

③ 郑家录．我和百年老柑橘树的新闻故事[J]．中国地市报人，2019(7)．

这棵百年老树就长在郭家坝镇邓家坡村的村民何明建的柑橘园里，一眼望去，树干遒，高大挺拔，一个成年人即使双臂张开也无法完全将其抱住。老橘树上长满了叶，郁郁葱葱、层层叠叠，庞大的树冠好像一把把绿绒伞，挂着一排排金黄色的橘子。百年来，老橘树虽历经沧桑，满身刀痕，但仍枝叶繁茂、硕果累累。1977 年冬天，秭归遭遇了百年冻害，邓家坡的很多柑橘树都冻死了，而这棵树却顽强地活到了现在①，并见证了秭归脐橙产业发展的全过程。

“1978 年以前，这棵树上结的是广柑，一年只卖几十元钱；1978—2004 年，这棵树上结的是罗脐，一年可卖 200 多元钱；从 2004 年到现在，这棵树上结的是伦晚，每年可卖七八千元。”老树的主人何明建在《辉煌四十年，秭归正芳华》的系列报道中这样介绍。

秭归县柑橘产业的发展历程大致分为四个阶段：一是 1951—1967 年的柑橘发展起步期；二是 1968—1982 年的徘徊发展期；三是 1983—1997 年的快速发展期；四是 1997—2006 年的调整定位期。秭归县 70 年的柑橘生产，是中国柑橘产业发展的缩影，而这棵百年老树的 40 年，也是秭归县柑橘发展的缩影，它见证了秭归县脐橙的成长。

1951—1967 年，在“以粮为纲，全面发展”的精神指引下，秭归县以发展实生甜橙为主，这便是我们常说的广柑。从 1956 年开始，秭归县就不断进行品种选育及品种引进，到 1967 年，全县的柑橘面积已经达到了 2674 公顷，产量达到了 2256 吨。②

1969 年秭归县再次引进脐橙，然而在 1970 —1971 年出现了大面积毁柑种粮现象，1977 年又遭遇罕见的大冻害③，这给了整个秭归柑

① 郑家录．我和百年老柑橘树的新闻故事[J]．中国地市报人，2019.

②③ 向长海，兰华锋．秭归县七十年柑遒发展历程、成就与经验[J]．中国果业信息，2020(7).

橘产业巨大的冲击，致使这一段时间的柑橘产量下滑。在这段时间，秭归县的柑橘业在发展中不断摸索和徘徊，而此时的邓家坡村还是典型的贫困村，整个村子几乎全靠吃供应维持生计，柑橘只能卖到 0.1 元/千克。那时候，这棵百年老树一年能产 500 多千克柑橘，却也只能卖几十元。

1978 年改革开放，改革的春风吹遍祖国大地，也为秭归县的柑橘发展带来了新的生机。国家对秭归投资了 368 万元，用于建设脐橙基地，这对于秭归柑橘业来说可谓是“救命稻草”，国家资金的投入与扶持为秭归脐橙奠定了发展基础。在这之后，全县低河谷地区种植广柑的社队，经济状况都优于粮食种植区域。

20 世纪 70 年代，我国著名柑橘学家、“中国柑橘之父”章文才先生将 10 根罗脐枝条带到了秭归，何明建的父亲便把罗脐枝条嫁接到了这棵老树上。那一年，这棵嫁接了罗脐的老柑树结出了 200 多千克罗脐，每千克 0.7 元，共卖了 200 多元。由每千克 0.12 元的广柑，到每千克 0.7 元的罗脐，价格成倍增长，邓家坡人不仅看到了效益，也看到了希望，于是，村民把广柑树全部改种罗脐树，随后迅速推广到了全县，开创了秭归脐橙的种植高潮，一时间，产品供不应求，价格也不断走高，脐橙树成了“摇钱树”。这是在这棵老橘树上动的第一次“手术”，也是秭归县柑橘品改的初次实验。

1983 年开始了第三个阶段，秭归县柑橘的快速发展期，就从这棵老橘树的品种改良开始。1983 年实施家庭联产承包责任制之后，秭归县的柑橘几乎全都是晚熟品种，虽然在 1984—1985 年遭遇了脐橙裂皮病，险遭覆没，但最后采用了红橘做砧的办法得以起死回生。到了 20 世纪 80 年代中期，秭归县的柑橘生产以锦橙、桃叶橙、温州蜜柑、脐橙等品种为主;[①] 1989 年前后，秭归县的柑橘便出现了明显的多品种并存的形态，当时，脐橙、桃叶橙、锦橙被誉为“峡橙三秀”。这一年，柑橘总面积达到了 4666.7 公顷。1990 年前后，脐橙产业加速发展，规模优势开始凸显，脐橙居于柑橘产业的主导地位。1995 年，秭归县就成为我国有名的“脐橙之乡”，享誉全国。

1997 年全国的柑橘市场价格下滑，出现罕见的柑橘难卖现象，而秭归柑橘多年来的品质优势开始显现。于是，秭归大面积调整品种结构，不断引进和丰富市场品种。然而，在秭归柑橘产业不断发展的同时，市场上柑橘品种不断丰富也让罗脐从俏销走向滞销，秭归柑橘又一次陷入“瓶颈”。不过秭归县的劳动人民并没有就此放弃，他们将目光放在了脐橙品种的成熟期结构上。2004 年，邓家坡人下决心改良品种，引进晚熟脐橙品种伦晚进行试种，何明建又在那棵老树上动了第二次“手术”。嫁接了伦晚的老柑树，2005 年便收获了 500 多千克果实，共卖七八千元，能够满足一个家庭一年的基本生活（图 7－4）。

图 7－4　秭归的伦晚就是从那棵百年老树开始的

① 向长海，兰华锋．秭归县七十年柑橘发展历程、成就与经验[J]．中国果业信息，2020(7).

花果同枝，肉质脆嫩的伦晚在柑橘市场上大放异彩，刚上市的果子每千克就能卖到24元钱，于是，全村又将海拔300米以下的罗脐全部改成了伦晚品种。如今何明建20亩的柑橘园，每年收入一般在五六十万元。每年邓家坡全村有60%的农户能卖到三四十万元，最高的超过97万元，就算是贫困户，也有10万元以上的收入。

四季更替，风物常新，寒来暑往，春去秋来。这棵饱经风霜的老柑橘树，在邓家坡村5000亩柑橘树中，试验的次数最多。从脐橙到伦晚，每一次“手术”，每一次嫁接，都承载着整个邓家坡村的希望，在它身上进行的品改实验也为整个邓家坡村脱贫致富奔小康立下了汗马功劳。它不仅滋养着一代又一代种柑人，也见证了一个时代的变迁，在秭归县柑橘产业发展中更是功不可没。

1978年以前，秭归全县种植柑橘27799亩，年产柑橘6659吨，品种只有10多种，2018年，全县12个乡镇、138个村、17.9万人种植柑橘，早中晚品种达到113种，面积40万公顷，亩产量60万吨，产值超过20亿元①，秭归县的柑橘种植不仅规模变大了、品种变多了，更重要的是效益变高了，柑农富裕了。秭归县涌现出了邓家坡、彭家坡、王家桥3个亿元村，12个村产值超过5000万元。柑橘成为广大农民的主要收入来源，户均4.2万元，“十万户”“百万户”屡见不鲜。邓家坡这棵百年老树不仅养活了一家人，而且富裕了一个村，带动了整个县，社会、经济、生态协同发展，效益显著。可以说，这棵百年老树的华丽转身也浓缩了中国脐橙之乡秭归脐橙产业发展的传奇（图7－5）。

如今，秭归县脐橙成功引进选育了早、中、晚3个系列，共30

① 郑家录．我和百年老柑橘树的新闻故事[J]．中国地市报人，2019(7)．

图7－5　邓家坡村在柑橘发展历程中不断尝试品种改良

多个脐橙品种，形成了“早熟上山去、晚熟下山来、中熟摆山腰”和“泄滩乡夏橙区、屈原镇桃叶橙区、沙镇溪椪柑区、磨坪贡柚区”的“三带四区”布局，突出晚熟、早熟，突出伦晚、红肉、早红、纽荷尔等脐橙优势品种，将脐橙鲜果期“延长”至全年，形成了品种丰富、品质优良、错季成熟、四季有果的产品格局，实现“春有伦晚脐橙、夏有夏橙、秋有早红脐橙、冬有纽荷尔脐橙，一年四季均有鲜橙”的生产格局。当年诗人笔下橙黄橘绿的秋收美景，在今天的秭归已四季可见。

70年风雨历程，秭归柑橘产业取得了巨大的发展成就：柑橘种植规模不断扩大、柑橘产量逐年增长、品种结构日臻优化、品牌逐渐成长壮大、柑橘效益凸显惠农。1995年，秭归县成为“中国脐橙之乡”；2006年成功注册“秭归脐橙”地理标志集体商标，成为秭归县区域公用品牌，2016年被认定为“中国驰名商标”；“峡橙三秀（脐橙、桃叶橙、夏橙）”成功认证为国家农产品地理标志。秭归脐橙已成为一张亮丽的对外交流名片，成为秭归符号，秭归脐橙品牌享誉中华大地。[①] 与此同时，秭归县的柑橘发展也带动了当地农民脱贫致富。秭归脐橙以其“皮薄光滑、橙红靓丽、肉脆汁多、风味浓郁酸甜可口”的高品质，广受消费者青睐。

70 年的大发展大变革，秭归人民弘扬了“后皇嘉树、受命不迁”的精神，铸就了“艰苦奋斗、不畏困难”的精神，凝结出“求索创新、不甘现状”的精神……秭归县柑橘产业发展的辉煌成就，离不开国家政策的扶持，离不开农业专家的不断尝试，更离不开每位普通柑农的艰苦奋斗、不惧苦难。

这棵老橘树已历经百年沧桑。岁月轮回，在它的眼中，有多少花开花落，又有多少个橙黄橘绿时。一阵风吹过树梢，树叶随之摇动，它只需屹立在那儿，便觉得日月悠长，山河无恙。

五、胡须上的饭是吃不饱的

农业作为中国经济发展的根本保障，历来受到党中央、国务院的高度重视。2012 年，中共十八大会议报告中特别强调，“解决好农业农村农民问题是全党工作重中之重，牢固树立‘重中之重’的战略思想，对于做好新阶段‘三农’工作，推进社会主义新农村建设和小康建设，促进经济社会协调发展，构建社会主义和谐社会，具有重大而又深远的意义”，“三农”问题自此日益受到各地政府重视与老百姓的关注。2020 年 3 月 11 日，农业农村部办公厅下发《关于做好 2020 年农业农村政策与改革相关重点工作的通知》，提出：全面推开农村集体产权制度

① 向长海，兰华锋．秭归县七十年柑橘发展历程、成就与经验[J]．中国果业信息，2020(7)．

改革试点，审慎稳妥开展第二轮土地承包到期后再延长30年试点工作，有序规范农村承包土地经营权流转等一揽子“三农”领域重点改革方案。中央关于农业农村政策的表达从之前的“支农”“支农惠农”“强农惠农”到了如今的“强农惠农富农”，不难看出，国家对于农业的支持扶助政策已经取得了非常大的正面成果，而对于“三农”问题的重视也进一步提升到了发展战略的第一位，在强化农业基础、惠及农村发展、富裕农民生活等方面不断提出更加科学、具体、可实施的发展方针。在这些方针的科学指导下，各地政府部门都因地制宜地出台了许多有效促进当地农业农村发展的政策与措施。

本次调研团队的重点调研地点之一——湖北省宜昌市远安县，紧紧围绕“质量兴农、绿色富农、品牌强农”的战略规划，推进农业供给侧结构性改革，提早谋划，合理部署，在春耕备耕期间打下坚实基础，推动农业高质量发展。“回眸远安发展，于旧闻新景中，最大改变是思想的转变。”中国经济和信息化研究中心主任、中国经信研究国研智库主任、中国经信研究国情讲坛主持人万祥军表示，应摒弃粗放式增长的老路、牺牲环境的弯路，远安县牢固树立并坚守“打造金山银山，保护绿水青山，构筑民生靠山”的发展理念，闯出一条农业转型、产业融合、城乡统筹、绿色和谐的发展新道路，朝着“实力远安、生态远安、幸福远安”的目标快速前进。落实到具体举措上，则体现为以“全面提升现代农业，凝心聚力，以发展适度规模的绿色、特色现代农业为方向”。坚持发展四个农业，即特色农业、生态农业、品牌农业和休闲农业。远安县政府积极推进双路等6个“一村一品”专业村和休闲农业示范基地建设；先后引进省联投、瓦仓大米等企业发展数字农业、有机农业项目，订单种植优质米近2万亩；着力打造田园综合体，支持绿大融天连片发展茭白种植1500多亩，引导九里岗、芭芒店村发展有机莲藕产业。由此可见，以瓦仓大米为代表的远安农业产业的迅速崛起与发展，是离不开政府的政策帮扶与支持的。

除了政府政策支持，湖北瓦仓谷香生态有限公司董事长汪宗平表示，在他的创业过程中，还得到了很多贵人的帮助，支持他取得了今天的成就。因此，诚如上文提到的，汪总着重提及并感谢了茅坪场镇的杨书记与湖北省农科院水稻所游艾青所长，在他创业初期的针对性帮扶，帮助其树立口碑、扩大市场影响力。时至今日，老汪总在谈起这些贵人时，仍旧心存感激。但与此同时，老汪总也清醒地认识到，如果一味依赖外界的帮助，企业是无法长期生存与良性发展的。正如鄂西地区的一句俗语所说“胡须上的饭是吃不饱的”，“等靠要”更是难以取得实际成果。为此，老汪总从当地农业发展、乡村振兴及瓦仓谷香生态农业有限公司所面临的实际问题出发，分析出目前他们所面临的最大难点与痛点在于：走不出的产业，走不进的人才。

一方面是走不出的产业。瓦仓谷香生态农业有限公司作为以农产品为主要销售产品的公司，为了便于瓦仓大米的就近加工贮存以保证其品质，选址于靠近大米种植基地的远安县城，但县城在交通便利度与市场知名度等影响销售量的方面是很难与国外、国内的省城或知名旅游城市相较量的，因此，瓦仓大米虽然有着稳定、高水平的品质，但小汪也坦言道：瓦仓大米的知名度、市场影响力和主要销售地目前仍旧局限在湖北省内，甚至连外省的线下销售渠道都没有；线上销售也受到知名度与交通发展程度等因素影响，目前对于瓦仓大米的销量做出的贡献有限，在销量短期内无法大幅度提高的情况下，企业很难实现规模扩张与产业升级。除此之外，瓦仓大米作为当地的纯天然老谷种稻米，其每亩产量相较杂交水稻而言低了近1/3，加之瓦仓村多低矮丘陵的地貌特征，农田多以分散的梯田为主，种植基地的田地总面积并不算很大，目前公司的产销量已经基本达到了动态平衡的状态。因此，如果盲目通过加大宣传效果来增加销量，很可能会打破这一平衡，出现供不应求的状态。而大米生长周期较长，很难短时间内保质保量地紧急补货。如此一来，倘若出现客户购买却无法收货的情况，会极大地打击瓦仓谷香生态农业有限公司的市场口碑。因此，无论是从产业链的种植、加工还是销售环节，瓦仓谷香生态农业有限公司都很难在近期内做出重大的改进，以实现产业升级“走出去”，这几乎形成了一个各环节相互掣肘的发展困境。

另一方面是走不进的人才。远安是湖北宜昌一个普通的小县城，面临着当今中国绝大多数县城发展中都会面临的难题：缺少各行业所需的专业人才。而这对于致力于发展现代化生态农业的公司而言更是一大痛点。现代化农业的典型特征便是现代化的农业装备与专业化的农耕技术，其中涉及的装备研发、修护与使用方法学习，农耕技术本土化，物联网在田间管理等方面的有效使用等，无一不需要专业化人才。但事实上，不仅从各地引进相关技术人才很难，就连留住当地具备相关技术能力的大学生也不是一件易事。小汪总分析道：就微观而言，瓦仓谷香生态农业有限公司目前的规模与行业影响度有限，即使有当地政府的帮扶与支持，他们也很重视专业人才的薪资待遇问题，给出的待遇条件是远高于远安县平均薪资水平并且能够在当地实现宽裕的，但是总体而言还是很难与一线城市相提并论的，对于专业化人才的吸引程度仍旧不够。就宏观方面，远安县作为一个县城，其能够提供给专业化人才的发展平台、发展机会与日常生活条件等，都是很难与农业强省的大城市相提并论的。因此，不少人才在薪资条件相差无几的前提下，仍旧会选择去大城市工作生活。如此一来，便会造成目前的企业员工只能硬着头皮上，在学习专业技术与使用现代化农耕设备时，经常会存在一知半解的情况，从而造成效率相对低下，无法实现现代化农业在技术与装备加持下实现最大化效益的目标（图7－6）。

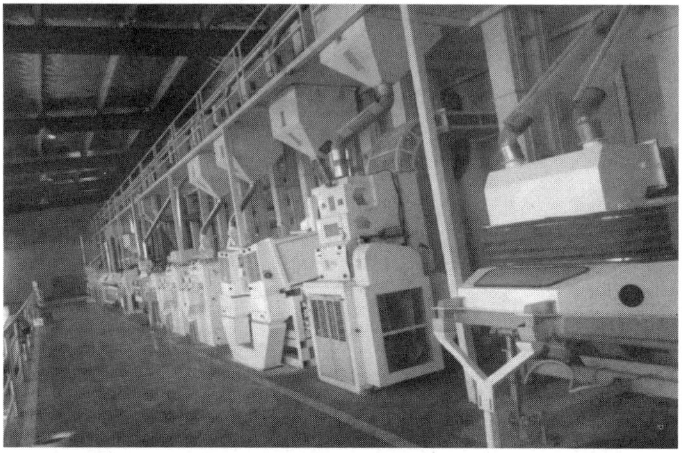

图7－6　瓦仓谷香生态农业有限公司大米加工车间

找出并直视困难是战胜它的第一步。虽然瓦仓谷香生态农业有限公司目前的发展面临产业与人才的两大困境，但是无论是老汪总还是小汪总，都没有表现出丝毫想要消极应对的态度。对于产业难以走出去的难题，小汪总表示，瓦仓谷香生态农业有限公司将在比较长的一段时期内维持目前的规模状态，在目前的能力范围内先尽可能地造福当地的百姓，保障他们的福利待遇，不能为了公司扩张积累资金而克扣农民的血汗钱，也不能为了挣快钱而弄虚作假，置品牌口碑与社会责任于不顾。同时，在提高线上销售贡献方面做更多努力，如积极寻求与《三峡日报》等具有全国影响力的地市级媒体合作，学习直播带货，进行网络促销等，力求在供给量允许的范围内最大限度地提高稻米销量。至于现代化农业技术专业人才缺乏问题，瓦仓谷香生态农业有限公司同样在不断地探索，以此尽可能降低其带来的不利影响与局限，其中包括公司管理人员亲自参与设备与技术的培训学习，以更好地对员工进行培训和管理。老汪总带领调研团队在参观现代化农业装备设施中时说道：“这里的机器设备，我都是先学会了使用方法后，亲自上手安装的。”在参观过程中，老汪总详细清晰地为大家介绍了插秧机、施肥无人机等现代化设备的工作原理与注意事项，足以证明其掌握程度是很高的。对企业而言，管理人员对机器设备的了解掌握程度与企业的长期良性发展息息相关。

八 融媒体与生态农业

一、渴望被采访的人

俗话说“酒香不怕巷子深”，可放到当今社会，这句话就得改改了——“酒香也怕巷子深”。好酒需要酒香，更需要发现酒香的鼻子。在这个信息爆炸的时代，好的产品更需要匹配好的营销宣传。长期以来，瓦仓大米在当地积累的口碑都是靠消费者口口相传积累的，但受限于空间，瓦仓大米一直没能在全国范围内有较高的知名度。对于这些情况，小汪总是看在眼里急在心里。他辞去公务员的工作后回到公司，主要负责品牌的营销宣传工作，他是一个特别愿意接受媒体采访的人，因为在他的意识里，媒体特别是新媒体具有“核爆炸”的威力。面对我们的采访，他说的最多的一个词就是“品牌”，一个公司的经营管理者必须有发展的思维，这样他才能把品牌做大做强。听到这里，调研团的成员都忍不住啧啧称赞，作为新闻传播系的学生，“品牌”这个词我们可是再熟悉不过了，但对于“品牌”的真正含义我们可能还没有小汪总理解得深。

“做品牌不仅是要做营销，要做成品牌也必须规模化、集约化，我们现在就一直在做这个事情。”小汪总一直跟我们强调品牌标准化对当地发展的意义，他拿阿克苏苹果举例：“品牌要有一定的带动能力，如阿克苏苹果，以前别人不知道阿克苏这个地方，但是我知道阿克苏苹果就知道了阿克苏这个地方，有可能你在发展旅游的时候，在宣传时难度系数会小一点。”如果一个地方有带头产业的推动，那么其他产业的发展依靠其知名度也会发展得相对容易些，“产业发展需要让外界知道，如果没有推广、没有宣传、没有人来推动，这个事情很难做成。我们有这个决心和信心来做这个产业。”听着小汪总一句句发自肺腑的话，我们也对品牌的价值内涵有了更深的理解。

“人人都说瓦仓大米好，为什么卖不出高价钱?”这个疑问，也曾困扰着汪宗平。20 世纪 90 年代，长期与米打交道的老汪总看到，种植规模小而杂乱，品种、品质参差不齐是制约远安大米走出大山的根本原因。“坚持走规模化、品牌化的发展道路，企业才有了今天。”从一个普通的“粮贩子”到如今销售收入 5000 多万元的大型农业龙头企业老总，汪宗平感慨万千。为打响产品品牌，汪宗平聘请了专业公司对瓦仓大米进行形象策划，根据不同的消费群体开发了萌宝粥米、丽人香胭脂米、父母大人养生粥米等产品，让瓦仓大米告别“土气”，高端品牌形象深入人心，最贵的瓦仓源种稻单价每千克 29 元。遇上节假日，更是一米难求（图 8－1）。

功夫不负有心人，瓦仓大米先后通过国家农产品地理标志认证、“绿色食品”认证，荣获全国优质渔米评比银奖、湖北省著名商标、湖北名优大米十大品牌等荣誉，受到了消费者广泛赞誉，产品远销武汉、北京、深圳等市，并代表湖北赴“一带一路”国家参展。“瓦仓大米”逐渐成为响亮的地域品牌，是远安农业生产向优质化、安全化、品牌化和产业化方向发展的缩影。随着远安优质米产业方兴未艾，瓦仓大米正成为远安名优特产中的一个翘楚走向全国。央视的“中国品牌故事”、《人民日报》、《三峡日报》等主流媒体纷纷报道瓦仓大米，从企业发展、科学种植到直播带货、扶贫减贫，各大媒体多角度、全方位地对瓦

图 8－1　瓦仓米系列产品展示柜

仓大米进行报道。在湖南卫视热门综艺“中餐厅”中也出现了瓦仓大米的身影，远安县长在节目中亲自带货，黄晓明、赵丽颖等明星嘉宾一起品尝了来自远安的特产（图 8－2）。

媒体与产业的关系可谓“如胶似漆”：一方面，好的产品、好的生态农业，要依靠媒体，特别是融媒体来传播；另一方面，火热的生态农业发展为媒体报道提供了源源不断的新鲜故事。《三峡日报》作为全国地市报的样板，宜昌市融媒体等作为鄂西接地气的重要媒体，为鄂西生态农业发展注入了生机。在我们调研过程中，《三峡日报》驻远安的记者龚昌俊长期关注着瓦仓生态农业的发展，我们一到远安就将相关的媒体报道材料发给我们，与我们开座谈会，并陪同调研。龚记者从瓦仓村的历史娓娓道来，从瓦仓起义讲到安徽凤阳小岗村，从红色革命到绿色生态发展，龚记者生动地为我们讲述了他驻扎基层多年的所见所闻（图 8－3）。

“青岗泥、冷水田，瓦仓大米香又甜。”在瓦仓起义革命老区，革命先烈用鲜血染红的这片土地上，瓦仓村党支部全体党员干部赓续着红色血脉，带领全村群众依靠绿色发展，走上了乡村振兴的道路。在瓦仓

图 8－2　湖南卫视“中餐厅”节目明星嘉宾试吃瓦仓大米饭

图 8－3　《三峡日报》驻远安的记者龚昌俊（左三）
与调研团成员交流

大米的推广进程中，带领乡村脱贫致富是其中不可或缺的一步，瓦仓村党支部书记宋仕龙说：“瓦仓村是湖北省名优大米十大品牌‘瓦仓大米’的主产区，也是远安县‘一村一品’食用菌特色村。过去，瓦仓村人发展农业产业单打独斗，守着‘粮仓’却没有打造出优质农业品牌。”为打造优质农业品牌，在村党支部的指导下注册了“瓦仓村”牌大米商标，将优质大米远销各地。2017 年 8 月，“瓦仓村”牌大米获得首届湖北名优大米十大品牌。通过统一分发优质稻种、专业农具和稻谷回购，瓦仓村大米合作社辐射带动周边稻谷种植农户 1500 多户。2018 年，在村党支部的带领下，41 名党员干部结对帮扶的 118 户、250 名困难群众通过发展大米、食用菌产业全部脱贫。宜昌市乡村振兴局为此还专门联系《三峡日报》作了题为“汪宗平：带领乡亲奔小康”的报道，其中“注册瓦仓大米地域商标”成为报道的亮点之一，这也是远安第一个农产品地域性保护商标，这与小汪总注重品牌发展的理念不谋而合。

在龚记者的讲述中，有很多瓦仓村的贫困户依靠当地龙头产业脱贫致富的故事。“产业强起来、乡村美起来、农民富起来”，《三峡日报》成了展现“三农”发展的重要平台（图 8－4）。习近平总书记强调：“农业现代化，关键是农业科技现代化。要抓住实施乡村振兴战略的重大机遇，坚持农业农村优先发展。”农业科技为乡村振兴赋能，提升老百姓的生活质量是乡村振兴的最大公约数。没有老百姓的幸福，就谈不上乡村振兴。而农业科技社会化服务，能从根本上帮助老百姓“用知识武装头脑”，掌握脱贫致富“看家本领”，彻底断掉“穷根”，可谓是乡村振兴的治本之策。

《三峡日报》新媒体板块是互联网传播的重要平台，其采编人员早就意识到：扶贫工作不能只靠干部和资源扶持，最重要的是群众的配

图8－4　三峡日报社大门一角

合，所谓“扶贫先扶志”，调动贫困户主动脱贫、积极脱贫的意愿是关键，这样才有助于形成长效的脱贫机制。于是，从2018年7月12日开始，便策划了“我的脱贫故事”专栏。

此次脱贫专栏新闻的采写工作并没有机械地分给具体某位记者负责，而是编辑部共同出动，合力采写新闻。专栏启动前制订详细的策划方案，每户贫困户的采访实行“一对一”安排到人，要求记者进村入户，到贫困户家中采访，掌握第一手资料。除文字稿外，还配发现场采访图片，以图文并茂的形式生动再现贫困户脱贫经历。为了让读者有更好的阅读体验和代入感，新闻故事的撰写全部采用“第一人称”，以每一户贫困户自述的口吻讲述脱贫故事。专栏一经推出广受好评，在3个月内先后发刊22篇。

“小康不小康，关键看老乡。”脱贫攻坚是习近平总书记心里最牵挂的一件大事。在以前的采访报道中，《三峡日报》的记者了解到：扶贫先扶志。脱贫最需要关注的就是思想问题，一些贫困户认为自己“低人一等”，也把扶贫干部的好心帮扶当成是一种负担。针对这种现象，“我的脱贫故事”专栏就专门从这些贫困户的视角出发采写新闻故事，将那些积极加入脱贫攻坚工作的群众当成模范宣传，通过模范宣传作用凝心聚力、提振士气，让脱贫理念深入人心，让脱贫成果有目共睹。如《自信心帮我们摘掉穷帽子》，主人公是五峰仁和坪镇业产坪村二组卞周菊，家境贫寒的她开始只“敢”养一只羊，驻村扶贫干部鼓励她贷款2万元，买了母猪、仔猪、羊，当年出栏20头肥猪、十几只羊，不仅还清贷款，还挣了2万多元，第二年又贷款5万元，致富信心大增。而在《胡开国：“有人扶更要自己往上爬”》中，家住秭归茅坪镇中坝子村一组的胡开国，他的经历跟众多“因病致贫”的贫困户一样，但他没有等着吃“救济”，而是靠养鸡成功摆脱了贫困。

就这样，记者们采写了一篇篇真实的脱贫故事，引导有能力的贫困户通过发展种植养殖项目、务工经商等切实可行的举措，摘掉贫困帽子。如何让故事生动？细节是很关键的。《挑着担子牵着病妻，朝前走》中有这样一段描述：“7点多钟，赵家兵挑着担子牵着病妻来到宜昌市中心人民医院，把土鸡土菜暂放在保安岗亭，送妻子到三楼透析科，安顿好妻子并委托病友照顾后，再挑着土鸡土菜穿过江海路那段长长的坡路，来到港务新村菜市场售卖。4个小时后，他返回医院接上透析结束的妻子，搭车回家……3年风雨无阻。”这组“长镜头”把一个为摆脱贫困而打拼的中年男人，真实地展现在读者面前，让人们为之动容。

“全面小康路上一个也不能少。”习近平总书记反复提及这样的庄严承诺。要实现这一承诺，万千扶贫干部驻在贫困村开展扶贫。此次专栏故事的策划，也正是将目光聚集到那些可以复制的长效脱贫经验上。《周明：从极度绝望到养鸡“摘帽”》中，土城乡安梓溪村的周明谈到养鸡的“窍门”：“夏天气温高，鸡易得寄生虫病，提前买来中成药预防。冬天冷，要将玉米煮熟，给鸡喂热乎柔软的食物，方便其吸收。”《王荣强：稻田里藏着致富的秘密》中，枝江市马家店街道中桥村三组的王荣强租了40多亩水田，实行稻虾连作，为了节约成本，他到河里、沟里、野外堰塘里捕捞虾苗。他的经验是：“养虾全靠水和草，草的密度要适中，水的质地要好。我这都是生态养殖，虾池里的水‘人都可以喝’。”这些都是贫困户靠“一步一个脚印”探索出来的脱贫经验。

扶贫不能“等要靠”，发动贫困户的脱贫内驱力才是关键，《三峡日报》的记者通过栩栩如生的故事叙述，将脱贫故事转变为宣传脱贫办法的实着，也体现了身为新闻记者对这些特殊群体的关怀，用实际行动践行了新时代媒体人该有的责任与担当。

2019年3月26日，宜昌市广告协会与关口垭村签订《公益广告精准扶贫工作协议》。在活动进行中，宜昌市广告协会又利用广告协会网、广告协会微信群发表《站高、走远》小言论：“一个企业、一个企业家，必须站得高，具有社会责任与担当，才能使存在更有价值，才能赢得政府的支持，才能建树良好的社会形象，使发展走得更远。精准扶贫，是国家战略，也是最大的公益事业。在脱贫攻坚进入聚焦深度贫困地区和特殊贫困群体的关键两年，广告人能在其中尽力发挥些作用，是善行义举，也是我们的幸运。积极参与精准扶贫，助力扶贫攻坚，宜昌广告行业应该共同发声出力！”舆论引导，引起共鸣。动态推进，造成声势。广告扶贫很快形成氛围。

除此之外，“新闻+政务+商务+服务”构成了《三峡日报》新的媒体生态。习近平总书记在视察解放军报社时指出：读者在哪里，受众在哪里，宣传报道的触角就要伸向哪里，宣传思想工作的着力点和落脚点就要放在哪里。新时代是与互联网息息相关的时代，相应地，我们的宣传阵地也要根据时代的变化做出调整，让大数据、人工智能等科技手段更好地触达各类群众，对潜在的舆论风险有相应的预警机制。2016 年年底，三峡日报传媒集团及时把握新媒体发展规律，不断推动集团新媒体建设、创新传播渠道，引进 DSP（需求方平台）技术，打造了“湖北星云精准传播平台”，紧跟技术发展，提升传播水平，助力政务信息公开，引领政务信息传播进入互联网传播的“精准”时代（图 8－5）。

图 8－5 《三峡日报》“湖北星云精准传播平台”显示屏

“湖北星云精准传播平台”是三峡日报传媒集团创新新媒体传播渠道，打造的互联网信息传播及广告营销新平台，由三峡日报传媒集团新媒体公司具体建设运维，是目前湖北首家由主流媒体开发的互联网信息精准投放平台。平台充分利用 DSP 系统大数据挖掘、网民精准画像技术，整合互联网主流媒体及资讯传播平台资源，实现新闻信息及广告资讯的全网覆盖、精准传播。

2016 年 12 月上旬，中国长江论坛分论坛——生态三峡 · 宜昌试验国际研讨会在宜昌举办，此次探讨建设生态长江路径的论坛盛会通过湖北星云精准传播平台宣传。这种利用互联网精准投放的形式让人眼前一亮，这场盛会全方位、立体化地向我们展示了互联网科技发展的最新成果，有数十家媒体争相竞价，未来以互联网为基础的信息传播技术将大范围应用于新闻传播领域。通过精准投放，长江沿线城市行政重点区域网民感受到“宜昌试验”的成果，展现出生态文明国家战略的宜昌担当、宜昌作为、宜昌力量和宜昌贡献。

2017 年 7 月 3—5 日，第八届长江三峡国际旅游节在湖北宜昌开幕。湖北星云精准传播平台通过社交类媒体（朋友圈、QQ 等）、视频类媒体（爱奇艺视频、优酷视频）、主流门户网站（人民网、凤凰网、央视网、网易、新浪等）在省内武汉、宜昌、襄阳、十堰及省外上海、重庆等指定城市投放旅游节的活动宣传信息。信息累积展示超过 152 万次，网民点击量超过 2.2 万次。跨网、跨屏、跨地域，多维度、多渠道地将“生态长江、壮美三峡、诗画宜昌”的主题推向全国，产生了强烈的社会影响，进一步提升了宜昌旅游城市的形象。

湖北星云精准传播平台在政务宣传上的多次惊艳亮相，以其全网覆盖、精准传播的效果，让人清晰地看见实现“互联网 + 精准舆论引导”和“互联网 + 高效信息传播”的一种崭新方式已逐渐成熟。目前，湖北星云精准传播平台服务政务信息及政务活动的传播技术已日趋成熟。网站、视频、App 三端融合，全网覆盖，精准传播，能够助力政务信息传播更加有效、便捷、深入广大的网民，提高政务部门的公信力和部门形象，起到传统传播手段不能达到的社会传播效果。

二、跟着手机去种地

秭归县位于长江中上游接合部、湖北省西部、三峡工程所在地，全县辖 12 个乡（镇）、194 个村（社区），36.86 万人，面积 2427 平方千米。生产总值164.49亿元，一般公共预算收入8亿元。秭归是著名的“中国脐橙之乡”“中国龙舟之乡”“中国诗歌之乡”“中国民间文化艺术之乡”“中国美食之乡”和“中国最美外景地”。据说，秭归县级融媒体建设得到了中央领导的高度赞赏。我们怀着崇敬之心“奔赴”屈原故乡秭归县，看看那里的融媒体是如何服务生态产业的。

柑橘类植物中，甜橙品种最丰富，超过400种。甜橙的广泛种植首先出现在中国，“卢橘夏熟，黄柑橙楱”记录了西汉时期皇家园林果木丰富的场景。按照果实的形状和特点，甜橙分为普通甜橙、脐橙、血橙和无酸橙。脐橙因果顶内生次生果，形状酷似人的肚脐而得名。目前，世界上所有脐橙品种均来自1820年巴西巴伊亚州某所修道院里的一棵甜橙树的突变枝芽。1870年，两棵脐橙树在美国加州成功嫁接，后被称为华盛顿脐橙，脐橙从此流行于世界。20世纪初，脐橙通过数次引种栽培传入中国。我国种植脐橙的历史不长，但发展速度很快，自主选育了多个品种和品系，已形成四大脐橙主产区：江西赣州、湖北秭归、湖南新宁和重庆奉节。秭归县是全国唯一全年有鲜橙供应的柑橘产区，脐橙皮薄光滑、橙红靓丽、肉脆汁多、酸甜可口、回味绵长，深受消费者喜爱。

为什么秭归脐橙花果飘香四季，全国独有？为什么秭归脐橙一年能卖3亿颗？

“后皇嘉树，橘徕服兮。受命不迁，生南国兮。”2300年前，诗人屈原在家乡秭归写下千古名篇《橘颂》，灿烂的屈原文化赋予了秭归脐橙厚重的文化底蕴，秭归橘橙在千年楚风楚韵里传承繁衍。20世纪70年代，我国著名柑橘学家章文才引进罗脐在邓家坡村试种，随后推广到全县，开创了秭归脐橙种植的高潮，脐橙树成了摇钱树。

秭归县地处湖北省西部，位于长江西陵峡畔。境内巫山余脉盘踞，群山相峙，多为南北走向，形成广大起伏的山岗丘陵和纵横交错的河谷地带，天然的环境阻隔了很多柑橘类植物中的流行性“疾病”。水系发达，溪河网布，长江横贯县境64千米，形成以其为主干的“蜈蚣”状水系。受秦巴山脉及三峡水库（蓄水至175米）影响，秭归河谷地带气候特殊，为湖北“冬暖中心”，是秭归脐橙栽培的最佳区域，也是天然的“水果保鲜库”。秭归县介于北纬30度37分~31度11分，亚热带大陆季风气候，气候温和，冬暖夏凉，雨量充沛。境内山峦起伏，气候垂直变化明显，逆温层效应、坡壁效应、水体效应显著。土壤以黄壤和紫色土为主，质地良好，疏松肥沃，无工业“三废”污染，秭归脐橙更加健康。

风景秀丽，气候独特；土壤适宜，空气清新；水质洁净，植被丰富。优越的生态环境和先进的生产技术成就了秭归脐橙皮薄色鲜、肉脆汁多、香味浓郁、酸甜可口的特点。近年来，秭归县成功引进选育了早、中、晚3个系列30多个脐橙品种，按照“早熟上山去，晚熟下山来，中熟摆中间”的产业布局，将脐橙鲜果期“延长”至全年，形成了品种丰富、品质优良、错季成熟、四季有果的产品格局。春有红肉、伦晚脐橙，夏有夏橙，秋有早红脐橙，冬有纽荷尔、桃叶橙，一年四季均有鲜橙。

秭归脐橙能够实现四季都有鲜果，除了独特的自然气候因素，还归功于高超的种植技术。秭归县高度重视柑橘产业发展，深耕产品标准控制、体系数据建立等环节，出台一系列政策扶持脐橙产业智能化生产和网络化经营，建立脐橙全产业链支撑体系，树立“秭归脐橙”品牌的优质形象。近年来，秭归县大力改善脐橙果园生产条件，成立乡镇农产品质量监督管理站等，每年对基地水样、土样、柑橘样进行监测。结合测土配方施肥，确保基地环境符合要求，柑橘质量达标。

目前，秭归全县已建成土壤元素数据库，建立覆盖全县的自动气象和墒情监测站点，数字化运输轨道，发展“知农云课堂”、无人机巡航等智能生产模式，积极推行二维码监管及质量追溯平台，进一步推动脐橙产业可追溯。

秭归县里全程推广和应用生态有机、标准化种植技术标准：地下增施有机肥，地面种植绿草，地上使用水肥一体化智能灌溉系统，树上喷洒生物农药，树梢挂诱杀罐，树内放捕食螨，果园安装太阳能杀虫灯，从下到上，从里到外，实现了全程绿色发展理念。在果园里矗立着10多根高2.6米的白色杆子，其顶部安装了摄像头和4G网卡，并与安放的土壤探测器相连，能够实时传输各类数据。监测的各类数据传到监测中心后形成“大脑”，指挥水肥一体化滴灌设备精准操作。这套信息化系统和自动化设备，彻底改变了过去凭经验浇水、施肥，种植更加科学。

2020年复工复产以来，秭归县抓住“网络直播”新风口，大力发展电商直播经济，积极探索尝试“直播+短视频+电商”模式，开展了一系列直播带货活动。据了解，截至10月底，全县脐橙线上销售量就超过9万吨，销售额达到11.2亿元，线上销售成为新冠肺炎疫情后重振经济的动力引擎。此外，秭归县积极构建现代化销售体系，用大数据和信息化助力脐橙经营，发布秭归脐橙电商价格指数，抢占脐橙定价权。同时，建设集吃、喝、玩、乐、购服务为一体的秭归脐橙文旅小镇，打造秭归脐橙销售和文旅、物流、电商等产业链发展新蓝海。

电商拓展销售渠道，农旅结合、深加工提升产品价值，通过脐橙果实“从花到果、从皮到渣、吃干榨尽”的“零废弃加工综合利用”，形成脐橙酒、脐橙醋、脐橙饼、橙花蜜、脐橙粽等系列产品，带动加工、包装、电商、运输、文旅等行业发展，产品远销海外 150 多个国家和地区。综合产值突破 50 亿元，实现了与脱贫攻坚、乡村振兴的有效衔接。秭归县正积极推进创建秭归脐橙大数据中心，数据中心将引领“卫星遥感大数据 + 脐橙”产业升级新思路，打造秭归专属信息化脐橙产业，实现脐橙产业链实时监测预警、质量安全可追溯，推进产业可持续健康发展，助推“秭归脐橙”向“中国第一、世界有名”的地标品牌目标前进。

依托物联网、智慧云等一系列先进智能技术，农事连上“云端”、手机变身“农具”、农民成为“店家”……这些细节为农业带来从田间到“指间”的转变。秭归县以“云上秭归”App 为载体，打造为居民生产生活的新平台、好帮手。秭归融媒体中心黄琴华主任介绍说：“通过平台协调人和智能设备的关系，广泛聚合和有效运营各类本土资源，让服务提供方入驻，链接‘龙抬头’管理平台，让农户能对脐橙果园的温度、湿度、植保实时监控。”调研团一行恍然大悟，原来小小的手机能在农业种植方面发挥这么大的作用。

近些年来，秭归融媒体借助新媒体手段，大大提升了媒体的宣传效能，尤其是在乡村文明建设方面作用凸显。2020 年其自主开发的“橙秭直播”平台，让本土网红、达人进驻，引导他们通过主流媒体渠道发声，分布在全县 190 多个村组社区的“群雁村播”通过“赏村景、品美食、购土特、展风情”为家乡代言，让中心平台辐射更广、影响更远。2021 年“橙秭直播”平台“慢直播”全部被“央视频”直播推流，24 小时向世界展示长江三峡美景和秭归橙园的缤纷四季。

秭归县级融媒体在乡村振兴和生态农业发展中越来越发挥独特的价值和作用。乡村是经济社会发展的基础，乡村治理是社会治理的关键，是国家治理体系和治理能力现代化的重要组成部分。媒体融合背景下，推进数字乡村建设，健全乡村治理新体系，是实施乡村振兴战略的应有之义，对提升乡村治理能力、满足国家治理的现实要求、维护人民群众的根本利益，都具有十分重要的意义。

秭归县融媒体中心始终坚持群众在哪里，融媒触角就延伸到哪里。秭归是湖北第一批国家数字乡村试点县，融媒体中心承担着全县数字乡村管理平台及运营平台的建设任务，以“人人连接”为抓手，以人民群众基于“三农”问题产生的交互数据为根本，通过信息技术服务于乡村数字经济、乡村数字治理、乡村三农信息服务、乡村设施资源融合共享等事务，不断提升融媒体参与基层社会治理的能力和水平。

现代国家治理进程中，大众媒体从来没有缺席过。新闻舆论工作是“治国理政、定国安邦的大事”。县级媒体在乡村基层的数字化治理体系中扮演着十分重要的角色，对于“三农”信息传播、基层舆论引导、社会公共服务和乡村文化传承等方面有着强烈的责任使命和功能担当。随着互联网技术向基层和农村渗透，大众传播与乡村基层治理的关系愈加密切。县级媒体要建构一个健全的全媒体传播体系，唯有如此才能提高在各个层级的治理效率，这也正是县级媒体进行融合创新的重要使命。

县级融媒体的本地属性使其天然地亲近基层受众，通过向群众提供无差别的公共服务，传播者与接收者的协作生产逻辑与乡村治理中协商民主的共享共治过程实现了同频共振。国家治理正是通过基层传播这种“软”权力全面渗入乡村治理的，而这无论对于重建各种民间组织、重塑乡村熟人关系，还是重构乡村社会公共空间、重温弄堂邻里亲情都有着丰沛的情感回归和非凡的实践价值。

最初，我国广大农村地区普遍采用农村板报、喇叭广播等传统方式，进行农业信息的公布。后来，农民利用电视、电话等设备获取所需的农业信息。伴随互联网的发展，由于其信息量大、传输速度快、不受时间、地域限制，移动终端成为获取信息的重要形式。在县级融媒体建设过程中，农业信息的服务落地是最重要的一环，农民直接通过县级融媒体中心平台，一手接触各地区农产品的供求变化、价格行情等信息，包括农业新技术、农业新产品等信息也要做到比以往更加触手可及。

县级融媒体在实践中全方位深入农村生产的实际，有效整合媒介、新闻、信息等各方资源，创造出符合当地农民审美的好节目，构建宣传联动平台。关注百姓诉求，推送新讯息，传播新科技。县级融媒体平台可开辟专门节目或板块，对农作物病虫害健康防控、农业新肥药、粮油高产方法、田地新品种进行示范推广。在条件允许的情况下，甚至可以对接当地合作社的农机作业系统、农业电子商务平台、产品追溯平台等。此外，与农业企业加强合作，在提供农种需求供给信息、新旧品种评价、销售网点具体布局等信息的同时，为县级融媒体创收。一方面，这是为农民有效选种、科学育苗提供服务；另一方面，这也是维持县级融媒体可持续性运营，促使其自主造血的重要方式和可行手段。农业生产服务包括农资供应服务等多方面，县级融媒体中心应始终把握好自身定位，尝试成为农业生产服务的信息集散地。

农村的发展受到许多因素的制约，交通通信不发达、教育落后等各方面的问题需要长期的努力才能有所转变。但在融合媒体环境下，农民获知信息的方式不再局限于传统的广播电视，由于知识、技术匮乏给农村发展带来的后劲不足的问题，可以通过融合媒体产品拓宽其解决问题的渠道。借助融合媒体平台，围绕农业问题制作专栏节目。就农业问题而言，融媒体中心可以根据当地农业发展的实际需要，根据最新农作物栽培、家畜养殖技术，制作专门的节目，对技术进行详细介绍，从而为使用该技术的当地农民提供指导。也可以在融媒体平台上开辟专门的服务系统，对各季病虫灾害的防治、管理进行报道，及时解答农民的问题。

新技术、新环境转变了传统农业发展的模式，为适应当下新农业的发展需要、创新销售渠道，融媒体中心可以就相关农产品的销售问题制作专门的节目。电商平台是当前较为常见的农副产品销售渠道，可将电商销售模式的相关知识制作成融合媒体内容，让农民由浅入深地掌握电商平台的操作方法，帮助农民实现农副产品的自产自销，节省中间环节，从而实现高效创收。

传统的广播电视节目在风格上很容易出现说教的形式，内容枯燥乏味，而受众也会因为其内容与自身并无多大关系而对节目丧失兴趣。融媒体中心要利用好各项资源，创新与农民有关联的内容，既要坚持农业为主，又要找好角度切入节目主题，有新意，有趣味，寓教于乐。比如采用虚拟现实（VR）技术，让农民体验科技效果；请农业专家到演播室，为农民现场答疑解惑；通过直播的形式与农民进行互动，让农民更加有参与感。通过各种形式让节目更加具有吸引力，拉近与农民的关系，贴近农民生活，做百姓喜闻乐见的内容。

县级融媒体中心的建设为实施“乡村振兴”战略提供了良好的机会和平台，为“农村、农业、农民”发展注入了新的活力。农村的发展离不开农业、农村和农民，也就是我们常说的“三农”，科技的发展在一定程度上也能促进农业生产效率的提高。虽说“酒香不怕巷子深”，但仅依靠当地的需求来消化农村的农副产品并不是一条可持续发展之路，尤其是针对农村当地特色农副产品，必须为其开拓相应的销售渠道。新时代环境下，不论城市还是农村，手机及互联网等媒介的使用已经相当普遍，如何将媒体融合与农村农业发展相结合，县级融媒体中心的建设正契合了这一时代发展的需要。

三、数字乡村构建乡村振兴新格局

数字乡村是伴随网络化、信息化和数字化在农业农村经济社会发展中的应用，以及农民现代信息技能的提高而内生的农业农村现代化发展和转型进程，既是乡村振兴的战略方向，也是建设数字中国的重要内容。2019 年 5 月，中共中央办公厅、国务院办公厅印发了《数字乡村发展战略纲要》，其战略目标是：到 21 世纪中叶，全面建成数字乡村，助力乡村全面振兴，全面实现农业强、农村美、农民富。乡村安置摄像头，如同信息收集的窗口，村里的风吹草动都知道。乡村安置的广播喇叭，也是数字乡村建设之需。秭归县在每个村还“造”一个网红代表，为乡村发声。注重云端的数字运用。秭归融媒体一直注重打造数字乡村的概念，将数字乡村场景化实现效应的最大化运用，不管是云平台上对秭归当地农产品销路渠道的扩宽，还是对未来农村职业农民的培养，秭归融媒体一直都致力于做一个惠普民众的平台。

数字乡村的根本要义在于进一步缩小城乡“数字鸿沟”，构建乡村数字治理新体系，开创乡村数字治理多元协同共治的新格局。互联网产业已经渗透到我们日常生活的各行各业中，人们的吃穿用度已经离不开由互联网搭建的平台。县级融媒体作为县级宣传主阵地，其所要承载的社会功能也日益强化，逐渐成为党和国家宣传思想和开展舆论引导工作的主阵地，也是群众参与社会治理的有效途径。融媒体的本质属性在于基于互联网思维的发展理念，实现从传统媒体模式向新兴媒体形态转型的迭代升级，面向基础受众群不断增强用户黏性和吸附能力。作为基层阵地的新型主流媒体，县级融媒体必将成为以内容建设为根本、先进技术为支撑、创新管理为保障的全媒体传播体系的重要组成部分。而全媒体传播体系的核心指向是将建成的各类新型主流媒体平台与县级融媒体中心进行全面深度融合，以县级媒体融合为重要支点，全力打通传播体系与社会治理体系的共建共治通道，把县级融媒体中心建设成基层主流舆论阵地、社区政务信息中枢和农村综合服务平台，最大限度地汇聚各类优质资源，凝聚起群众的智慧与力量，从而实现全媒体传播与乡村基层治理的有机结合和深度融合。

数字乡村战略下，县级融媒体推进乡村依法治理、构建乡村善治格局有其内在的发展逻辑。县级融媒体在打通不同媒介之间壁垒的同时，也为基层政府搭建了与人民群众建立联系实现互通的有效通道。随着数字化信息技术的快速发展，县级融媒体中心已成为基层受众交流信息、沟通思想、融合内容、表达诉求的重要平台，相当于基层传播的“一线指挥部”，不仅要具备统筹调度的综合服务功能，还要能够发挥好引导群众、服务群众的主体功能和平台作用，真正打通数字乡村基层治理的“最后一公里”。

党和国家历来重视社会治理体系和治理能力现代化建设工作。2018年以来，全国各地多家县级媒体已经试水融媒体中心改革并初显成效。如果说2014年中央推动媒体融合发展重在强调国家主流话语的深化和升华，那么2018年的县级融媒体中心建设则更加注重基层传播和乡村话语的阐释和建构，这可以看作媒体融合发展的拓展与完善，同时意味着县级融媒体中心要在体制上围绕理念契合、平台聚合、业务整合、功能融合等方面全面开启新一轮的创新改革。根据媒体自身的角色定位和属地功能呈现出对传播场域的明确划分，这在传统的媒体改革中是不多见的，某种程度上预示着媒体融合的工作从中央向地方覆盖，从省级媒体过渡到县级媒体，媒体融合已经渗透到四级媒体的各个层级，并逐渐上升到国家战略层面。

习近平总书记在2018年全国宣传思想工作会议上强调，“要扎实抓好县级融媒体中心建设，更好引导群众、服务群众”。由此可以看出，数字乡村的建设和县级融媒体的发展逻辑是一脉相承的，在由脱贫攻坚向乡村振兴转型的过程中，数字化治理必然成为乡村治理的主要趋势。以大数据和人工智能为基础的互联网平台的搭建俨然已经渗透到各个角落，互联网思维也给人们的社交、生活、工作带来深刻的变革，也确实需要政府部门做出相应的政策调整。乡村数字治理是我国乡村治理数字化、信息化、网络化与智能化实践的经验总结和成果呈现。由此，提升数字治理水平，打造智慧乡村，既是顺应数字时代发展的理性抉择，也是推进乡村治理体系和治理能力现代化的必由之路。

2021年6月21日，三峡日报社、中国移动通信集团宜昌分公司与秭归县委主要负责同志联合签署国家数字乡村试点战略合作协议，共同启动宜昌唯一的国家数字乡村试点项目建设。2020年年底，中央网信办、农业农村部、国家发展改革委、工业和信息化部、科技部、市场监管总局、国务院扶贫办联合发布首批国家数字乡村试点地区名单，秭归成为宜昌唯一的国家数字乡村试点地区。三峡日报社、宜昌移动公司、秭归县委县政府联合行动，在三峡库区秭归县链子岩村探索推进数字乡村建设，实现有线、无线信号100%覆盖，开发出乡村治理大小屏、“互联网+党建”、村民快捷办事等系列功能，为国家数字乡村试点建设积累了宝贵经验。秭归县将以入选国家数字乡村试点地区名单为契机，借乘数字乡村建设东风，放大“中国脐橙之乡”优势，聚焦“质量兴橙、绿色兴橙、科技兴橙、品牌兴橙”方向，夯实品牌基础，深入实施乡村振兴战略，着力推动地方小特产逐渐发展成为农业大产业，构建品牌效应凸显的秭归脐橙产业体系，推动脐橙产业和二、三产业的深度融合，打造脐橙产业的“秭归样本”。

三峡日报社党委书记、社长覃进表示：“三峡日报社与中国移动通信、秭归县委县政府联合推进首批国家数字乡村试点建设，意义非常重大，这是贯彻落实党中央乡村振兴战略的实践行动，是落实市委市政府工作部署推进数字乡村建设的创新探索。”通过党媒深度融入，依托交互式网络电视（IPTV）、5G 云广播等渠道，创新党媒宣传、引导正面舆论、丰富乡村文化，把党的声音传入千家万户；将农村电商、惠农政策、农技知识等农村居民群众关注的服务内容“上屏、上端、上云”，让村民与网上网下的服务更接近、内容更贴近；充分发挥移动公司、现代传媒的技术和平台优势，进一步完善秭归县“三农”信息服务体系建设，加快推动党务、村务、服务、商务融合建设，积极推广适应“三农”特点的信息终端、技术产品，提升乡村基层治理和公共服务水平，共同把秭归国家数字乡村试点建成全国领先的湖北样板、宜昌模式。

数字技术是推进乡村振兴的“排头兵”和动力源，也是农业农村现代化建设的根基。数字乡村建设是实现数字化中国建设的重中之重，恰逢乡村振兴重要机遇，新基建等信息基础设施将进一步向农村地区扩展延伸，加快新一代互联网等信息技术在乡村地区的快速发展，创新 5G 网络应用示范。避免乡村基础设施的重复建设，努力打造共建共享性乡村基础设施，致力于向高效化、集约化、绿色化、智能化、安全化等方向发展。根据区域发展特色及优势，大力扶持家庭农场、农民合作社、种养植大户，实施土地资源的适当、适度流转，提高农业生产组织化、集约化程度。不断强化农业科技创新供给，推动新一代信息技术与农业生产全过程深度融合，推动农业生产数字化，积极打造科技农业、精准农业、智慧农业，提高农业土地产出率、劳动生产率和资源利用率。

数字乡村建设是对乡村振兴战略的继承与发展，乡村振兴为数字乡村建设提供方向指导和经验借鉴，数字乡村为乡村振兴战略提供路径支撑。当前，我国已逐步迈入全面脱贫与乡村振兴有效衔接的承启阶段，乡村振兴为我国未来的乡村建设擘画了美好蓝图，而数字乡村建设是实现乡村振兴的必然举措。对此，需把握好脱贫地区未来五年过渡期与数字乡村战略规划中阶段性目标的有机结合，以国家“十四五”规划为指引，进一步整合地方发展的优势资源，促进地方产业提档升级，利用技术优势加速从脱贫攻坚到全面推进乡村振兴的历史性转移。深刻把握新一代科技革命成果，遵循农业农村优先发展的战略指引，保证数字乡村战略政策的精准落地，既能从整体上提升乡村人民生活福祉，更能有效挖掘与扩大乡村消费需求，培植新经济增长点，促进以国内大循环为主体、国内国际双循环相互促进的新发展格局的形成。运用数字技术助推乡村转型升级已是大势所趋，但同时也需警惕现代信息技术与生俱来的“双刃剑”效应。注意有效控制技术的负外部性作用，规避技术异化与价值理性缺失的风险，充分发挥数字乡村实践中人的主观能动性，汲取数字技术的正向价值，为开创数字乡村建设新局面，努力实现农业农村现代化、城乡基本公共服务均等化、治理体系和治理能力现代化，建设农业强、农村美、农民富的美丽数字乡村做出有效探索。

在数字乡村发展过程中，好的政策、技术与人才三者缺一不可。其中，政策是数字乡村科学发展的重要保障，它为数字乡村发展指明了方向，它可形成数字乡村发展的引领力和保障力。为此，要完善数字乡村发展政策，有序强化制度保障。加强政策引导，出台多项政策支持农业农村发展；加快农村电商与乡村物流的布局，推进“互联网+农产品”出村进城；结合乡村信息化、数字化基础设施现状，因地制宜制定精准的优惠政策与专项扶持资金项目。深化政企长效联合机制，有效推进建设进程。农村地区应以政策为导向，开展与涉农互联网企业等合作，发挥企业人才、资金、技术等优势，出台相关支持政策，建立长效的政企合作方式。制定科学评估测度策略，高效监测建设质量。政府部门需要因村施策，科学评估不同地区的数字乡村发展需求、发展目标、发展模式、发展进程，以评估促发展，为数字乡村建设保速保质。

技术是数字乡村发展的重要支撑和加速引擎，要努力创造和培育数字乡村发展的新机遇、新途径、新模式，技术可成为数字乡村发展的推动力和创新力。为此，要发挥信息技术强大优势，利用大数据、区块链等技术，深入融合农村的生产、教育、医疗、环境等，让农村数据“上云”，让广大乡村和农民充分共享数字经济的发展红利。开发乡村特色发展模式。尊重乡村特点及其信息化发展规律，因地制宜分类别、分阶段推进数字乡村建设，实行差异化推进战略，协调分配要素资源，提高资源利用率，避免盲目或重复建设。

人才是引导乡村治理和构建数字乡村新发展格局的智力保障，人才可形成数字乡村发展的凝聚力和执行力。为此，一方面推动基层政府人才转型，可通过在政府内部培养数据技术相关专业人才，调整人才结构，合理保障经济欠发达地区的人才待遇，为推进政府数字化转型提供人才基础；另一方面，盘活存量、培训农村现有人才，充分发挥农村现有人才的特长，加大农村电商人才的培养力度，提升基层干部、乡村教师、农民企业家等群体的数字技术运用能力。开展校企联合，利用高校教育资源和企业的技术资源，面向农村不同群体及其需求，开展多种形式的业务培训和专业技能指导；注重培育模式，充分发挥家庭教育、学校教育、职业教育、社会教育的综合力量，围绕数字信息的采集、鉴别、利用、分析等能力，打造全方位、多主体、多元化的培育模式。注重从农民群体中培养人才。农民是数字乡村建设的重要力量，培育新型农民，从农民群体中培养人才可以有效激发农民的内生动力和推动实现乡村人才振兴，推动数字乡村发展需要让农民能用、会用、善用各种技术惠民服务，让智能手机和计算机成为农民发家致富的“新农具”。

在党中央部署实施的数字乡村战略指导下，各省正在积极探索可复制、可推广的数字乡村发展之路。展望未来，为了有序推进农业全面升级、农村全面进步、农民全面发展，数字乡村的建设需要聚焦“三农”，在适应“三农”特点、满足“三农”需求的基础上持续服务“三农”发展；需要在积极推进乡村数字化转型的同时，持续推进农村数字基础设施建设、农村数字经济的产业化、农村治理的精准化和农村数字资源建设的一体化；需要学习借鉴全球数字乡村发展态势，探索我国数字乡村发展路径，评估数字乡村发展成效，总结数字乡村建设经验，构建科学、高效、绿色、安全的数字乡村建设格局，让数字乡村赋能乡村振兴战略和数字中国战略的实施。

数字乡村建设正以一种工程化的态势席卷中国乡村，运用数字技术的确能够推动乡村全方位的发展，弥合城市与农村的割裂状态，实现城乡统筹发展。数字乡村作为乡村振兴的战略方向，是加快农业农村现代化，全面建设社会主义现代化强国，实现全体人民共同富裕的重要举措。在数字经济发展背景下，严格遵循“十四五”规划对于发展数字经济、推进数字产业化和产业数字化、推动数字经济和实体经济深度融合的要求，进一步强化乡村数字基建的技术支撑效用，深化数字经济与农业农村经济的渗透拓展，构建多元协同的数字治理体系，是我国解决

"三农"问题，建设数字乡村，实现乡村全面振兴的重要抓手。与此同时，以数字乡村战略为落脚点，顺应数字经济发展的浪潮，发挥数字技术的强大虹吸效应，着力弥合城乡、区域数字鸿沟，是打造数字乡村的关键一环。

九

科技助力生态农业

一、为何只买“久保田”

播种季节已过，人、阳光、土地顷刻变得懒洋洋的，溪涧的水、山林的草木、田间的禾苗绿了。微风过处，大片浓密的绿色在风中悄然起伏，应和着调研团队一行人的呼吸节奏，于山亘田野间勾勒出一曲清新自然的韵律。空气中，禾香四溢，似是随手一握，便能握住几个月后的满穗丰收……

瓦仓的七月色彩，一碧万顷。嫩绿的禾苗，努力挺拔身姿，叠映在忙碌的身影里，抚摩着耕耘的喜悦。山水宜人之地，味美质佳之米，入目的每一缕绿色，皆是播种时的每一滴汗水浇灌。7 月 14 日午间，瓦仓谷香生态农业有限公司的老汪总和小汪总带着我们驱车前往距离饭店最近的一处瓦仓大米种植基地，绕着盘山公路，透过车窗，一块又一块绿色的稻田映入眼帘，“瓦仓大米种植基地”这个八字标牌赫然立于田埂之上，每隔几分钟的车程，便频频再现这些标牌，种植基地范围之广，可见一斑（图 9 - 1）。

谈及这些孕育着瓦仓米的优质稻苗，老汪总的脸上洋溢着喜悦，他俯身田间，轻轻用手拨弄着田埂一侧的稻苗，“有香味的，你们可以闻一下”，在老汪总的心中，每一片稻田仿佛都有着生命，他用那朴实的笑容欢迎着可亲的朋友。当我们问及这些秧苗是人工播种还是机器播种

图9－1 瓦仓大米种植基地

的时候，老汪总笑着说出了“久保田”3个字，那台“久保田”牌的育秧播种机再次勾起了老汪总的热情，他主动邀请我们下午前往瓦仓大米的育种基地参观，那里不仅有试验育种田，还有插秧机、育种机、用于飞防的无人机等一系列现代化机器。

“自己办基地，水稻品质才有保障。”老汪总说，要种出好米，科学的技术和管理必不可少。瓦仓大米积极与省农科院开展技术合作，选用专家推荐的玉珍香、鄂中五号等高端稻种，实行工厂化育秧。在管理模式上，瓦仓谷香生态农业有限公司严格实行“统一提供品种、统一育秧服务、统一机械插秧、统一管理技术、统一粮食收购”。前期的育秧服务，便依托于那块基地，那台“久保田”育秧播种机更是不可不提的主角。

午后的阳光肆无忌惮地炙烤着大地，它豪迈地燃烧着，向大地倾泻着过量的光和热。正是夏日，不时响起的蝉鸣，枝头蜷缩的树叶，躲在空调车里的我们，前往育种基地的途中，车窗外的一切生命仿佛都无精打采地低着头。

到达目的地后，好奇心驱使我们暂时忘却了难耐的暑热，四处打量着这处育种基地。四散的厂房之外是几块试验田，嫩绿的禾苗在午后阳光的炙烤下失去了光泽，靠近细听，甚至能听到秧田里的水被蒸发的微小声音，原来这些，便是产出瓦仓米的优质秧苗（图9－2）。

图9－2　瓦仓大米育秧基地之一

小汪总告诉我们，这些秧苗事先都是在育秧棚中精心培育的，育秧棚就好比秧苗的温室，让每一粒种子都处于同一起跑线上，温室中保持恒定的温度和湿度，以此缩短秧苗的成长周期，提前把秧苗移栽，最终达到提高产量、增加效益、节省劳动力的目的。

为了保证瓦仓米的品质，从选种育秧开始，就需要一步步严格把关，在省农业科学院粮食作物研究所指导下，瓦仓谷香生态农业有限公司坚持自主繁育种子、使用有机肥料、播撒生物农药。同时注重利用科技助力测土配肥、有机质提升、病虫害统防统治等环节，只为培育出最好的秧苗，为瓦仓米这一品牌保驾护航。

生态农业的发展，与科技的投入是密切相关的。无论是小汪总所提到的育秧棚，还是接下来我们所看到的那些现代化机器，公司都为此投入了大量的资金和人力物力。

在一间很大的农机房里，放置着各种各样的机器。在我们眼中，许多都是从未接触过的叫不出名字的新奇玩意儿，一时之间不知从何看起。或许是因为厂房中置有那台“久保田”牌的育秧播种机，又或许是为了节省成本，厂房的地上全是泥土，并非最初我们所想象的水泥地。一行人踩在这厚实的泥土上，耐心地听着老汪总对于这些机器的介绍，即使身处这紧闭的环境中的大家早已汗流浃背，但是没有人有一丝抱怨。

在这间农机房里，插秧机、播种机、收割机、除草机、耕地机、灌装打包机等机械化生产设备一应俱全。老汪总指着新进的智能化收割机，介绍道：“这些机器设备效率高，易操作，统一机械化作业就得靠它们，这也解决了家庭农户缺劳力的问题。”

走入厂房，那台“只闻其名不见其貌”的“久保田”育秧播种机终于出现在我们眼前，它就静静地躺在那，默默地等待着来人揭开神秘面纱（图9－3）。

图9－3 参观“久保田”牌育秧播种机

出乎我们意料，“久保田”这一品牌并非中国的本土品牌，而是一个日本品牌。久保田集团是日本农业机械制造业领域的佼佼者，多年来以农业服务为己任，在全球多个国家均有一定量级的业务开展，其不断创新技术、努力开发新产品，力求满足消费者的机械化生产需求。在农业生产领域，为了帮助用户提升育秧效率，满足规模化种植需求，并为后期插秧提供高品质秧苗，“久保田”推出了全自动育秧播种机系列产品，老汪总口中的这台育秧播种机便是其中之一。

这种类型的育秧播种机，不仅具备播种精度高、播种均匀、工作效率高、操作简单、维护方便、后期出芽品质好的优点，而且应用范围十分广大；不仅可以为30厘米行距插秧育秧，通过追加组件，还可以满足25厘米行距插秧育秧的需求。

看着这台机器，我们十分好奇它究竟是如何育秧又是如何播种的，老汪总似乎看出了我们的心思，他站在机器边，一字一句，字字认真，朴实而藏不住的话语，透露着他的专业精神。正是因为他对这台机器的熟悉和细致的讲解，才让我们初步懂得了这台机器的运作流程。

“久保田”育秧播种机的作业大致分为4个基本环节，从床土到浇水、播种，再到覆土，整个作业流程全自动化进行。此外，每个环节格外注重“均匀”。首先是床土的环节，主要是通过输送带移动秧盘，自动将床土放到秧盘中，并均匀刷平；其次是浇水的环节，由于机器配置的是带泵的浇水装置，因此也是均匀浇水；至于播种环节，即均匀地播种各种品种的稻谷；最后是覆土环节，均匀地覆土即可。待4个环节过后，便高质量地完成了播种作业。

该机器在许多方面都颇具优点。以播种为例，其采用的是开口型播种辊，即使是长粒种子和催芽中的种子也可实现播种，配置刮除刷，可轻松去除播种辊上附着的潮湿稻谷，实现对潮湿后阴干的种子的播种。而且，通过调节播种量，能适合多种水稻品种。此外，该机器硬盘软盘均可使用，甚至可以将软盘装到硬盘中使用，可以最大限度控制育苗成本；其床土侧的支架可以折叠，收纳方便，所装备的4个辅助车轮，使得搬运也很简单；机器的维护方面，也趋向简单化，由于分断配置了电机，去除链条采用皮带传送机构，维护难度大大降低。“久保田”育秧播种机的应用，大大提升了瓦仓水稻的种植效率，因其全程机械化的特点，无论是在前期的育秧环节，还是在后期的插秧环节，人力成本都大量缩减。

性能如此好的机器，价格自然不会很低。据老汪总所言，这台“久保田”育秧播种机，可谓价格不菲，“这台‘久保田’育秧播种机，是我花了大价钱才买回来的，每台6万多元”。

当我们好奇老汪总为何不买国产机而只选择用“久保田”时，他非常痛惜地说：“如若田种不好，那是我们农民的责任，如果机器研发不好就是读书人的责任了。像‘久保田’这样的优质的机器，我们国内目前还未达到这样的水平”，“华为手机好，大家就都选择用华为的，要知道种子培育不好是会耽误播种季节的，季节从不等人，我选择‘久保田’这一品牌，因为它能培育出我需要的优质种苗，虽然这台机器是个简单物件，但是恰恰中国目前还无法造出啊……”老汪无奈又无力，他感叹道：“生态农业的发展，没有科技的支撑，几乎是寸步难行啊。”

生态农业，在当今世界农业市场上无疑占有一席之地，因其符合可持续发展、绿色发展的理念，再加之其内含的经济潜力，预示着其在未来的发展道路上的光明前景。为了促进我国生态农业的发展，政府已在多方面给予政策性的支持，如投入大量资金助力农业科技发展，引导农技站的改革方向等。但是，由于科技创新成果的转化率不高、整体科技投入不高等原因，我国农业科技目前的总体发展水平依旧远低于国际平均水平，较之发达国家还有较大的差距。所以，在农业机械制造方面才会出现老汪总所言的“还达不到高水平”的局面。

为何只买“久保田”，其背后的原因清晰可见。即使政府已经采取了许多的措施方法，但是生态农业技术的有效供给不足的问题依然没有解决，在研发如“久保田”此类的优质农业机械的创新之路上，国内停滞得过久了。

据我国农业农村部数据显示，近10年来，我国农业科技平均每年约有7000多项成果问世，其中生态技术占绝大多数，但平均推广率仅为30%～40%，远不及发达国家60%～70%的水平。再加上我国农业的创新成果尚未形成市场定价机制，无法有效地保护农业科技创新供给者的利益，导致科研机构涉农企业从事生态农业技术的研发动力不足。[①] 此外，从农户和企业的角度来看，是否选择投资农业科技，主要还是与经济效益相关。此外，他们还会将投资的成本、投资过程中隐含的风险以及技术应用后的生态农产品收益考虑在内。但是当前生态农业的比较收益仍处于一个较低的水平，在资源条件和生产装备方面相较于传统农业需要更高的投入，再加之农业的生产经营经常面临各种不利的自然、社会和经济条件，这种风险极大地影响了农户、企业应用相关技术的积极性。

“农业现代化，关键是农业科技现代化。”习近平总书记指出，要把发展农业科技放在更加突出的位置，大力推进农业机械化、智能化，给农业现代化插上科技的翅膀。发展生态农业、推进农业现代化，是我国农业工作的跟进目标和主要任务，追求生态农业科技的进步，也是在为我国生态农业的未来持续发展注入动力。首先，要注重研究和发展安全的农业技术，减少农业科技对于生态环境的安全隐患，中央和地方政

① 王绍芳，王环，温立武．生态农业发展的科技支持困境及对策研究［J］．科技管理研究，2014，34（12）：33－36.

府在农业科技技术发展的引导和支持上要起到“基石”的作用，为相关企业、机构等提供创新资金的支持和资金筹集渠道的拓展。其次，要加强对于农民的生态科技培训，在科技教育方面要持续推进，以专业的标准化技术培训提高农民使用现代化机械技术的能力，加快农技推广的步伐，必须把培养爱农业、懂技术、善经营的职业农民纳入其中。同时，要发挥龙头企业在农业技术应用推广方面的积极作用，骨干企业要积极与相关机构、院校合作，加快推进科技研发和成功转化，为现代农业发展提高强力的科技支撑。

农业科技的现代化，离不开农业机械的技术创新。随着经济的不断发展与科技创新力量的加强，我国农业现代化发展程度越来越高，农业机械化程度也全面提升。但是从当前农业生产现状来看，农业机械自动化水平与发达国家还存在一定差距，因此要进一步加大农业机械推广力度，加强高端技术的人才建设，才能早日实现科技兴农、创新富农的目标。

“只有读书，中国高端技术的人才才会更多。我们身为农民，努力种好脚下的每一片土地。我们也很希望，像你们这样的大学生以后能造出像‘久保田’这样的机器，那时候，我们就不用依赖国外品牌了。”老汪总静静地站在“久保田”旁，道出了他的心里话，向我们表达了他对于未来农业的殷切希望，这在无形中也激励着我们。

农业科技发展的警钟，似是已被那台“久保田”敲响，又似是仍寄托在老汪的声声期许中翘首以待。如今，重视科技，善用科技，倚重科技早已成为现代农业发展的重要引擎，科技，也早已成为农业发展必不可少的一大助力。

育种基地的参观之行，到这里算是画上了圆满句号。走到室外，日头偏西，阳光早不如正午那般丰沛鲜盈，远处的秧田中，一棵棵小苗又抬起了头，在微风中摇摇摆摆着，煞是好看。阳光透过淡薄的云层，一个不经意的遛弯，躲过所有人的视线，偷偷闪入那间厂房，那台“久保田”育秧播种机，就那般静静地躺在那儿，挂着几缕金线。

二、农民不应是身份而是职业

“半夜呼儿趁晓耕，羸牛无力渐艰行。时人不识农家苦，将谓田中谷自生。”

晨光熹微，一夜月华早已于稻穗中凝结。一顶草帽，一把锄头，在破晓之际紧紧抓住耕种时节，在田野里守望着来日。来时踏下的每一步，脚下的每一抔泥土，都留下了庄稼人的踏实。约莫四五十岁的年纪，鬓角的头发略微秃了些，眉毛浓黑而整齐，说话的时候露出一排洁白的牙齿，他那朴实的笑容，格外引人注目，岁月沧桑的痕迹终究蹉跎不了对那土地的满满深情（图9－4）。

他是农民，他们，是农民。

图9－4　瓦仓村的现代农民

何谓农民？即长时期从事农业生产的人。语出《谷梁传·成公元年》："古者有四民。有士民，有农民，有工民，有商民。"可见在古代，农民一词多是身份的象征，但是现代农民，则与传统农民有着不同的观点和解释。

回溯历史，如果说城乡人的吃饭问题的解决得益于家庭联产承包责任制，那么农村如何学会走向市场的问题，则是由农业产业化来解决，而农民，在其中充当的是连接两者的桥梁的角色。以往受户籍制度的影响，这一时期的农民定性主要由户口所划分，"农民"一词从简单化走向复杂化。现阶段，我国大众对于农民的认知，一般就是"户口登记在农村并为农业户口的农村人"。

实际上，农民的概念包含了许多社会因素，它一直处于动态发展中。在学术界，农民概念的界定常常从职业这一角度出发，即"从事农业生产的劳动者"。可见，判断一个人是否为农民的主要判断标准便是该人员是否从事农业生产。由此，农民的职业属性清晰可见。

过去的农民，困于身份，困于这深烙于一代人身上的印记；现在的农民，乐于职业，乐于为社会和家庭创造新的营养与价值。现代农业，尤其是生态农业，农民这一角色可谓在其中发挥着至关重要的作用，其不仅指普通的职业，更是一种含金量比较高的职业。

民以食为天，食以米为先。抽穗、成长、饱满、稻香。农民是没有休息日和节假日的，日出而作，日落而息，这就是农民的日常作息表。他们面朝黄土背朝天，从洒下种子的那刻起，便诚心祈求着风调雨顺，以求好的收成。一位农民，总有着干不完的活，从春种到秋收，这其间的任何一个环节都不能夹带丝毫的懈怠，你欺骗土地，土地在秋天便会给你撒个谎。不过也正是那日复一日的守望，那汗水的光泽，才换来了中国数十亿人的温饱。

此次调研，有幸采访到了湖北瓦仓谷香生态农业有限公司的汪氏父子，提到生态农业、提到农民，他们二位可谓是很有代表性的人物。

“我不是老总，我只是种地的。”提起瓦仓大米，就不得不提及老汪总汪宗平。汪宗平是农民出身，起先种稻谷，然后收稻谷贩米。创业之初，为开辟市场，他亲自开车送米到外地推销，以先寄卖后收钱的方式赢得商家和消费者的信任。积累了一定经验和财富的他希望把瓦仓大米做好、做大，以此勤劳致富并带领乡亲摆脱贫困。老汪总一手创办了瓦仓大米这一稻米品牌，从小小粮贩到公司董事长，这条创业之路走得艰辛不易，即使他自称只是个种地的农民，却时刻忧心着国家的粮食安全，朴实的话语，传递着骨子里对土地的热爱。

“父亲那个年代的人对田地是有感情的，可以说是一种情怀吧，因为他也是从农民阶层开始，一步步努力改变命运的”，“父亲他是从农民起家的，但在我看来，如今新时代的农民不再是一种身份，而是一种职业……”提起父亲，小汪总有着说不完的话。父亲的战略思想，父亲的土地情怀，仿佛是深印在血脉中的遗传密码，在父子之间完美对接，所谓“虎父无犬子”，在汪洪波的身上，有着和汪宗平一样的大格局。对于农民的理解，父子二人，真实又朴实。

长期以来，人们默认把农民当作一种身份，而且是地位比较低的身份。然而，现代农业，特别是对于发展生态农业而言，农民绝不是一种身份，而是一种含金量比较高的职业。这种职业富有很高的科技含量，且不说须具备操作拖拉机、插秧机等基础机械的能力，甚至还要能操作无人机，同时需要懂得土壤、气候、生物农药、治病防病等与农作物相关的各方面知识，如若想要促进产品的后期销售，则还需要懂得市场营销、品牌传播、媒体知识等。新时代的农民，不简单！

以瓦仓大米这一产品为例，目前面临的经营难点之一，便是人才队伍的建设问题。小汪总提到，为了保持产品质量的稳定和品牌的口碑，公司需要更多的专业人才，也就是精于此领域的人才，即现代化职业农民。“瓦仓米的生产过程，是很精细的。选种育秧、操作机器插秧、飞防、收割，这其中的每个环节都要减少纰漏，而这些环节，如若是外行，是绝对很难把握的，这也是我为什么强调需要现代化职业农民，只有在这些环节中有多年的经验积累，才能在某些问题出现的时候最快速地做出反应，及早地解决问题。”

“农民是一个知识含量很高的职业”，小汪总从实际出发，详细地为我们解释了现代化职业农民对于作物品质的重要性，“以施肥为例，职业农民需要对土壤进行监测，以经验进行确定施肥的时间、施肥的量，因为这些直接关乎产量最终的呈现效果”。

职业农民专业与否，关系着生态农业的发展。一直以来，我国都在大力实施新型职业农民培育工程。

2014 年，农业部联合财政部启动实施新型职业农民培育工程，在全国遴选 2 个示范省、4 个示范市和 300 个示范县；截至 2016 年，新型职业农民培育工程的实施范围已经扩大到 8 个整省、30 个整市和 2000 多个农业县（团、场）；2019 年，中国科协和农业农村部宣布，将启动乡村振兴农民科学素质提升行动，计划 3 年培养 400 万“新农民”。①

培养新农民，就是要通过加速农民的职业化进程，让农民的生活富起来、美起来，让农民的综合素质得到提高，让农民这一职业也能变得体面！富裕农民、提高农民素质，加速农民职业化，引导人力资本归农，让农民成为一项体面的职业。随着城市化进程的不断深入，中国城镇化不断飙升，农业人口相应地不断下降，同时，由于农业发展的现代

① 乔金亮．让农民成为体面的职业[N]．经济日报，2019－06－14.

化数字化转型进程在加快，农业发展对农民的生产能力也提出了更高的要求。所以，新时代的职业农民不仅需要具备操作农业机械、运用农业技术的基础能力，还要不断提高自身的综合素质，懂得利用新型理念包装自身。生态农业的发展与农民自身的素质是密切相关的，科技力量于生态农业而言是软实力，但是对于职业农民而言，自身的科技素养和人文素养也尤为重要，从科技知识到销售策划，从软到硬，对于一个职业农民而言，皆不可欠缺。

以米业公司为例，任用的人才中就存在职业化农民，其在秧苗的选择、种植、收割以及后期大米的加工、销售中，都是极其重要的存在，这类公司在选用职业型农民时，会格外注重考察农民自身的素质和综合能力。

“认为农民没有技术含量的时代早已过去，”“但是，在如今这样一个教育全面普及化的时代，却没有一所专业培养现代职业农民的学校，我觉得很可惜。”谈及对于新时代职业化农民的培养问题，汪宗平如是说道。

他渴望着所在县或地区能有一所培养现代职业农民的大学，他还渴望着全国各地都能实现，在他的心中，有了更对口更专业的人才，生态农业抑或现代农业才有更加光明的前景。老汪总的意识，可谓极其前瞻和富有远见。

其实，在远安县，为了培育现代化新型职业农民，助力生态农业的发展，当地政府、企业一直在实践中积极探索，如今也取得了一定的成果。

远安县的农业，极具地域特色，主要体现在一些地域特色农产品。茅坪场镇所产的“瓦仓米”，品质极佳，在市场上享负盛誉，已然成为一种地理性标志农产品。此外，食用菌、药材、草食畜三大产业规模巨大，代料食用菌规模达2000多万袋，鲜菇年产量超2万吨，被誉为“鄂西香菇第一镇”。为把资源优势转化为经济优势，远安县坚持生态与产业并举，走“公司+基地+农户”的产业化经营之路，大力扶持发展特色生态产业。其间，产品的生产和销售需要大量专业人才，因此，当地十分注重对于职业化农民的培养。

以食用菌产业为例，早在2014年12月，远安县就举办了为期10天的新型职业农民培训活动。此次培训由县农广校组织实施，县农业局食用菌产业办协助举办，由专业的老师和专家进行授课。培训包含现代农业知识、新型职业农民的培育、食用菌种植技术、农产品质量安全等18个方面的课程。培训采取理论教学、集中实训、现场观摩、课堂互动、考试考核等方式，理论学习期间还穿插了两次集中实训。此类培训，不仅可以让学员掌握实用的香菇栽培技术，还能让其懂得新型的职业农民之于现代农业的发展的重要性，更让其明白作为新型职业农民，应成为现代农业发展的领头羊，发挥自身的先锋引路作用。

此外，2019年，当地还开办了新型职业农民培育茶叶培训班，也是由专家就绿茶绿色防控技术、绿茶加工制作技术、茶文化及茶叶评审、农业气象灾害及防御等技术技能知识进行讲授，提高农民的专业素养。由此可见，远安县对于新型职业农民的培养问题，不回避不空谈，而是选择以实际行动来推进。

正如老汪总所言，“我们做农民的，其实有种国家的情怀，国家兴旺匹夫有责，每个行业，你自己觉得有人去做而自己不去做，如若其他人也这样想，最终的结果可想而知，全天下的人都不做，这一行业就完了”，“如今政府一直很支持农业的发展，也在积极培养新兴职业农民，其付出的实际行动，让我们看到了国家的重视，无论是农民还是企业，这种被鼓舞的积极性就提高了”。

除了开展最基础的农民职业培训工作，为了进一步加速推动远安县农业现代化发展进程，培育一批新型职业农民，当地政府有着明确的工作思路和目标。

首先，要解决的便是新型职业农民的认定问题。2016 年，远安县当地政府根据省农业厅《关于印发〈湖北省新型职业农民教育培训试点指导意见〉和〈湖北省新型职业农民认定管理试点指导意见〉的通知》，结合本县实际，制定了远安县新型职业农民培育认定管理办法。其认定新型职业农民是具有较高文化素质和农业生产管理技能，主要从事农业生产经营，有一定生产经营规模，依靠科技进步和科学管理，并以此为主要收入来源的从业者，主要分为生产经营型、专业技能型和社会服务型三类。①

其次，以需求为导向，创新管理机制，强化精准培育。目前，远安县政府公示的工作任务主要分为三个层面：一是完善培育制度体系，以新型职业农民培育制度来推动职业农民的培育进程，在引导的同时加强管理，在给予资金、技术等外在性支持的同时也要注意对农民自身内在能力的锻炼；二是建立健全培育机制，培育工作应先由政府部门牵头，然后吸引社会其他专业性的部门、机构、团体参与培育工作，创设实训基地，为农民后期的锻炼与实践提供全方位多层次的支持；三是构建职业农民队伍，这是关键性的一步，要做到点面结合、统筹兼顾，以示范性区域为培育的重点，但是也要紧紧抓牢其他地区的培养计划，有条不紊地展开培育工作。

再次，关于培育新型职业农民的创新实施内容，主要从 3 个环节进行：一是锁定培育对象，以农民合作社、农业企业等新型农业经营主体

---

① 朱克亮，梁洁，王燕，等．民族地区新型职业农民培育路径研究——以黔西南州为例［J］．兴义民族师范学院学报，2021－08－25.

带头人为主要培育对象；二是明确培育主体，由县级农业行政主管部门牵头组织落实本县培育工作，通过采取政府购买服务的形式，提高市场主体参与的积极性，从而使得本县的农业资源合理配置，更进一步提高培育工作的质量和水平；三是遴选优秀师资，每县从实际需要出发，遴选优秀师资，对遴选环节要严格把关，考核过程要透明公开，建立科学有效的遴选机制。

最后，至关重要，即实行“一点两线、全程分段”培训，通过分段分批的形式，提高培训的效率，同时要注重实际的训练，将理论和实践相结合，有效促进生产技术和管理能力的提升。鼓励地方因地制宜，创新适合当地特点的培训方式。

远安县政府对于新型职业农民的培育有着清晰的规划，每个层面每个环节都在朝最终的目标奔进，它的所行所践，吐露着一个不容撼动的事实——农民早已不是一种身份，而是一种职业。这是一股促进地区农业发展的庞大力量，这股力量厚实、坚韧、向上，如泉涌般流入远安的土地，深深扎根，蓄力呵护远安生态农业的根基，勾勒着乡村振兴的蓝图。

土地和农民是割裂不开的，千丝万缕深藏血脉，斩不断理不清。曾经的他们以最为谦卑的姿态“供奉”着脚下的土地，满眼虔诚、满心盼望；如今的农民，可以骄傲又矜持，以自我选择的职业为豪。但是，无论身处哪一个平行时空，他们对于土地，土地对于他们，热爱不减。

三、碾米工艺也有专利

阳光，雨露。抽穗、饱满。金黄，沉甸。

好一幅生动盎然的画卷，毫不逊色于文人笔下的诗墨田园。历经几个月，这一野金黄，最终还是卷入那轰鸣机器的“胃仓”，就此踏上蜕变之旅，蝶变新生。经过石碾机器褪去粗糙外壳后，它们脱去外衣，露其内秀，便有了我们所见的那一粒粒晶莹饱满的瓦仓大米。

好山好水种好米！据《远安县志》记载：瓦仓大米“米质上乘，价高数码”，其烹制的米饭“泡松柔软、糯而不腻、清香四溢”，贡米之乡，可谓天赐粮园。提及瓦仓大米，凡是亲尝过的人，总会毫不吝啬地赞叹一句，“这米真香，能吃出儿时的味道，不就菜也能吃两碗”。

以山水养米，品天地真味。汪宗平领衔的瓦仓谷香生态农业有限公司致力于打造绿色、有机、营养、健康的优质大米，恪守“以德兴业，优质发展”的经营理念，紧抓每个细节，对产品进行严格分类加工。在加工的过程中，更是严格遵守“三不”原则，即不过度加工、不添加辅料、不掺杂作假。在纷繁复杂的加工市场上，该公司坚持以质量取胜，诚信经营，注重科技投入，不遗漏任何一个小小的生产细节，甚至于在碾米这样一个普通加工环节，该公司都拥有专利。

7 月 14 日下午，调研团队跟随汪总父子参观了瓦仓米的育种基地后，老汪总又热情地邀请我们前往瓦仓谷香生态农业有限公司的加工厂参观。公司拥有多套稻谷加工设备及年产万吨优质大米加工生产线，具备完善的产品检测设备和质量保证体系，能生产不同档次的瓦仓优质大米。生产出好米，科学的技术和管理必不可少，该公司先进的精制大米自动包装生产线和石碾米生产线，不仅保证了大米的有效市场供给，还使瓦仓米的产品品质有了质的飞跃。

瓦仓大米加工厂的生产线是一副现代化的模样。加工场内的各式机器十分完备，碾米机、烘干机、包装机，分散在各间厂房中，在瓦仓米的蜕变之旅中，它们卖力地扮演着自己的角色。老汪总说道：“我们采用的机器都是十分实用、耐用的，在瓦仓米的整个生产过程中，呈流水

线式，自动化程度非常高，大大提高了瓦仓米的加工效率。”（图9－5）

图9－5　瓦仓大米加工车间

在这所大米加工厂，调研团队一行人来到的第一站是加工物的源头，即一间储藏大米的谷仓。谷仓有着很大的空间，室内十分干燥，以便储藏近年来的稻谷。一堆堆稻谷，入眼似是起伏的小山丘，映衬着窗外透过的阳光，点缀金黄。对于大米加工厂而言，这是那些轰鸣机器未来几月享不尽的“主食”；对于那群偷食小鸟而言，仓库外也是上好的去处。三两成群的麻雀，一点一点地啄食着不小心遗漏在外的这些可口的谷子，它们挺着圆滚滚的肚子，即使有人在此处，也摆出一副毫不害怕的样子，仿佛在炫耀着那股觅食的聪明劲儿（图9－6）。

站在这间谷仓外，嗅觉被那满堆稻谷的香味所吸引，是最原始最自然的生活味。小汪总说：“这里的稻子都不会放置很久，加工厂的加工效率很快，每年收获的稻谷都会很快被运输去壳，然后加工，再包装销售，你们看到的这些谷子，很快就要大变模样了！”

提及去壳，便不得不提及碾米这项发挥重要作用的加工工艺。瓦仓大米的加工，离不开一项重要的专利产品，即电动石碾。“用电动石碾

图 9 -6　瓦仓大米的储藏谷仓一角

碾出的米，口感好，营养更丰富，让人吃出儿时的味道!”老汪总说，石碾加工的大米，附加值相对更高。于是，他特意介绍了公司加工厂的大米加工专利产品——多功能石碾子机器，这台机器早先于 2016 年正式进入加工生产线，迄今已参与了多年的生产工作。随即，这所到的第二站，便是那放置碾米机器的所在（图 9 -7）。

图 9 -7　申请了专利的多功能石碾子机器

多功能石碾子机器，顾名思义，便是专门为碾米而研发的机器，且功能齐全。而碾米这项古老的传统技艺，则十分值得我们去了解。何为碾米工艺呢？按照“科普中国”给出的词条解释，“碾米，即将砻下物的三相混合物经过分离，清除大糠和漏砻的稻谷，剩下的便是白生生的米粒。这时的米粒是粗糙的，传统称为‘糙米’。糙米用来煮饭，蒸煮时间长、颜色深、黏性差、口感不好，又因糙米的皮层完整、吸水性和胀性都不强而导致食用品质不佳。皮层的存在，使内含的粗纤维妨碍了人体的正常消化。这些不利因素，使人们积极地谋划对策，脱去糙米外衣，这一过程便叫作碾米工序”。（注：砻下物是砻谷机砻出的糙米、稻谷、稻壳等物料的混合物，脱壳的砻下物称为糙米。）

20 世纪 70 年代前，山区的农人们吃的米，都是靠最原始石碾子碾出来的。那个年代的碾子一般由碾槽、碾磙和碾架三部分组成：碾槽由若干节呈弧形的石槽连接成一个大圆圈；碾磙用坚石打磨成车轮状的两个石盘构成，然后靠碾架固定，分前后嵌在碾槽里；碾架由一根粗壮的直木从碾圈的中心牵出，控制碾磙始终绕着碾槽运转。

不同于现代化的多功能石碾子机器，其多是依靠机械电力进行全自动化运作，那时候的传统碾磙，需要靠牛和人的配合才能拉动。碾米时，一般先把稻谷均匀地倒入碾槽，然后驾上牛，人便坐在碾架上挥鞭驱牛，牛走磙动。石磙在碾槽里不断地对稻谷磨碾，直到壳破米出糠成细粉，一般这时候一槽米就碾“熟”了。整个碾米过程需要大量的人力物力，且时间花费也很高。

如今，随着现代科技的发展，碾子早已悄然隐入历史的深处。人们所吃的大米，多是机器生产的，碾米的时候，用的多是机器。像瓦仓大米加工厂的这种多功能石碾子机器，构造简单，但是其所采取的工艺却十分独特。汪宗平介绍道：“这台机器所呈现的碾米工艺是为了广东、福建客户特意研发的，因为闽粤的客户特别注重早餐喝粥，特别注重营养。使用这种电动石碾，可以使瓦仓米碾出的口感更好，营养保留得更完整。”

那么，多功能石碾子机器是如何碾米的呢？首先便得从它的构造说起，其基本构造和原始的石碾子差别不大。石碾由一圆形平面的碾盘和一圆柱滚型的碾磙构成，碾盘中心有一个洞，里边插着一根木柱，是整个石碾中心轴。碾磙用木框匡着，一头固定在中心轴上，碾磙前面的木框上插一根长长的木棍。碾盘的直径在 1 ~ 1.6 米，厚度在 20 厘米左右，每台机器安置有两个碾磙，碾磙的直径在 30 ~ 60 厘米。机器运转的时候，碾磙在碾盘上围着圆心转动，这种由天然石材加工而成的石碾材质很耐用，十分适用于磙压、碾轧，可用于加工大米、小米等农作物。

用这种电动石碾加工大米，又有什么好处呢？在加工过程中，大米是经过碾磙碾压，不经高温、抛光、打磨，所以能最大限度地保留其营养成分，口感也更佳。据老汪总所言，石碾小米的各项营养成分含量通常比普通的机碾小米要高很多。此外，这种电动石碾将传统石碾与现代电力机械相结合，省却了推动辗磙旋转的人力、物力，用机械力量取代，但是在碾米的时候仍然保留石碾碾米的特色。更重要的是，这类石碾所加工出的大米十分具有产品特色，不仅能够增强瓦仓米的品牌影响力，其所带来的销量增长更是大大提高了企业收益。近年来，瓦仓谷香生态农业有限公司先后开发了“萌宝粥米”“丽人香胭脂米”“父母大人养生粥米”等多个系列产品，并且优化了外观包装，使瓦仓米看上去特别高端，其中，就包括利用多功能石碾机器加工而成的石碾米，这一系列产品的推出，很大程度上满足了高低端、不同年龄、不同性别等各类人群的吃米需求。用石碾生产出的大米，每千克卖到 30 元。如遇上节假日，瓦仓大米更是一米难求(图9－8)。

图9－8　瓦仓大米之石碾米外包装

“我们根据不同消费群体开发了多个系列产品，有的产品一千克能卖到几十元。”老汪总告诉我们，近年来，瓦仓大米卖得越来越好，公司的业务辐射全国多个城市，订单增量十分可喜。从普通百姓的口粮，到加工出晶莹剔透、自然流香的好米，再到发展成为带动群众增收，促进脱贫的好产业，瓦仓米最终找到了一条“明白路”。“这一粒米是越种越明白，越种越养人了。”老汪总感慨道。

“工欲善其事，必先利其器”，米的种植培育固然重要，后期的加工效率却也不容忽视。多功能石碾子机器的使用，最初便是为了提高碾米的效率，这对于一个大米加工厂而言本是最平凡不过的一件事。但是出乎意料的是，我们从老汪总的口中得知，这种多功能石碾机器并非从市场上购买，而是公司不吝科技投入自主研发生产的。公司在碾米工艺上投入了大量的科技，为此，相关科研人员付出了宝贵的时间和大量的心血。成功投入使用后，还特意申请了生态石碾米生产设施的发明专利。

能够获得发明专利，可并非易事。发明专利是受到专利法保护的一种专利，《中国专利法》规定，可以获得专利保护的发明创造有 3 种，包括发明、实用新型和外观设计。发明人想要获取发明专利，首先要向国家专利局发起申请，而后由专利局对其所申请的技术性方案或创新成果进行一系列严格的审查，如若审查通过，确定该方案或成果具备一定的创新性、实用性，便可能获得该专利。

一般来说，在进行技术开发、新产品研制过程中取得的成果，因其技术水平较高，都应申请发明专利。申请发明专利的技术既可以是对某一学科或某一技术领域带来革命性变化的开拓型或开创型发明，也可以是在现有技术基础上加以局部改进和发展的改进型发明。瓦仓大米加工厂的多功能石碾子机器，就符合可以申请发明专利的专利，该产品应用后的效果体现在可以大大降低生产成本、提高机器性能，对于生产领域而言是一种开拓型的发明。

申请专利，不仅是对农业科技知识产权的一种保护，也是一种激励，它可以有效提升企业创新技术、应用技术的积极性。据《中国农业农村科技发展报告（2012—2017）》的数据，2017 年我国农业科技进步贡献率虽已达 57.5%，但比其高达 80% 以上的发达国家仍存在较大差异。农业科技的创新，对于我国农业的现代化发展而言是重要助力，因此相关科技创新成果的知识产权保护问题不容忽视，这不仅能提高技术更新迭代的速度，更能为我国提高国外市场的占有率。正如 2018 年《乡村振兴战略规划（2018—2022 年）》指出的，要围绕农业、农村和农民的技术创新，加强农业知识产权创造、保护和应用。①

科技助力生态农业的发展，瓦仓谷香生态农业有限公司深谙其道，并且用实际行动证明了其对于科技的重视、对于创新的支持。无论是育

① 丰延东，佘茂艳，陈劲．基于乡村振兴背景下的我国农业专利产出、转化及作用研究[J]．软科学，2020(4)．

秧、种植这些基础生产环节，还是后期的产品加工、包装、销售，瓦仓谷香生态农业有限公司都进行了大量的科技投入，并且每年都会提供部分资金鼓励科研人员积极研发创新。而且在科技投入中，还特别注重生产工艺的细节处理：“久保田”牌育秧播种机、多功能石碾子机器，都是其注重工艺细节的体现。

“细节往往决定成败。”在汪宗平的心中，细节至关重要，无论是个人的发展还是企业的发展，细节的作用都不容忽视：“失事的飞机，你会发现大多数情况下，飞机的两翼和尾部很少能看到明显的问题，最后调查出的原因是飞机中的一个小小部件，或许是螺丝，又或许是其他容易被忽视的零件。”“我们公司加工大米的时候，碎米是作为农副产品销售的，市场上销售的瓦仓米多是完整的米，生产整米，细节是不可不抓的。”

提到瓦仓米的生产线，我们又来到了第三站，即瓦仓米的生产车间。在这里，我们近距离看到了去壳后的瓦仓米通过机器被运输、被包装的全过程（图9－9）。

图9－9 瓦仓大米生产车间一角

这条生产线，是独属自动化加工设备的主场。相邻的两个组件之间分别设置有提升机、传送带、压力机，通过不同组件的功能作用，完成从稻谷到大米的完整的加工、包装过程，最后再由工人进行装箱。整个生产线的结构紧凑，占地面积小，安装方便；同时，大米产量大，效率高且质量高。随着装载车将谷粒喂入进料仓口，经过机器筛选、分拣、去壳、抛光等一系列加工程序后，雪白的精米便从出口喷涌而出。这些优质大米，经自动封袋包装，分出各类等级，数小时后，瓦仓大米便出现在运往武汉、深圳等大城市的路上，数天之后，就出现在都市人的餐桌上。

“农业生产有细节，也讲究行业精神。我再举个征收大米的例子，如果每亩地少征收50斤，那么3万亩地可想而知，这背后该是多大的损失。抓细节很重要，我每天去基地去转转，和农户说说话，告诉他们什么时候要施肥、什么时候要打药、有没有到排干水。这对于我来说是件小事，但是对于我们企业来说可就是件大事了。”

“加工大米的时候，细节可不仅体现在像多功能石碾子机器、包装机等物件上，机器虽重要，却也离不开人力。公司的生产车间的管理，更要紧抓细节。举个例子，老师在不在课堂，学生心态可是大不一样，老师在的时候学生一般会更认真。”

“我去基地、去大米加工厂看看，有两处作用：第一，农户和员工的工作积极性在我的监督下都会变得比原先更高，第二，检查工作、检查机器，从而减少问题的产生，这样才能最早发现问题从而解决问题……”

汪宗平用他朴实的话语、生动的例子，表达了他对于科技的重视、对于细节的把握。一台多功能石碾子机器，却牵引出如此深远的意义！一个企业，如此注重生产细节、强调科技投入，甚至于小小的碾米工艺也有专利，难得，亦有所得。

科技、专利、细节，对于生态农业抑或企业发展而言，恰似鱼水之交，密切而不可分，它们最终汇力于乡村振兴的长远征途。瓦仓谷香生态农业有限公司用它的故事奋力绘就乡村振兴的美丽画卷，在中国的其他角落，这样的故事数不胜数。无数人在努力，科技在发力，生态农业在进步，乡村振兴之路将会愈加光明。可谓是，勠力同心，共谱华章！（图9－10）

图9－10　调研团与小汪总（左起六）和老汪总（右起四）在瓦仓村田头合影

十 农村服务社会化

在中国城市化建设不断推进的过程中，农村人口大量流向城市，农村文化逐渐没落。原本炊烟袅袅的村庄失去了往日的生机，留守儿童、留守老人成了“守村人”。要想让农村地区重燃生机，就必须解决“空心村”问题，吸引“新农人”回到乡村，推动农村服务社会化建设。

一、老汪心里的账单

人少了，地荒了。

从北京一路南下，向西进入鄂西农村，城市高楼林立、车水马龙，农村人烟稀少、缺乏生机，城乡之间的巨大差距映入眼帘，使人真切感受到了乡村的没落。中国是一个农业大国，中华5000年文明始于乡村，中国人民的魂在乡村，而如今的乡村，人烟稀少，农村人口大量涌入城市，为城市建设贡献了力量，农村振兴却后继无人。

城市的发展仍在源源不断地从农村汲取能量，农村为城市的发展做出了巨大的牺牲，并且，农村的情况还在不断恶化，越来越多的农村人在城市定居，后辈也在城市长大，人们心中的农村印记正在逐渐淡化，农村在年轻人心中已经变成了一个经济落后、思想落后、条件落后的地方，是一个很多人想要逃离的地方。

“现在农村很多人不愿意种地，因为种地根本养不活自己。”老汪总对我们，十分感慨地说道。从老汪总那里我们了解到，越来越多的农村人宁愿背井离乡去城市打工，也不愿留在家乡种地，因为种地带来的收益有限。

现在大多数山区的农村、丘陵地带的农村、远离发达城市的农村面临一个非常现实的问题，就是今天的农村谁在种地？以后的农村谁来种地？大量的农田荒废着，即便是农民也不愿意耕种，因为种地根本养不活自己。贾平凹在《秦腔》中说“人要只靠土地，你能收多少粮，粮又能卖多少钱？现在不是20年前的社会了，有粮食就是好日子？清风街以前在县上属富裕地方，如今能排全县第几名？粮食价下跌，化肥、农药、种子等农产资料都涨价，你就是多了那么多地，能给农民实惠多少？”① 贾平凹的这段语，可以说道出了现代的农民都不愿意种田的原因。

一是种植成本高，现在种地成本太高了，必需的农资价格过高，除了比原来投入多了，还增加了播种、收割等机械服务费。此时，老汪总给我们算了一笔账：“如果农民自己种田，成本比较高，一亩地的成本：肥料100元、有机农药110元、两次耕地80元、插秧260元、田间管理50元、收割80元，烘干60元，共计740元。而一亩地带来的收入却不是固定的，水稻种植受天气影响较大，如果气候不好，大米的品质下降，收成不高，农民收入就会少，这样看来，农民自己种田确实要承担很大的风险，种田根本养不活自己。”（图10－1）可见农村服务社会化既有必要，也有可能。生态农业发展既要有规模，又要实施农村服务社会化。

二是粮食卖不上价，种植成本高不是最让人担心的，种地本来就有成本，最令人担心的是粮价不但没涨还降了，这样一来，别说赚钱了，

① 陈晓明．本土、文化与阉割美学——评从《废都》到《秦腔》的贾平凹［J］．当代作家评论，2006.

图 10－1　老汪总为我们分析农民种地成本

如果再遇上个天灾虫害，一定要亏本的。

三是会种地的人老了，年轻人不会种。很多老农民说"'70 后'不愿、'80 后'不会、'90 后'提都不提"，这种怪象不是一个村存在，几乎村村都有这种情况。现在农村种地大都是上了年纪的，甚至六七十岁了还操劳着家里的几亩地。反观农村年轻劳动力，常年在外打工，而且很多不会、不愿、不想种地。"种地的人确实少了，甚至很多'80 后'不会种地，'90 后'连农具都没有摸过。"从老汪总的话中，我们品出了农民的辛酸与苦楚。与在家种地相比，确实进城打工带来的收益要高很多，打工收入也相对稳定，因此，在鄂西一带，外出务工成了潮流，一波带一波，村里的青壮年劳动力基本去了城里，鄂西人民遍布各大城市。渐渐地，鄂西乡间的人少了，地也荒了。

农村人口流失已经成了鄂西乡村振兴工作开展的硬伤，有人才有活力，农村没有青壮年劳动力，犹如一潭死水，难以谈及乡村振兴。鄂西作为革命老区，要想在红色土地上实现绿色崛起，就必须增加农民收益，以此来留住人才。农村地区有人了，就有了活力，乡村振兴工作才能如火如荼地开展，乡村的发展有希望。乡村振兴发展之路任重道远，2021 年中央一号文件中再次强调“依托乡村特色优势资源，打造农业产业链”，以此来推动乡村振兴的整体布局。把农民留在农村，不只是为了让农民继续种地，回归到最原始的生产生活方式，更是要带领农民谋出路。农村产业的发展不仅是第一产业的发展，而且是整个产业链的共同发展。农业产业链涉及的范围很广，除了农产品种植，还包括产品的生产、加工、运输、销售等产业链，也包括由农产品生产衍生出的生态旅游业。在传统的发展模式下，农村第一产业发展较快，主要以第一产业为主，但是，发展方式较为粗放，现代化程度不高，第二、第三产业发展较为缓慢。在未来的发展中，必须转变传统的发展模式，提高农业现代化水平，提升农村产业竞争力，提高薪资待遇，更好地解决农村人口的就业问题。

在参观汪总公司时，我们发现公司里的员工大都是中老年人，很难看到年轻人的身影。在与一名员工攀谈的过程中，他向我们说出了自己心中的无奈：“我是实实在在的农二代，我的同龄人都喜欢出去打工，留长辈和孩子在家，家里如果出了什么事，我们很难赶回家，而且随着年龄的增长，我们这些农村人在城市找工作也越来越难，大部分都是干体力活。受新冠肺炎疫情的影响，现在城里挣钱不容易。”从这位员工的口中，我们对于农村劳动力的境遇有了更加深入的了解，农民留在家乡，家乡却没有合适的岗位，只能靠种田来维持生计，而去了城市后，又很难照顾家，并且在城市谋生也极为不易。

我国是一个农业大国，农村人口数量较多，瓦仓只是千千万万农村的缩影，农村的没落、人口的流失是现阶段国内大多数农村面临的问题，如何解决农民的就地就业问题，如何使农民在家乡工作也能获取与城市同等的劳动报酬，如何吸引农民回乡就业，应该是困扰乡村振兴的共同难题。乡村振兴，农民是主体，也是主力，为此实施土地流转或农村服务社会化是一个大趋势。

账单变了

2017年，习近平总书记在党的十九大报告中提出了乡村振兴战略，紧随其后，中央一号文件立足国情，提出优先发展农业农村，并对全面推进乡村振兴作出了总体部署，为“三农”问题的解决指明了方向。[①]农村地区土地流转政策出台，新修订的《土地管理法》也于2020年1月1日生效，农村发展迎来了新契机。实施土地流转，促进农业现代化及农村服务社会化是一个大趋势。

谈到近几年农村地区的发展，老汪总又给我们算了一笔账：“如果土地流转，每亩直接收入就有1600元。如果实施社会化服务，每亩地的肥料可节约25元、有机农药节约30元、耕地和收割节约40元、插秧节约200元，共节约295元，同时统一收购稻谷每斤又可多收0.1元。”同样是账单，在上一份账单中，我们读出了农民的心酸，在这份账单中，我们看到了国家给予的政策帮扶，看到了希望。土地流转制度直接给农民带来了收益，农民就算外出务工，将土地承包给别人，也能获得收益，土地不至于荒废，提高了耕地的利用率，保证了粮食产量。在农业社会化服务体系建设的过程中，国家也给予了大量的政策帮扶，为直接从事农业生产的经营主体提供了各种服务，每亩成本节约了295元，收购价也有所提高，真正实现了农民在收益方面的“开源”与“节流”，红土地上谋振兴，成果指日可待。

农村服务社会化体系为农村地区的产业发展提供了很大的帮助，何谓农村服务社会化？农业服务社会化即农村社会化服务体系，是为农户

① 伍延干．发展丘陵山区农机社会化服务的对策[J]．广西农业机械化，2021(6)．

从事农业生产提供的产前、产中和产后服务的一整套服务机构、服务组织和服务设施。它担起了单个农户做不了和做起来在经济上不合算的事情。这一服务体系立足于我国具体国情，在发展过程中形成了家庭农场+社会化服务体系，服务体系也呈现多样化，政府组织、村民自发及社会人员参与共同推动农村社会化服务体系日趋完善，更好地为农村经济发展服务。

老汪总的新账单变了，农民实现了增收，节约了生产资金投入，与农村服务社会化有着很大的联系，农村服务社会化体系为瓦仓地区农户从事农村产业发展提供了很好的产前、产中和产后的一整套服务机构、服务组织和服务设施，助力瓦仓大米种植加工产业的发展，推动了瓦仓大米产业的现代化发展。由此可见，鄂西地区推进农村服务社会化，既是时代发展的馈赠，也是农业发展的迫切需求。生态农业发展既要有规模，又要实施农村服务社会化。

老汪眼中的未来农业

“走在乡间地里，往事历历在目，我亲眼见证了生态农业在瓦仓的发展。”老汪总感慨地说道。瓦仓村拥有得天独厚的水稻种植条件，是湖北省名优大米十大品牌“瓦仓大米”原产地，老汪总最早开始展开生态农业的发展实践，并成立了生态大米种植与生产企业，企业发展至今已经小有规模，解决了当地很多人的就业问题，瓦仓村也曾被评为2020年度全省“村级集体经济发展进步村”和“全国首批红色美丽村庄建设试点村”。

近年来，瓦仓村生态种植业发展迅速，以其稻米香、软、润、滑、爽独有特色备受人们的青睐。瓦仓大米已成为人们餐桌上必不可少的，并逐渐形成品牌，走向全国。调研团通过实地查看水稻集中育秧及种植基地，了解了瓦仓米的品种、土壤、水源、育秧面积、绿肥种植、机器设备等情况。也现场查看了瓦仓大米加工、收储仓库、成品包装、电子商务、物联网追溯系统，了解了瓦仓大米产业发展、基地规模等现状。

在参观的过程中，通过汪宗平、汪洪波的耐心讲解，调研团成员对瓦仓大米当前经营模式有了全方位的认识。瓦仓大米产业采取“现代农业模式 + 休闲农业 + 农业社会化服务”的经营模式为乡村振兴发展注入了新的血液，极大地推动了当地美丽乡村的建设。

谈及未来，老汪总充满希望。谈话过程中，他也提到了瓦仓大米产业在发展过程中面临的诸如专业人才缺乏、基础设施建设不够完善、农业现代化程度不够高等问题，这些问题阻碍了生态农业的发展，同时阻碍了乡村振兴的进程。未来，有了农村服务社会化体系，这些问题都应该能够得到解决。在各方力量的帮助下，瓦仓大米的品牌建设会越来越好，销量会年年攀升。借助政府与专业团队的宣传，老汪总的生态农业公司也吸引了年轻人，为企业的发展增添了生气。小汪总辞去公务员职务后，也投身瓦仓谷香生态农业有限公司的建设，为家乡的发展贡献力量。在交谈中，老汪总多次提到需要年轻力量的加入，农业生产需要高科技，宣传需要借助新媒体平台，并且在农产品的销售方面，也期望通过媒体平台来提高谷香米的知名度，拓宽销售渠道，增加销售量。

二、卖米更要卖服务

“春种一粒粟，秋收万颗子。”调研中，我们一直以为老汪总和小汪总的公司是卖大米的，但经过几天的调研发现，他们除了卖大米，更多的是卖农村社会服务，从农村稻谷生产整个产业链条中，他们的服务几乎贯穿了整个产业链，从育种、耕地、田间管理到收割稻谷、加工大米、销售大米，几乎是一条龙服务（图 10－2）。

图10－2 育秧基地仓库

村民自己育苗、插秧成本高，光请人插秧苗就需要每亩300元，在这里购买水稻育插秧社会化服务，包育包插才260元，性价比较高，因此，很多村民都愿意购买水稻育插秧社会化服务。村民自己育秧，自己插秧，既费时、费力还不省钱。而在县农业部门的大力扶持下，利用项目资金和自筹相结合，瓦仓谷香生态农业有限公司投资300多万元建设的观西村育秧基地占地12000平方米，其中育秧场带晒场5000平方米，仓储带播种操作车间750平方米，仅春季一季可育秧4批次，每批次可育秧40000盘，不仅能满足瓦仓谷香生态农业有限公司核心种植基地的秧苗需求，而且可为周边村民提供1万亩水稻的育秧和插秧服务。

一边是资产闲置"吃不饱"，一边是人手不够缺劳力，瓦仓谷香生态农业有限公司适时在洋坪三板村、茅坪场瓦仓村、旧县镇观西村等6个育秧基地推出了统一种子品种、统一育秧规格、统一栽种技术的水稻种植社会化服务，可提供社会化服务水稻种植面积5万亩。其中观西村育秧基地从建成以来，除了满足自己的基地需求，一年四批次可以培育12000亩秧苗，还可以给周边的老百姓带来社会化服务，解决他们劳动力短缺的问题，可以帮助周边待业在家的老百姓增加部分收入。2019

年，瓦仓谷香联合社实现销售收入1.2亿元，利润总额达1250万元，为全县种植户降低育秧成本近50万元，助农增收约700万元。

社会化服务组织能够有效解决“谁来种田、谁来管田”的问题。社会化服务组织效率高，既能降低种田成本，又能增加农户收入，是一举多得的。

2021年9月农业农村部下发了《关于加快发展农业社会化服务的指导意见》，文件中提到：力争经过5~10年努力，农业社会化服务专业化、信息化、市场化水平显著提升，对现代农业的支撑功能和联农带农作用明显增强，基本形成组织结构合理、专业水平较高、服务能力较强、服务行为规范、全产业链覆盖的农业社会化服务体系，使农业服务业发展成为要素集聚、主体多元、机制高效、体系完整，具有一定规模和竞争力的现代农业产业，更好地引领小农户和农业现代化发展。①

农业生产性服务贯穿于农业生产作业的各个环节，能为农业生产提供各项服务，并随着农业生产性服务的完善，服务日益规模化。服务规模化对于农业生产起到了极大的促进作用，通过社会组织、政府或个人力量集结资本、技术人才及器械，有利于推动生态农业生产的规模化。农业生产性服务的规模化能够帮助农户降低生产成本，帮助农户增收，有助于形成农业的集约化生产，推动地域性农业的发展，提高农产品质量。农业生产性服务符合现代化农业发展的需求，当下，在政策的引导下，越来越多的资本、人才涌向该领域，在未来有较好的发展前景。

农业生产性服务对于生态农业发展的重要性是不言而喻的，但是，眼下有关农业生产性服务信息的传播力度远远不够，仅靠基层干部及部分社会群体进行传播，农业生产性服务的便利性及专业性难以被农户熟

---

① 单文盛，宋颖，杨杨．乡村振兴战略下的县级融媒体研究[J]．传媒观察，2020(6)．

知，仍有不少农户对于农业生产性服务缺乏了解，仍旧采用传统的种植模式，成本较高，抗风险能力较弱。远安县在实践过程中，利用县级融媒宣传了老汪总和小汪总的公司所提供的农业生产性服务，此外，还为农户提供了相应的农业生产服务信息，切实帮助农户解决了实际生产过程中遇到的困难，在一定程度上提高了当地农业生产的技术含量与机械化程度。县级融媒为农业生产性服务信息的传播服务，真正实现了县级融媒服务县域，为乡村振兴助力。由此可见，在农村地区，信息的传播仍比城市闭塞，有助于农业生产发展的信息不能靠单一的基层村委组织宣传，还需发挥县级融媒的力量，使“深巷中的酒香”传至千门万户。

现阶段，我国农业发展的现代化水平较低，远远落后于欧美国家，也弱于日韩。这与我国特殊的地形与国情有关，我国虽幅员辽阔，但是耕地面积较少。且中华人民共和国成立后，一直以发展工业为主，将农业发展置于次要地位，优先发展城市，农村大量劳动力涌入城市，为城市建设添砖加瓦，而农村的发展在资源上远不如城市，甚至还为城市的发展大量输入人力物力。我国的现代化农业发展也存在较大的差距，南北差距较大，东西部之间也存在较大差距，尤其是西南地区发展较为落后，我国西南地区以丘陵和山地为主，平原、盆地面积较少，经济发展落后，农户规模较小，大多为散户，农业的机械化程度较低，农户对于风险的抵御能力较弱，农业收入较少。立足于当前问题，为了解决散户的农业生产问题，节约生产成本，切实提高农民的收入，就必须促进农业生产的集约化，提高机械化水平。在发展现代农业的过程中，要制定好短期与中长期规划，从农产品选种、种植、装备设施及销售的环节提高科学程度，聚集农业人才与资金到需要的农村，创设实验村，前期推动实验村的发展，鼓励部分优秀农业生产企业发展，例如，对这类企业给予政策倾斜，发展中期采用“以村带村”“以企带村”的发展路线，促进优势乡村与企业带动区域内乡村实现发展，发展后期应形成如远安县瓦仓大米专业合作社这类农业生产合作社，各村依据本村特色，发展符合本村实际的农业，形成区域化农业，扩大生产规模，促进优势热色农业发展，完善农业产业链和供应链，促进农业的现代化水平。立足于我国当前农业发展现状，发展农业社会化服务迫在眉睫。农业社会化服务在提高现代化农业水平，促进农业集约化发展方面发挥着十分重要的作用，是实现现代化农业发展的重要力量。农业社会化服务能为农户提供各种类型的服务，这些服务是多层次的，可以贯穿整个农业生产的全过程，从选种、播种、种植到收获、销售等，帮助农户解决生产过程中遇到的难题，给予农户技术、器械、渠道方面的支持。并且，农业社会化服务提供的农业生产知识都是有大数据及科学技术作为支撑，能够很好地适应当地现代农业的发展，能大幅提升农作物产量以及品质，促进农民增收。除了发展农业社会化服务，要想实现现代农业的发展，助推乡村振兴的发展，必须吸引年轻劳动力投身农业生产。目前，我国从事农业生产的青壮年劳动力较少，留守在农村种植田地的多为“60后”，他们“后继无人”，地头田间再难见青壮年劳动力，青壮年劳动力缺乏的乡村，更不用提具有专门农业生产技术的高素质人才了。要想实现现代化农业的发展，并以此为“火车头”拉动乡村振兴的发展，就必须将更多的青年劳动力，尤其是掌握现代化农业生产技术的农业人才引入农村，留在农村，发挥这部分人的带头作用，促进农业发展的科学化与机械化水准，帮助农民解决生产过程中的虫害、低产等问题。为现代化农业发展准备好“生力军”，改善当下农村出现的“有田无人耕”的现状，切实提高耕地的利用率，确保国家粮食安全，更好地实现农村地区的发展。

近年来，随着国家对现代化农业发展重视程度的提高，对乡村的发展给予了更多人力物力方面的支持，越来越多的年轻人走进农村，创新工作作风与工作方式，为农村的发展带去了新的生机，现代化农业生产也出现了新的发展形式。许多地方依据当地特色，成立了农村生产合作社，以合作社的形式，提高了农业生产的效率，降低了农业生产的成本，以此来推动当地农业的发展，生产合作社的形式应用于现代农业的发展已有数年，并且也取得了一定的成就。汪宗平成立了远安县瓦仓大米专业合作社之后，不仅售卖大米，还提供农业社会化服务，凭借合作社的力量，帮助了很多农村种植散户解决了种植问题，大大提高了瓦仓大米的产量和品质，并借助集体的力量，联系多个媒体，发放瓦仓大米“新名片”，瓦仓大米的销量实现了质的突破，当地的水稻种植业的现代化水平也有了显著提高，农民收入切实增加。除了成立农业生产合作社，许多地方还兴起了农业生产托管的方式，这一方式也属于农业社会化服务范畴，农业生产托管形式的农村社会化服务受到了农户以及资本的追捧，农户将自家田地托管之后，可以节约人力物力，并且能保证收入，而参与农业托管的工商资本以及城乡企业则可以利用集约化的生产形式，获得不错的效益。越来越多的资本进入农业农村服务行业，促进了农村农业服务市场的发展，激发了这一市场的活性，进一步促进了农业经营主体向农业服务主体的转型。先进的农业社会化服务，有利于推动农业生产性服务行业的崛起，这能在很大程度上构建现代农业服务体系的新内涵，为现代农业的发展增添内生动力，对于现代农业发展以及现代乡村建设都功不可没。党的十九届五中全会和《中华人民共和国国民经济和社会发展第十四个五年规划和2035年远景目标纲要》明确了全面深化改革、构建高水平社会主义市场经济体制的方向，发展农业社会化服务应在坚持这一方向的前提下进行。[①] 由此可见，农业社会化服务对于现代化农业发展以及全面推进乡村振兴工作的重要作用，现代化农业的发展是现代化农村建设的根本，现代化农业的发展能够成为现代化农村建设的重要基石，农村地区只有实现了现代化农业的发展，解决了农村人口的就业问题，确保村民的收入，才能更好地集民力、聚民心，为乡村全面振兴提供动力。只有现代化农业发展好了，村民才能不遗余力地建设美丽乡村，才能为农村的发展留住人才，才能实现农村的长久、健康发展。农村和农民都是社会主义中国的主要组成部分，是中国共同富裕道路上不能遗忘的重要存在，脱离农村与农民的高速发展不是真正意义上的高质量发展。前期的社会主义发展成果也有农村和农民的一部分，农村与农民有权享受改革开放的成果。农业社会服务为现代化农业的发展注入新的发展契机，创新了现代化农业的发展方式，农业社会服务作为一种新兴的助农经营模式，仍处于迅猛发展阶段，农业社会服务在发展的过程中，应该利用现有资源，结合当下国家发展国情，发挥市场对于资源配置的决定性作用，并利用政府的政策扶持，走好助农之路，切实促进农业现代化水平的提高，深化自身供给侧结构性改革，时刻关注农民以及农业需求的变更，推动服务过程与服务质量的现代化与科学化，利用高新技术促进自身服务水准。始终将服务好农业、农村发展，促进农业现代化水平视为农业社会化服务发展的重中之重，在确保粮食产量与质量的基础之上，聚焦高层次服务，为现代化农业生产方式创新助力，助力农村地区重要的现代化农业企业以及优势种植行业的发展，加强与农户之间的沟通，积极宣传先进的生产种植知识，为农户的现代化生产提供建设性服务。同时，还应聚焦农村不同群体的种

① 姜长云．用发展农业社会化服务解开加快农业农村现代化的密码[J]．中国发展观察，2021(16)．

植户，为不同群体提供不同的服务，优先帮助小户解决难题。

企业要想更好地提质增效，就要改变思维方式，将服务对象对准由规模效应的新型农业经营主体，而不是聚焦于分散的小农户，这样更有助于其形成开放格局的市场竞争流，因此，以减少政府补贴为主的农业经营方式应该成为主流。当然，在政策施行初期，通过具有典型代表意义的规模性新型农业经营形成龙头作用，从鼓励和支持政策落地的角度出发，对相关的中小微农业企业提供帮扶也是应有之义，但要对合规性和合理性有充分的认知和把握。要结合创新农业社会化服务支持政策，鼓励通过政府采购公共服务、推动探索由补服务主体向补服务消费转变、由按服务数量提供补贴向综合考虑服务数量和质量提供补贴等方式，鼓励各类服务主体创新服务供给机制，增强创新发展和资源整合、市场集成能力，鼓励各类企业和社会资本投资发展农业生产性服务业。鉴于农业生产性服务业是未来农业社会化服务的发展重点和鼓励方向，基于统筹发展和安全的考虑，要把鼓励市场化、专业化、社会化的农业生产性服务组织增强抗风险能力，作为未来完善农业社会化服务支持政策的重要取向。

在发展过程中遇到困难是不可避免的，在看到农业社会化服务成效显著的同时，也要警惕其可能出现的问题。比如，如何看待不同类型服务组织发挥作用的比较优势和局限性，不同类型服务模式取得成功的条件和发挥作用的可持续性，怎样实现不同类型服务组织的优势互补和公平竞争，应该如何防范农业生产托管服务发展中的垄断和“贪大求洋”问题，怎样解决农业生产性服务业发展中的风险防控和可持续发展问题，等等。应通过由点到线再到面的手段，鼓励各区域开展自己的农业社会化服务试点，或通过区域合作、产业协同等项目来探索可能的解决方案。通过借鉴国内外优秀的经验，推进农业生产性服务业反垄断的可能性，鼓励农业生产性服务企业参与到市场化竞争中来，让市场对其质量和服务水平进行把关，推动其社会化服务的可持续性发展。

三、乡村治理的精细化

当黎明的曙光照向乡村，乡村在政策的指引下熠熠闪光。现代化乡村建设要立足于当下中国乡村发展的现实，加强城乡有机融合发展，缩小城乡发展差距。中国特色社会主义乡村发展不仅要传承中国特色乡村农耕文明，映射中华民族悠久的农业文化，还要将现代工业化、现代文明与乡村建设融合，建设既具有深厚文化底蕴又能体现现代文明的美丽乡村，文化传承与乡村文明建设并举，实现脱贫与致富之间的顺利衔接，促进乡村建设工作上一个新台阶。

要想实现美丽乡村的长足发展，就必须立足于各个乡村的发展实际，将乡村治理精细化奉为圭臬，做到一村一策，赓续农业文明血脉，创建现代化乡村。

从“党建”出发激发党群共治热度

近年来，国家对于农村地区的基层党建工作尤为重视，设置大学生村官职位、下派指导员指导乡村党建工作、鼓励大学生党员回乡发展等。乡村的政治工作具有特殊性，乡村党建工作在乡村治理的过程中也发挥着不可替代的作用。

乡村缺乏完整的商业服务体系，村委会是沟通村民与政治体系的重要桥梁，亦是乡村村民解决问题的重要途径。村委会在乡村治理的过程中发挥着举足轻重的作用，肩负重要使命，需要负责开展村“两委”的选举、村民代表的选举、党代表、人大代表、监督委员会、经济合作组织主任等政治生活，此外，还负责保护村集体财产、处理村民反馈的各种问题及突发性公共事件。

眼下，举国上下开展乡村党建工作，经过几年的发展，乡村党建工作朝着正规化方向发展，一改乡村政治生活无序化的局面，“党建”工作极大地激发了党群共治的热情，越来越多的党员与村民参与到了乡村治理中来，党员扛起了乡村治理的大旗，越来越多的党员在乡村治理中发挥了先锋带头的作用，更好地带动了村民参与乡村治理的积极性，乡村治理氛围日益浓厚，群众的主人翁意识逐渐增强，群众在享受乡村治理成果的同时，也更加热衷于乡村治理工作，形成了良性循环，党员与群众在共同参与乡村治理的过程中，逐渐探索出适合本村的治理模式，乡村治理逐渐走向精细化。

一是把握关键环节。要想实现乡村治理的精细化，就必须抓住现阶段乡村治理工作的主要矛盾，抓重点，攻坚克难，啃“硬骨头”，分阶段、有目的地处理关键环节。乡村治理的关键环节也是因村而异的，就现阶段乡村发展的实际来看，发展乡村产业仍是重中之重，乡村产业是乡村工作的核心，只有乡村产业发展好，解决了村民的收入来源问题，让群众切实尝到乡村建设带来的“甜头”，村民才能不遗余力地投入乡村治理中，才能有更多的闲情逸致去建设美丽乡村，实现人人参与乡村治理的理想预期。以湖北省远安县茅坪场镇为例，茅坪场镇下辖的各个乡村在近几年严抓“党建”工作，发展至今，已经建成了多支业务能力极高的党建队伍，并积极参与乡村治理工作，乡村治理情况可观，形成了人人参与乡村治理的局面，乡村面貌焕然一新。2018 年以来，茅坪场镇党支部致力于发展乡村食用菌产业，将乡村产业发展视为乡村治理进程中的关键环节，在当地先后开展 22 期 1132 人次技术培训，通过技术培训，村民掌握了更加科学地食用菌的种植技术，极大地提升了食用菌的产量，产品的品质也随之得到了提高。因为产品品质上的提升，食用菌的销量及价格都上了一个新的台阶。村民在当地党支部的带领之下，实实在在地尝到了乡村产业发展的“甜头”，群众满意度提高了。

二是抓住关键人。除了抓关键环节之外，人作为乡村治理工作中最具能动性的因素，在乡村治理的各个环节中发挥着至关重要的作用，也需要被关注。只有抓关键人（即人民群众），才能更好地为乡村治理工作的精细化注入新鲜的血液。只有做好人民群众的工作，才能让党的基层工作成为强信心、暖人心、聚民心的“硬核支撑”。茅坪场镇党支部各级基层党组织在乡村治理的过程中，贴近群众需求，发挥党员的带头作用，号召群众参与到生态农业的发展中来，学习水稻的先进种植技术，用党员的亲力亲为来激发群众的学习积极性，激发群众的创造性，秉承着“人多力量大”的理念，切实提升了群众组织化程度。为了唤醒乡村治理进程中群众的主人翁意识，当地党组织一方面鼓励党员、大户研发新品种、推广新技术、钻研新模式，推动生产合作化集约化；另一方面，尤为重视对贫困种植户实行全方位全过程管理服务，确保贫困户稳定脱贫不返贫。全员参与乡村治理，更好地实现乡村振兴工作，促进鄂西一带现代化农村的建设。

三是打造党群利益共同体。乡村是村民赖以生长的地方，生于斯，长于斯，乡村发展得越好，村民的生产与生活质量也就越高，党员与群众都是乡村治理的最终受益者。因此，在乡村治理的过程中，要致力于打造党群利益共同体，党组织发挥领导作用，鼓励群众参与到乡村治理的队伍中来。群众在参与乡村治理的过程中，应该响应号召，群策群力，发挥主观能动性，基层支部必须带领基层群众往前奔、拼业绩，用实干说服群众。鄂西一带近几年尤为重视乡村治理工作，并且致力于打造党群利益共同体。茅坪场镇下辖的村党委经常性地开展应农时、顺民意的活动，组织群众参与到生态农业的建设中来，让群众享受乡村发展的成果，让群众在生产生活上离不开集体，在思想情感上离不开组织。不少村委顺应农时开展便民服务，为农民提供肥料、农药以及农作物种子，节约农民的种植成本，并在农忙季节统筹乡村劳动力资源组建生产互助专班，为种植散户上门提供生产服务，提高农户生产效率、统一散户种植技术标准。同时，还积极促成农业的现代化生产合作，鼓励群众参与到现代化农业生产合作中来，提升瓦仓米的产量与品质。

从“网络”出发拓展乡村治理精度

乡村治理除立足于乡村实际之外，还应借助科技来拓展乡村治理的精度，实现乡村治理的数据化、信息化，更好地提升乡村治理的效率。互联网发展势头迅猛，极大地改变了人们的生活，已成为人们生活的重要组成部分。当下，互联网已被广泛应用于各个领域，对于人们的生产与生活而言发挥了革命性的作用，是社会发展与进步过程中不可忽视的力量。纵观城市发展，互联网依托城市良好的信息基础设施，在各个领域大放异彩，帮助人们解决了很多问题，大大提高了人们的工作效率，改善了人们的生活质量。近年来，乡村信息技术设施不断完善，互联网也开始被应用于乡村治理之中，并也略见成效。

首先，创建“云上”数字乡村，提升乡村治理数字化水平。远安县要想拓展乡村治理的精度，就必须借助互联网技术，依托互联网技术优势，创新乡村治理方式，实现乡村治理的数字化，精细乡村治理方式。要将乡村地区信息基础设施建设放在首位，信息基础设施建设是乡村发展的“新基建”，尤其是一些地理位置偏远、村户较为分散的村落，信息基础设施的建设迫在燃眉，当地政府要整合资源，形成以政府为主导、出资补贴，以商业投资为主体，辅之以社会捐赠的模式，来促进乡村基础网络设施的优化，并做好后期的继续推进与维护工作，以改善物质基础的形式推进农村信息化进程。现代化乡村发展离不开互联网技术的支持，农村产业要想做大做强，农村管理要想实现精准化，就必须借助互联网，必须形成以互联网为中心，以传统媒体、广播电视网络、新媒体为途径的多方传播矩阵，更好地服务于乡村治理工作的精细化。在完善乡村信息基础建设的基础之上，还要因地制宜、完善数据信息，建设“云上乡村”，推进“网格化”管理和平安乡村建设，提升农村基层精神文明建设水平，利用互联网更好地宣传当地的产业，分享农村发展的成就，设置农村发展“新名片”。

其次，开展网络技能培训，提升精细治理能力。鉴于农村发展实情，村民文化水平相对较低，且留在农村的群众年龄断层现象严重，青壮年劳动力较少，儿童以及中老年人数量较多，群众对于网络的使用以及利用互联网参与乡村治理的能力较弱，政府应该牵头，组织当地学校、企业以及相关责任单位开展信息技能培训，尽量在村里选择有一定文化素养的村民参与信息技能培训。此外，立足基层领导班子，号召各级领导干部要学网、懂网、用网，与村民共同参与信息技能培训，用信息技术武装自己，提升自身参与乡村治理的能力。地方政府党政负责人要充分认识到利用网络来拓展乡村治理能力的重要性，把网络参与乡村治理纳入党委中心组学习，并组织基层领导班子学习相应的管理知识，借助互联网辅助乡村治理工作的精细化。

最后，因地制宜，利用互联网技术辅助乡村治理工作。我国幅员辽阔，村落较多，且东西、南北地域的农村在发展程度上也存在较大的差距，互联网技术辅助乡村治理工作的开展也应立足各地乡村发展实情，对于农村产业发展较好的地区，互联网技术对于产业的发展而言是锦上添花，互联网技术可以参与到乡村发展的各个方面，促进农产品销售，带动当地产业的发展，对于乡村生活的方方面面都大有裨益。而对于有信息采集困难、受智能化限制等的贫困地区，互联网的普及难度较大，但对于这些地区而言，互联网技术参与到乡村治理的工作中，对于乡村的发展而言，亦是雪中送炭。在发展程度稍慢的农村地区，要搭建便民互动的数字化平台，不断增强网络监督处置的及时性、主动性和透明度，有效促进基层各项工作规范、高效地开展。基层各项工作的开展得到很好的督促，为乡村发展保驾护航。

从“媒体”出发提高精准服务密度

乡村治理涉及的内容较多，既包括乡村的政治生活，也包括乡村的各类社会生活，这为乡村治理的开展增加了难度。在“媒体”发展兴盛的当下，要借助媒体，提高乡村治理精准服务的密度，更好地服务于乡村建设。

首先，运用“融媒体”助推乡村治理创新。在乡村治理的复杂系统中，县级融媒体作为农村社区信息枢纽，是本地信息的重要提供者，对于乡村治理工作的开展具有重要的推动作用。在我国乡村社会治理过程中，县级融媒体肩负重任，扮演着本地公共服务提供者的角色，是一个以综合信息服务为根本、广泛连接公众及社会各界的区域综合型媒体平台。

县级融媒体与乡村社会治理紧密相连，县级融媒体是村民了解惠农、惠民政策的窗口，也是现代乡村建设的宣传栏，对乡村的发展具有深远的影响。县级融媒体对乡村治理的创新主要表现在三个方面：一是连接基层群众、满足信息需求。县级融媒体中心与其他媒体最大的不同是具有独特的地域性，县级融媒体可以作为连接当地群众、企业以及政府的桥梁，为基层群众提供最直接的信息，并对政府方针、政策进行解读，是政府各部门信息资源的集成平台，也是群众了解当地时事、政策的重要途径。二是制度调整创新、对接公共服务。在乡村治理的大环境之下，乡村治理对于县级融媒体的服务功能要求日益提高，县级融媒体中心为适应乡村的迅速发展，将提供便民服务视为平台的“标配”，并在此基础之上，对便民服务进行细分，提供多个便民渠道，例如，就业求职、医疗农保，甚至小到天气预报等。精细化的服务为村民生活提供了极大的便利，很多事务“跑一次”就能解决，还有的可以直接通过互联网远程操作完成。三是整合平台资源、解决社会问题。县级融媒体中心是县域内数字信息的集成平台，在乡村振兴的进程中，有责任发挥自身效能，探索推进乡村治理的路径，解决乡村治理过程中的社会问题，提升乡村治理工作的实效性和说服力。

其次，发挥新媒体力量，助力乡村治理。新媒体作为后起之秀，在极短的时间内就凭借易操作、门槛低、时空限制小等优势迅速超越传统媒体，并且依托自身优势，涉猎更多的领域，获得了受众的青睐。随着政策的引导，越来越多的新媒体开始被应用于乡村振兴领域，成为乡村振兴道路上的一道亮丽的风景线。

新媒体在乡村治理工作中发挥的作用主要有三个方面：一是优化内容分类，及时做好信息反馈。在乡村治理工作中，新媒体常被作为新的党政宣传平台，提高政策在乡村的普及度。目前，新媒体在乡村地区已经拥有一定数量的受众，作为党政宣传平台的新媒体，以“三农”服务为基准，传递专门的信息服务，乡镇企业、农户成为平台的主要受众，相关部门通过这些平台实时推送党的方针政策，并为了方便受众接受信息，对相关内容做好精细分类，以群众喜闻乐见的方式传递内容，以此确保党的方针政策得到最大范围的传播，实现传播效果的最优化，为乡村治理工作打好群众基础。二是构建新媒体矩阵，衔接资本与科技。新媒体已经成了乡村发展的重要辅助力量，不少地区的村民自发利用新媒体平台进行创业，拓宽农产品销售渠道，新媒体或已成为展示农村“名片”的重要平台。在未来的发展中，要致力于构建新媒体矩阵，衔接资本与科技，形成乡村振兴合力，减少平台之间的无序竞争，更好地促进乡村振兴。三是做好平台维护与管理。乡村的发展绝不仅限于经济的发展，乡村的发展是多方位、全面化的发展，乡村振兴涉及乡村发展的方方面面。新媒体平台作为乡村振兴的主要推动力量，应该做好平台的维护与管理，畅通村民反馈与监督的渠道，确保新媒体平台在乡村振兴工作中发挥自身的效能，为现代化乡村建设添砖加瓦。

从“文化”出发提高基层治理深度

文化是人类在社会实践过程中所获得的物质、精神的生产能力和创造的物质、精神财富的结合，具有十分重要的作用，文化是维系一个国家、一个民族团结和国家稳定的重要基础，也是一个国家综合国力和国际竞争力的重要组成部分。我国是一个具有悠久历史的国家，文化底蕴深厚，农耕文明经过五千年的沉淀，在岁月的年轮中熠熠闪光。

乡村治理涉及乡村生活的方方面面，乡村文化作为乡村生活的重要组成部分，在乡村治理的过程中，应该受到高度重视，乡村治理工作应从“文化”出发，提高基层治理的水平。随着现代工业以及城市化的发展，乡村文化也被赋予了更深的内涵，乡村文化应该包括两个方面，一是具有鲜明中国特色的乡村农耕文明，二是能够体现具有现代工业化、城乡化发展和特征的现代文明。在乡村治理工作开展的过程中，要以这两方面的文化为基础，立足于乡村“文化”，提高基层治理的深度，做好乡风文明建设，更好地促进乡村振兴工作的开展。

首先，以文化活动为“突破口”。历经上千年岁月的洗礼，许多乡村都保有独特的习俗，这类特有习俗是乡村文化的体现，并且往往具有公共事务属性，是村民生活的调剂，亦是村民思想情感的寄托，在乡村振兴中发挥着重要的作用。因此，要在乡村治理过程中，立足于当地的乡村文化，以乡村特有的文化活动为“突破口”，对村落中特有的习俗活动进行挖掘，并运用好乡村文化的积极因素，传承乡村文化，唱好乡村振兴的赞歌。引导乡村群众主动参与公共事务，自觉承担起乡村治理的责任。

在乡村治理中，要以文化活动为“突破口”，激发乡村群众参与公共事务的主人翁意识需要注意两个方面：一是要注重乡村文化的创造性转化、创新性发展。乡村文化具有悠久的历史和深厚的内涵，在乡村治理的过程中能发挥出巨大的治理效能，乡村文化建设能引导村民形成合力，更好地促进乡村各项工作开展。由于受到现代文化的冲击，乡村文化在不经意间开始消逝，年轻一代对于乡村文化缺乏认同感，乡村文化面临后继无人的凄凉境地。因此，在发展乡村、治理乡村的同时，要注重对乡村文化的创造性转化与创新性发展，加强宣传，提高群众对于乡村文化的认同感，赋予乡村文化新的时代内涵，使其在现代文明的冲击之下立于不败之地，充分发挥优秀乡村文化在凝聚人心、教化群众、淳化民风中的重要作用，深刻理解乡村文化蕴含的人文精神、道德规范。二是有鉴别地加以对待，有扬弃地予以继承。对于乡村文化的发展要具有鉴别能力，摒弃不符合时代发展的消极的、陈旧的文化，发扬符合时代主旋律的乡村文化。

其次，以红色文化为“主心骨”。乡村是红色文化的集中地，在中国共产党成长与发展的过程中发挥着举足轻重的作用。眼下，革命老区应深入挖掘红色文化，建成红色教育基地。

一是完善工作机制，塑造红色品牌。远安地区作为红色革命老区，具有丰富的红色文化资源。在乡村治理进程中，各基层组织应该完善工作机制，形成合力，共同开发、宣扬当地红色文化，塑造红色品牌，更好地发扬红色文化，为乡村振兴的发展注入红色血脉，形成远安红色基因品牌。

二是建设文化场馆，打造红色基地。湖北省宜昌市远安县茅坪场镇十分注重对红色文化资源的开发，茅坪场镇举全镇之力，投资 200 万元规划建设 840 平方米多功能政治生活体验馆——瓦仓红色纪念馆（图 10－3），设置早期活动、历史背景、群众工作、起义战斗、后续斗争、瓦仓英烈、时代意义、初心大讲堂 8 个板块。每个板块都独具匠心，给参观人以极强的视觉冲击。同时，当地还打造红色教育精品线路和精品课程，瓦仓党内政治生活体验馆业已成为当地红色教育的主要基地，吸引游客与当地学校前来参观，实现“有址可寻、有物可看、有史可讲”，是传播红色基因的新载体，亦是凝心聚力的新堡垒。

图 10－3　瓦仓党内政治生活体验馆

三是抓好精神文明建设。依托当地红色文化，弘扬革命老区精神，广泛组织开展学习红色文化的活动，激励干部群众赓续红色血脉，在乡村治理过程中发扬艰苦奋斗的精神，提高乡村治理工作的精细化。

四是以法治文化为“新引擎”。相较于城市，乡村地区法治意识淡薄，乡村治理工作推进若缺乏法治的保障，将寸步难行。因此，在乡村治理精细化的进程中，要推进基层治理深度，在乡村地区宣扬法治文化。

第一，基层干部群众知法懂法。基层干部作为农村发展的领头人，要因地制宜、探索创新，以人民群众喜闻乐见的方式做好农村法治宣传，提高村民对法治的认同感。

第二，打造乡村法治人才队伍。农村经济社会的快速发展提高了群众对法律服务的需求。为满足村民日益增长的法律服务需求，农村地区要以群众法治需求为导向，定期普及法律知识，经常在田间地头开展法律服务活动，给予群众实质性的奖励，激发群众尊法学法用法的积极性。同时，还应成立相应的法律服务组织，为村民答疑解惑，提供相应的法律服务。此外，基层干部也要主动学习法律知识，增强依法办事、依法行政的意识，成为乡村法治建设的带头人。

附录

调研手记

金欢调研手记

中央财经大学 金欢

穿梭于层叠的幽色山林，透过车窗，初阳洒满田间地垄，入目是一丛流动的绿。身处鄂西，亲触远安，踩着绿色出门，感受着那块陌生土地的气息，逐渐熟悉，逐渐热爱。短短几日，满是难舍的回忆。

此次鄂西调研之旅，有何所得？人、景、理，可谓三得。

所谓人，有名无名，所遇之人、所闻之人皆令人难忘。在远安调研的第一站，我们一行人跟随小汪总来到瓦仓大米种植基地参观，通过他的热情介绍，我们了解了瓦仓大米种植的历史、瓦仓大米的一些种植细节等，对当地的农业情况有了基本认知。次日，我们又见到了老汪总，作为农民出身的企业家，他一如当年，朴实纯良。在采访的过程中，我们倾听了他的创业史，感受到了他对国家生态农业的关心，也被他的坚持和善良打动。此外，在宜昌我们还遇到了许多媒体从业者。《三峡日报》、秭归县融媒体中心的媒体人，他们对于媒体转型的预判、对于乡村建设的关注，都很值得学习。

所谓景，鄂西此行，遇见即风景。最难忘之景，便是瓦仓所见。在这最是自然之地，终是领略了乡间野气，看过了人间烟火。走过一碧万顷的田野，每株禾苗昂扬身姿，聊赠今夏一抹别样风采，那是生命色彩的张扬；看过日落时分的乡村，空中炊烟袅袅，地上人儿团绕，享受着当地的鲜美菜肴，间隙传来犬吠，感叹此刻的闲散适意；踩过如水的月色，在隐约的灯光中摸索着前往纪念馆，回去的路上，夜色已深，月光正盛，耳畔又传来几声叶动虫鸣，若是碰巧鼻尖又闻几缕禾香，便愿赞一句“稻花香里说丰年，听取蛙声一片”。

所谓理，不可不提，且要多提。此次调研的关键词是“生态农业”和“乡村振兴”，围绕着这两个关键词，我们深入鄂西瓦仓，通过对瓦仓大米种植基地和瓦仓谷香生态农业有限公司的参观走访，对瓦仓的生态农业发展情况及目前所遇困境进行分析，深入探究当地生态农业助力乡村振兴的发展之路：其一，要积极发掘科技对于当地生态农业的助力作用，要推动农业科技的现代化，将技术的良药应用于农业的持续发展。其二，生态农业要强调思想“生态”，要有一定的生态观念和理念，牢牢树立生态文明观念，建立以农作物种子安全为基础的生态农业安全观，把种子这一核心“生态”掌握在自己手中。其三，关键在“人”，乡村人才振兴的关键是要留得住更多的人才，让人才的活水注入乡村振兴的大业，促进乡村经济的高质量发展。其四，通过乡村振兴助力生态农业，这条道路并非一蹴而就。“路漫漫其修远兮”，走好新时代的乡村振兴路，道阻且长，需将乡村振兴与生态农业深度融合，同时注重科技、人才、产业等方面的投入，努力推动乡村建设，增强人民群众的获得感。这条漫漫长路的终点绝非一己之力可达，需要国家、社会、企业和个人长期的付出与努力。

鄂西之行，所获良多。时代飞跃，每条路都需一步一步走。“回首向来萧瑟处，归去，也无风雨也无晴”，简朴之中有深意，无论前方为何，愿最终仍是，超然走过，尽留恣意。

赖雯珺调研手记

中央财经大学 赖雯珺

2021 年 7 月 12 日午后，倾泻而下的雨水消散盛夏的暑气，雨声与蝉鸣交融、缠绵，赋予这个夏日独特的印记。怀揣着希冀与忐忑，我和调研团的部分成员一同踏上了从北京前往湖北省宜昌市的高铁。从小在城市长大的我较少有深入乡村的机会，因此，这次调研对我来说是一个难能可贵的机会，让我有机会在学习生活之余更加了解中国乡村的脱贫、摘帽与振兴，同时探索大众传媒助力乡村振兴的路径选择。

到达宜昌后，一股清爽而湿润的气息扑面而来，红与橙交织的晚霞在雨后的天空蔓延开来，仿佛在无声地欢迎着初来乍到的北方客人。驱车近两小时来到远安县，从斜阳微醺到繁星漫天，落日余晖渐渐隐没在天边，终于与远处的山峦一同消失在视野中。夜幕降临后的远安县比我们想象得更静谧，这里仿佛是逃离城市霓虹的世外桃源，安逸而闲适。在酒店休息一夜后，为期 5 天的乡村调研就此拉开帷幕。

2021 年是中国共产党成立 100 周年，也是我国脱贫攻坚战取得全面胜利、实现农村贫困人口全部脱贫的重要一年，我国在中国共产党的带领下创造了又一个彪炳史册的人间奇迹。站在两个 100 年的历史交汇点，中国即将开启全面建设社会主义现代化强国的新征程，进入推进乡村振兴的新阶段。在这庄严而神圣的时代背景下，谭教授带领的调研团将目光聚焦在远安这个秀美的县城，希望以独特的视角探究这里的振兴之路。

在远安县走访湖北瓦仓谷香生态农业有限公司时，我第一次近距离感受到了乡村企业家对乡村振兴的推动作用。在会议室，小汪总娓娓道来公司的创业历程——从小小的合作社成长为全省知名的企业，并一举带动乡村就业，通过社会化服务解决人走田荒的棘手问题。“人员带动最大的是产业链，被瓦仓大米产业带动就业的不下万人。”小汪总如是说。谈及为何要留在乡村，小汪总说，原因之一是出于对乡村的热爱，这是一种乡土情怀，“没有情怀的人是不会投重资到农业领域的”，这是那场座谈中留给我印象最深的一句话。我看到，在中国乡村，有无数以汪氏父子为代表的企业家满怀对乡土的热忱，致力于推动乡村发展，在耕耘与收获间为乡村振兴保驾护航。

远安县的乡村山明水秀，屋舍俨然，良田千顷，颇有些“人间烟火气，最抚凡人心”的闲适之感。参观瓦仓大米种植基地时，连绵的稻田十里飘香，秧苗在和风的吹拂下轻轻摇曳。在老汪总的科学“生态观”

的引领下，传统耕种方式使这片广袤的土地恒久地保留着自然的璀璨，也正是源于生态农业的理念，瓦仓大米得以凭借其出众的口感享誉千里。

离开远安县后，我们走访了三峡日报社和秭归县融媒体中心，这赋予了我们从大众传媒视角探寻乡村振兴之路的独特视角。尽管在调研前我们已经查阅了很多资料和文献，但真正在参观和座谈的过程中，我们更进一步了解了新闻媒体作为讲好中国故事的重要窗口，对于助力乡村脱贫摘帽的重要意义。同时，我也更加深刻地认识到了新闻人应当肩负的责任与使命。

我会始终记得宜昌市远安县与秭归县的山和水、风与云，更会怀念这里的十里稻香，怀念这里每一张热情、淳朴的面孔。鄂西之旅，不虚此行！

李幸芝调研手记：走进乡村，走近乡村

中央财经大学 李幸芝

“到农村去，广阔天地大有可为。”这个假期，我们来到了湖北省宜昌市茅坪场镇瓦仓村，在这里，走进乡村，走进田野，感受脱贫攻坚

的高质成效，探索乡村振兴的广阔道路。

调研开始，我们跟随“大汪总小汪总”，站在稻田里，了解瓦仓大米的种植方式、生产条件、发展优势；走进公司，参观加工厂、粮仓，体会瓦仓大米的生产、加工、销售全流程，了解了瓦仓大米对于当地经济的带动作用、对当地村民的巨大帮扶作用，也深刻体会到了乡村振兴的巨大能量。在瓦仓起义革命烈士陵园，我们感悟当地的红色文化及瓦仓起义留下的宝贵精神财富。我们还走访了三峡日报社和秭归县融媒体中心，探究大众传媒与乡村振兴有机结合的成功经验……

从金黄的稻田到瓦仓起义的纪念碑，从三峡日报社到秭归县融媒体中心，这次旅行的意义不只是社会实践，我的收获也不只是文字性的调研报告。可以说远安之行是一次短途旅行、一次学术实践、一次社会体验。

调研途中，汪宗平董事长的口头禅“说实话”令我印象深刻，他说：一个家庭，不讲实话，这个家就会败；一个企业，不讲实话，这个企业就会败；一个国家，如果没有人讲实话，国家就可能灭亡。他的“实话观”也让我思考着这个时代需要怎样的新闻工作者。“俯下身、沉下心，察实情、说实话、动真情，努力推出有思想、有温度、有品质的作品”，正是对新闻工作者的要求。说实话，是最起码的公众良知，也是新闻工作者最基本的工作原则。要反映人民心声，就要敢于说实情、勇于说实话。说实话是一名新闻工作者最大的价值所在，也是出路所在；对于我们来说，挖掘真相、暴露谎言更是责无旁贷。汪宗平的“实话观”让我产生了更深刻的思考与认识。

将品牌看得比命还重要、为瓦仓大米奉献一切的汪宗平，辞去公务员职务、坚持回乡建设的汪洪波，穿着运动鞋跑新闻、随时拿起笔的龚记者，选择乡村工作、为瓦仓村生态农业发展鞠躬尽瘁的王燕……调研路上遇到的人是真实的，也是鲜活的。每位为乡村振兴做出贡献的人都是伟大而有力量的。他们的故事串联成瓦仓村的脱贫攻坚之路，也续写着远安县的乡村振兴之路。

生活是什么？是小汪哥撸起袖子踏进泥里捧起的一抔土，是站在稻田边闭上眼闻到的稻香、听到的蝉鸣，是乡村小馆里碰撞的杯子，是夜幕沉沉的路灯下一行人的影子……乡村的人间烟火气必定要身临其中方能感受得到。在远安经历的点点滴滴都会成为我的宝贵财富，调研路上带给我的触动，也一定会伴随着我未来前行的每一步。

梁江燕调研手记

中央财经大学 梁江燕

提笔不知落处。回想此次调研之旅，可能从一开始就注定充满了惊喜与不凡。

很感谢我的老师愿意让我加入他的团队，成为此次调研团的成员之一。老师总说他选择我的理由是因为我在策划最后留的那一句：“我是农村来的，我能吃得苦。”他深受感动，但对于我来说，这是我的一种态度及我真情实感地期待能够在此次调研过程中学习专业知识，将采访、写作的理论应用于实践。幸得认可，我对此次调研充满了激情与干劲儿。

2021 年是我国全面实现脱贫的第一年，在实现脱贫摘帽后，我们再次来到鄂西农村，想要摸索和呈现的是乡村的“振兴”，农村是如何振兴的？传媒又在乡村振兴中扮演着怎样的角色？我认为瓦仓村和秭归县给了我们答案。在这近一周的调研活动中，我感受到了与我生长环境完全不同的南方农村生活。

“雨过山村六月凉，田田流水稻花香。”错过了 6 月的雨季，我们赶上了 7 月的稻花香。当小汪总驱车带我们向山里前进，我就能意识到这与我“山川相间，百亩稻田”的想象开始重合。这里的山路没有想象的那么颠簸，可以说是很平坦的，受限的只是路的宽度和爬山的高度。一路上，我看着车窗外满目的青翠，或夹杂着一块一块的稻田和玉米地，想来一户农家也没有几块连在一起的稻田。等我们真正来到瓦仓村稻米种植基地，经过小汪总的介绍，我们才知道这里所有的田地经过土地流转由湖北瓦仓谷香生态农业有限公司集约化、规模化、机械化管理，千百亩的农田由公司统一提供育秧、插秧、施肥、收割、销售等服务，在减轻农民负担的同时，也保障了稻米的质量与产量，这比传统的分散经营更能提高效益。但同时，瓦仓村的水稻农业生产依然面临着青年劳动力短缺、农业高技术人才匮乏的问题，这也是公司发展受限的原因之一，他们期望青年劳动力能够回归农村，共同推动农村产业发展。面对这个问题，我反问过自己“我以后会回到农村发展吗”？我的心里没有明确的答案，但还是会犹豫，城市的生活和乡村的生活仍然有着较大的差距，无论是医疗保障等基础设施还是休闲娱乐项目，我看着一栋一栋的独立门户，因为田地分割家家户户隔得很远，一定程度上也减少了邻里的交流，对我而言，这会极大地降低农村对我的吸引力。但值得称赞的是农村恬静悠然、自然干净的生活依然是很多城里人向往的。我期待的是公司可以将乡镇政府、农户联结起来，共同应对劳动力缺失的问题。

后来，我们又去了宜昌三峡日报社和秭归融媒体建设中心，真正地见识了媒体内部的结构及运作模式，同时传媒在乡村振兴中扮演着怎样的角色？问题有了答案。当三峡日报社的接待专员向我们介绍媒体是如何自上而下逐步深入农村生活，我真正意识到了传媒的重要性。无论是各类宣传脱贫攻坚、乡村振兴的正面报道还是各类助力乡村发展的App，都是为了将民生民情与政策解读进行真实客观呈现以达到及时上传下达、深入民心的效果。伴随着科技发展，传媒产品也层出不穷，在五花八门的产品面前，很多不识字、玩不转产品的老人或农户可能就面临着与时代脱节，但是三峡日报社和秭归融媒体中心也给了我们答案，当基层干部、传媒记者进村走访，手把手地教大家使用软件，这才是传媒的意义所在，理解并会使用才不是空有形式。

这些天最大的收获还是真正从老师的言传身教中学会了如何去采访，将课堂的知识应用到实践中才能真正学会身为一名记者应该掌握和必备的素养。如何去挖掘故事，从有限的时间内提取最有价值的信息，以及从繁多的素材中整理出故事线索并形成文章，这是经过实践检验的。

离开宜昌这片土地的心情是酸涩的，可惜的是时间太短，不能更深入地了解这片土地的风土人情，遗憾的是不能见识“稻花香里说丰年，听取蛙声一片”的丰收光景。但终归是有所收获，还是期待下一次见面。

秦志伟调研手记

中央财经大学 秦志伟

大二下学期的暑假令我格外难忘，因为我跟随谭老师及新闻系的5位同学、2位研究生学姐做了一次特别的暑期社会实践——赴湖北宜昌市进行乡村振兴的调研，此次调研中经历了很多事情，自己也成长了很多，是一次难忘的人生经历。

我出生于青海西宁，典型的祖国西北部，这里遍布着高原雪山、名山大川，还有典型的丹霞地貌，青海的农村也基本分布在沟壑中，所以，南方的农村是什么样子在我心中一直是个疑问，虽然经常在电视中看到有关的纪录片，但是没有调查就没有发言权，带着这样的疑问，我决定去祖国南部的基层看看。

虽然自己一个人已经多次坐飞机折返于西宁和北京，但是这样陌生的出行线路还是第一次，由于西宁没有直达宜昌的航班，所以此行还需在咸阳机场转机，我也因此有了人生第一次在机场过夜的经历。

第二天我们汇合，一同前往远安县瓦仓村，开始了为期 7 天的调研活动，这些天，我真真切切地感受到了南方农村的真实面貌，第一次如此近距离地靠近稻田，也知道了水稻从育苗到最终收获的全过程，在这里认识了和蔼坚韧的汪氏父子，看到了为了带领乡亲过好日子坚韧不拔的“老汪”，也看到了绘制未来蓝图的“小汪”，他们的故事感人至深；第一次与当地领导班子进行访谈，和当地乡党委书记的对话中，我们真切地感受到了当地基层政府求真务实的工作作风，“只是想着做些实事”，这是与乡党委书记座谈时令我印象最深的一句话。看到通过土地流转集中种植瓦仓大米，零散的土地得到了集约化经营，大家的收入逐年提高，给人无限希望。此后，便参观了瓦仓起义纪念馆和瓦仓起义革命烈士陵园，在纪念馆中看到了在学习中国新闻史时课本里出现过的萧楚女和恽代英，他们是《中国青年》的创始人，萧楚女为了国家的未来，牺牲时很年轻。还有傅恒之烈士，全家投身于革命，最终壮烈牺牲。可能正是有这样的红色基因，瓦仓人民才有源源不断的精神动力，敢于和一切消极事物斗争到底，可能也正是因为这样宝贵的精神财富，远安县才如期摘掉了贫困的帽子。

结束了远安的调研，此后我们继续走访了宜昌市三峡日报社和秭归县融媒体中心，《三峡日报》的全媒体建设可以说是全国地级市中的领头羊，在走访过程中与《三峡日报》的主要领导进行专业实践方面的请教与讨论；在秭归融媒体中心走访中对融媒体在现实中的意义有了全新理解。

一周过得很快，在紧凑的日程安排中，调研接近尾声，回想起这次调研，我收获颇丰，不仅看到了我国南方的农村基层面貌，还看到了基层治理的不易，尽我们的力量为当地的乡村振兴出一份力，内心无比高兴，愿当地人民在领导班子的带领下，早日实现全面振兴的宏伟大业，稳步走在奔向小康生活的光明道路上。

杨梦婷调研手记　瓦仓：铭记与求索

中央财经大学 杨梦婷

7 天的湖北宜昌调研活动，时间不长，却令我收获颇丰。我们去了很多地方，也兼顾了很多方面，但是最令我念念不忘的当属在瓦仓村的两天调研经历。

由于身体原因，我的童年近一半的时间都在乡村度过，即便是离开家乡外出求学，每年假期我也一定会前往农村探望爷爷奶奶。因此，从一草一木到人情世故，再到国家政策，关于农村的一切都能引起我的关注。而这也是我报名参加此次调研活动的初衷：除了爷爷奶奶家的农村，我也想看看“别人家的农村”长什么样。

不得不承认，湖北省宜昌市远安县茅坪场镇瓦仓村相较于我记忆里的农村，的确称得上是“模范生”了。虽然和全国大多数农村一样面临着劳动力缺乏的问题，但这里没有一亩荒废的农田，只有为了生态农业发展而废弃的煤矿；这里没有整日聚集在村口无所事事只是聊家常的“啃老族”，只有农忙过后因为家里人外出务工而紧闭的大门；这里没有花大价钱修建但很少有人光顾的大礼堂，只有为了纪念革命烈士而倾尽心血建成的瓦仓革命纪念馆……还有太多太多的不同。也正是因为这些不同，让瓦仓村看起来只是一个普通的南方乡村，有着最常见的青山，被山和稻田包围的曲折公路，随时挑战人车技的农家鸡鸭，但我又无法忽视它的独特气质，像一个充满朝气的雀跃儿童，又像从悲痛却光荣的历史中走出的淡然老者。

瓦仓村独特的气质背后是有着独特远见的人。汪宗平是湖北瓦仓谷香生态农业有限公司的董事长，也是土生土长的瓦仓人。他年轻时因为生意失败而负债，因为儿子的病和对于土地的深厚情感二次创业。目前，他的公司已经成为当地绝大多数土地的承包者和为当地百姓提供就业岗位与农村社会化服务的中坚力量。谈起创业灵感，老汪总的一句感慨令我印象深刻：“你们现在的年轻人、城里人可能不懂，农村的老一辈对于自己的土地是有着深厚的感情的。当他们自己老了做不动农活了，儿女又去外地打工了，家里的田没人种荒废了的时候，他们是看在眼里疼在心里。”这真是一种难以感同身受却又真实可见的悲伤，正如我的奶奶看着家门前的稻田被灌满水用来养鱼、养鸭时眼里的无奈，连当时刚上初中的我也能看得出。因此，我是十分佩服老汪总的，他不仅有着为家乡做点什么的热情，还能够真正地找出一条适合家乡的路子并且坚持二三十年，且越做越好。从土地流转企业承包到农村社会化服务，其实并不是什么艰涩难懂的专业知识，但是瓦仓谷香生态农业有限公司上下都能够理解其中原理并且充分结合应用，让每个步骤都能为当地农业发展带来是实实在在的正面效益，实属不易。

这是我除了在爷爷奶奶家之外为数不多的农村经历，却让我真实地感受到了什么叫一方水土养一方人。或许，相比繁华都市林立的楼宇，田间飘起的稻香更能激起我探索当地风土人情的好奇心。

王晶调研手记

中央财经大学 王晶

此次调研活动为期一周，在湖北宜昌市开展。我有幸参加了此次文化与传媒学院和湖北省宜昌市远安县茅坪场镇合作共建调研活动。在调研过程中，我不仅领略到了荆楚大地的美丽风光，还感悟到了远安红色精神的伟大，更见识了远安生态农业发展所取得的成果。

此次调研活动的任务主要有两个：一是为追寻先烈足迹，传承红色基因。二是为考察远安生态农业发展现状。初到荆楚大地，我便感受到了浓烈的红色精神，我们在瓦仓革命传统教育基地和瓦仓起义革命遗址中，缅怀先烈，接受洗礼。在体验馆中，我瞻仰了与瓦仓起义相关的老物件，对于瓦仓起义的发展有了更深入的了解，政治生活体验馆中的每个场景都深深地触及我心灵的最深处。在参观烈士陵园的过程中，高耸的人民英雄纪念碑让我深切地体悟到了革命先烈的伟大。革命年代虽然已经远去，但先烈的革命精神仍旧能在勤劳勇敢、敢为人先的远安人民身上找到影子。远安的红色基因经历岁月的洗礼，在当代人身上烙下了鲜明的痕迹，这正是在岁月更迭中沉淀下来的红色密码。从远安如今的发展状况不难看出，这是世世代代远安人民共同努力的结果。祖辈、父辈为远安子民打下了一片江山，为远安的后续发展提供了一个安稳的社会环境。当代的远安人民又用自己的勤劳与智慧，依托远安优越的自然地理条件，因地制宜，大力发展生态农业，对于远安地区的乡村振兴工作起到了极大的推动作用，远安也正是在人民的共同努力下一步步实现了跨越式的发展。

乡村振兴该走什么路？这是每个农村在发展的过程中极为重视的。远安县横向审视自身的环境优势，纵向从历史沿革中寻找发展契机，大力发展了生态农业，开拓了一条具有远安特色的发展道路。在对瓦仓谷香生态农业有限公司调研的过程中，我参观了瓦仓大米生产加工区、瓦仓大米种植基地、洋坪镇三板村育秧基地仓库。实地查看了水稻集中育秧及种植基地，对品种、土壤、水源、育秧面积、绿肥种植、机器设备等情况进行了深入了解。现场查看了瓦仓大米加工、收储仓库、成品包装、电子商务、物联网追溯系统，了解了瓦仓大米产业发展、基地规模等。同时，我们在调查过程中也与汪总父子探讨了瓦仓大米产业后续发展面临的问题，并进行了深入的交流与思考。在这次调研过程中，我看到了汪宗平父子对于远安红色基因的传承，远安人民身上吃苦耐劳、合作共赢的精神极大地促进了远安地区乡村振兴工作的开展，远安地区生态农业的发展已经取得了不错的成就，对于其他地区的发展具有借鉴作用。

经过为期一周的实地考察，我们参观了当地的烈士陵园、傅家祠堂等红色文化教育基地，受到了革命精神的洗礼，也亲眼看到了远安的发展变化，对于当地生态农业的现状也有了深入的了解。此次调研活动意义重大，对我们思想觉悟的提升及治学能力的提高大有裨益。参加完红色教育，我们的心灵仿佛接受了一次洗礼，对于初心也更加坚定了。远安的脱贫攻坚工作在全体人民的不懈努力下已经完成，但乡村振兴工作仍是进行时。汪宗平父子已经为远安的发展探索出一条依托当地自然环境发展生态农业的脱贫致富道路，在未来的发展过程中，仍需要一代又一代远安人民传承红色基因，共同努力，才能更好地促进远安地区的长足发展。返程路上，心中万千感慨，希望将来中央财经大学能与远安县茅坪场镇社会实践基地开展更为深入的合作，引导学生深入基层，持续开展服务工作，为祖国乡村振兴战略的实施贡献力量。

李笑雨调研手记

中央财经大学 李笑雨

2021 年 7 月 12 日，我踏上了前往湖北宜昌的列车，激动的心情溢于言表。刚下高铁，潮湿的空气扑面而来，听说是因为修建三峡大坝的缘故，宜昌的气候都变好了。也得幸于这次调研，有机会能瞻仰三峡大坝的真容。瓦仓谷香生态农业公司的张经理亲自到高铁站把我们接到远安县，趁着雨后的落日，我们与远安的距离慢慢拉近……

第一天晚上没有什么安排，吃过晚饭，晚上 9 点多准备一起和同学外出走走。令我惊奇的是，才刚过 9 点，小县城街道上已经鲜有行人，仅有的几处亮光是那些还未关门的超市。在城市长大的我很久没有体会到这种安逸的感觉，走在路上什么也不用想，只静静地听一声声蝉鸣就很惬意。

第二天见到了我们这次调研的“领路人”——小汪总，别看他是

“老总”，其实和我们一样也是一个“90后”，谈吐风趣幽默，丝毫没有老总的架子。他亲自开车带我们前往各个水稻种植基地，基地之间相距几十千米，每次的路程少说要一个多小时。小汪总就这样不厌其烦地一个接一个地带我们去，深入田间地头，如数家珍一样将水稻的研发、种植、培育、销售等环节讲给我们听……说实话，从小到大我就是大家口中那种“十指不沾阳春水”的孩子，即使有机会回到乡村也只是走马观花，但这次调研不光让我有机会了解了水稻种植，更让我在一阵阵稻香中感受了自然、亲近了自然。即使手机没网也不要紧，因为根本没有心思去管互联网世界。

既然说到“小汪总”，那就不得不提到“老汪总”。为了接待我们调研团一行人，汪总在百忙之中抽出一天时间来接待我们。初识汪总，印象最深的还是那句“你不要叫我汪总，我就是个种地的”。经过和汪总的深入交谈，我敬佩他的远见和实干精神，能把一个小小的加工厂做成当地的龙头企业，我在汪总身上看到了在“在危机中求变”的企业家精神。当我问到汪总对种子安全的看法时，他表达出的为国忧患的意识也让我赞叹，这就是成功企业家该有的大局意识。

还记得在瓦仓村调研的那个夜晚，从红色纪念馆出来后已夜色渐晚，抬头一看，漫天的繁星像巨幕电影般映入眼帘。远安的土菜泥鳅和秭归的脐橙是我久久不能忘怀的美食。调研之旅已结束，但这次调研的所见、所听、所想，我将永远铭记。

后记

POSTSCRIPT

《振兴：鄂西瓦仓生态农业调查》终于要与读者见面，这是“产业扶贫与乡村振兴三部曲”的第三部，也是最后一部，前两部为《探路：产业扶贫十八洞村思考》《摘帽：苗家贡米助力脱贫的路径选择》，分别于2018年和2021年由中国经济出版社出版，其实出版“产业扶贫与乡村振兴三部曲”的计划并非一开始就有的，而是逐步形成并付诸实践的。

这还得从2013年11月习近平总书记在湖南湘西考察时说起。习近平总书记在湘西花垣县十八洞村考察时首次提出了“精准扶贫”的理念，指出“扶贫要实事求是，因地制宜，要精准扶贫，切忌喊口号，也不要定好高骛远的目标”。2014年年初，中共中央办公厅、国务院办公厅印发《关于创新机制扎实推进农村扶贫开发工作的意见》，把精准扶贫工作机制确立为国家新阶段扶贫开发工作的六大机制之一。2015年，党的十八届五中全会召开，进一步提出全面实施精准扶贫、精准脱贫政策。

习近平总书记提出“精准扶贫”已过去3年多了，总书记调研考察过的湘西贫困村扶贫工作开展得怎样，那里的人民生活有了哪些改变，湘西扶贫工作有哪些特色和经验？我受艾华（我在湖南师大新闻系工作时的学生）在湘西做产业扶贫工作的启发和邀请，带着这些问题和思考，于2017年8月9日至8月15日带领中央财经大学新闻系李少菲、杜雨薇、闵文、李星瑶、温琳琳、行家玮、麻钟元、张彩霞8名学生组成新闻调查实践团，深入调查走访了湖南省麻阳县楠木桥村、花垣县十八洞村、绥宁县插柳村、邵阳县塘代村4个典型的产业扶贫村落，历时7天，途经近1000千米的考察，调研团成员一边向当地扶贫工作队员对了解一线产业扶贫的工作重点和难点，一边深入各个贫困户进行实地走访，收集了大量一手资料，并撰写了10万多字的调研报告《精准扶贫 踏石留印——中财新闻学子重走习总书记扶贫路》，报告展现了企业开展产业扶贫工作中的创新扶贫模式、可持续性发展规划、产业发展与精准扶贫互促共赢及扶贫攻坚阶段面临的难题等。

这次新闻调查实践，让我惊喜地发现：通过活动策划、采访、调研、写作，一方面极大地提升了学生的使命感和责任感，坚定了学生的新闻理想和胸怀天下的情怀，这些都是在课堂上难以感受到的，须亲自体验，方得“真经”；另一方面培养了学生对中国国情、中央战略决策在地方上实施情况的了解，锻炼了学生的新闻调查能力，使专业教育和思想政治工作实施有了机结合，使学生的思想政治工作有温度、有魅力，以此增强了大学生对党、国家和社会主义的认同，有利于将学生培养成、德才兼备、全面发展的中国特色社会主义合格的建设者和可靠的接班人。

2017年7月的调研活动得到了时任中央财经大学党委书记傅绍林教授、校长王瑶琪教授的高度赞赏。此外，还引起了时任中国扶贫开发协会副秘书长蒋任重先生和《中国教育报》记者王强的高度关注。《中国教育报》于2018年1月2日的头版和第四版分别以“8名大学生奔波千余公里考察湘西贫困村，写出10万字报告——走过泥巴地，感知真实的农村”“中央财经大学8名大学生在湖南探访贫困村、调研精准扶贫——听，‘扶贫曲’响彻贫困村”为题做了广泛而有深度的报道。后来，2020年8月25日《中国新闻出版广电报》的头版头条又以“写出十八洞村之变，传扬精准扶贫政策”为题做了相关报道，人民网等主流媒体广泛转载。随着媒体报道的宣传，此举在高校得到了很好的反响。

领导的肯定、媒体的关注更激励了我们想进一步关心和了解中国的产业扶贫问题。加上2017年暑假的调研一路走得比较匆忙，看得不够仔细，很多认识也浮于表面上。于是，我和艾华商议，计划2018年暑假带领更多高校的学生，让这些时代的骄子亲临贫困村寨现场，真实地感受当今中国伟大的扶贫事业的热度和艰辛。我的想法立刻得到了北京大学陆地教授、清华大学吴金希教授、中国传媒大学彭文祥教授、中国人民大学孙利军教授、中国社会科学院大学罗自文教授、首都师范大学张桃洲教授等人响应，这些老师及时联系好各自学校的研究生及本科生积极参与，在短时间内便组建了一支首都高校师生十八洞村调研队伍，队伍中的学生成员有王凯、李彰、张向韬、丁洪梅、邹璇、罗一坤、付羿雨、訾悦露、王肖等。

我们再一次选择了湘西花垣县的十八洞村为调研对象，旨在让大家沉下去，接地气，开展广泛而深入的调研，特别是要了解最新的、鲜活的一手资料。7月21日我们乘车从北京出发，直奔湘西十八洞村，在那里一待就是一周，大家吃住在十八洞村水厂的工人宿舍，白天冒着高温酷暑，晚上顶着星星月亮，跑上跑下，聚焦十八洞村的产业扶贫，深度调研了这5年来产业扶贫十八洞所开展的工作、取得的成绩、存在的问题及未来的规划等。《湖南日报》、湖南经济电视台均对这次调研活动做了及时报道。等我们调研完毕，一个更强烈的冲动感向我们袭来：我们有充分的理由和必要把我们所看到、听到、感悟到的东西总结整理出来。于是，我和艾华商议出本书，为此，我们在长沙湘江边的小茶室，在夏雨的傍晚，当即拟定了书名，草拟了写作提纲和写作思路，随后整个团队花了3个多月的时间，赶在习近平总书记提出“精准扶贫”伟大思想五周年纪念日前出版了《探路：产业扶贫十八洞村思考》，这便是“产业扶贫与乡村振兴三部曲”第一部作品。

在《探路：产业扶贫十八洞村思考》出版之际，我和艾华便开始计划围绕扶贫摘帽、脱贫致富、乡村振兴奔小康的主题，出版一套“产业扶贫与乡村振兴三部曲”——“探路”“摘帽”“振兴”，这三部曲要基于乡村实际调研而非虚构，要立足于乡村产业发展，视角力求新颖，行文有思辨性。于是在第一部作品出版后，我们便按计划实施第二部“摘帽”的调研和出版计划。

2019年，我有幸成功申报了国家社科基金一般项目课题——大众传媒与乡村振兴的互动逻辑与路径选择研究。基于这个课题的要求，我带领我的研究生王凯、黄瑜娜来到了湖南湘东株洲市、醴陵市、攸县、茶陵县、炎陵县等地，开展了大众传媒和乡村振兴的调研活动，历时半个月的调研让我进一步意识到当初设计的“产业扶贫与乡村振兴三部曲”调研和写作计划非常有价值和意义。2019年年底，我与艾华约定，2020年暑期我带学生再次去湘西花垣县开展调研，因为那里有一个名叫岩锣村的典型，在产业扶贫摘帽方面值得被公众了解。然而，突发的新冠肺炎疫情打乱了我们的行程规划，直至2020年7月上旬才最后敲定具体行程和调研人选，他们是来自北京和湖南高校的6位大学生和研究生，分别是中央财经大学的方德能、范柳、徐奕涵、柯些妮同学，北京师范大学的付羿雨同学，湖南工业大学的谭莎利同学，我们走访了花垣县的岩锣村、子腊村、夜郎坪村、十八洞村，以及贵州松桃县的达车村，接触到了很多的人和事，其中的惊与喜、苦与累，尽在不言中。调研结束后，团队花了一年的时间不断写作打磨，2021 年 9 月终于出版了“三部曲”的第二部《摘帽：苗家贡米助力脱贫的路径选择》，书中以步步高集团的产业扶贫项目——岩锣米厂兴建及其稻谷采购体系为主线，讲述其怎样通过产业扶贫的方式来帮助贫困村和贫困户精准脱贫的。

“摘帽”篇完稿后，有关“三部曲”“振兴”篇的调研工作自然摆上了议事日程了。那时正值 2020 年农历小年，艾华从湖南给我打来电话，约定 2021 年暑假去湖南张家界调研，因为那里有一个乡村振兴的典型，非常值得挖掘，这样可以顺利地完成“三部曲”“振兴”篇的写作心愿了。

就在“摘帽”篇出版过程中，“大洼财经”公众号开始连载调研报告的部分材料，这引起了湖北远安县瓦仓村农民企业家汪宗平先生的注意。汪总经营的湖北瓦仓谷香生态农业有限公司生产瓦仓大米，其产业发展与湘西苗家贡米产业有很多相似之处，其中最显著的共同点即两个大米产业都带领当地乡村实现了脱贫致富。因此，企业家汪宗平通过《三峡日报》副社长、总经理潘旺雄先生联系到了我，特想邀请我前往湖北省宜昌市远安县茅坪场镇瓦仓村来走一走、看一看。就在此时，艾华给我来电，原本约定 2021 年暑假组队去湖南张家界调研之事因故难以成行。就在我一筹莫展之际，潘旺雄老总给我提了个建议，可否把“振兴”篇的调研地改为湖北鄂西这片同样富有神秘色彩的土地。潘总的建议最后成就了“三部曲”的第三部《振兴：鄂西瓦仓生态农业调查》。

2021 年 7 月 12 日，我带领中央财经大学新闻专业的 8 名同学如约来到湖北宜昌市茅坪场镇瓦仓村，这 8 名学生分别是研究生王晶、李笑雨，本科生赖雯珺、杨梦婷、金欢、秦志伟、李幸芝、梁江燕。调研团在宜昌前后调研了一周，我们的调研以瓦仓大米种植基地和湖北瓦仓谷香生态农业有限公司发展历程为主线，旨在探究生态农业全产业链运营模式的特点与优势，以及瓦仓大米助力乡村振兴的特殊性与普适性路径。此外，我们还前往三峡日报社和秭归县融媒体中心做调研，旨在探究大众传媒与乡村振兴的互动逻辑和路径选择，从中尽可能地为实施乡村振兴战略提供乡村话语传播方面的智库支持。

调研结束后，我拟定了详细的写作大纲，提出了撰写的总要求，即力求叙事客观，讲好故事，夹叙夹议，纵横捭阖，思古想今，前瞻未来，富有思辨性、逻辑性、可读性，以确保“振兴”篇与前两部作品风格相近。同时，分派好了初稿写作的任务，具体分工如下：前言和第六篇作者为赖雯珺，第一篇作者为秦志伟，第二篇作者为王晶，第三篇作者为李幸芝，第四篇作者为梁江燕，第五篇作者为杨梦婷，第七篇作者为赖雯珺、杨梦婷、金欢、秦志伟、李幸芝、梁江燕，第八篇作者为李笑雨，第九篇作者为金欢，第十篇作者为王晶、李笑雨。初稿完成后，我逐字逐句地进行了修改和完善，前后历时 10 月有余，终成“产业扶贫与乡村振兴三部曲”之《振兴：鄂西瓦仓生态农业调查》，交由中国经济出版社编辑开始编辑出版。本书拟以湖北鄂西宜昌市远安县汪氏父子为代表的农民从事瓦仓稻米生态种植为调查对象，讲述鄂西人在生态环境的优质条件下，在脱贫摘帽后，如何通过生态农业产业实施乡村振兴战略的鲜活感人的故事……

至此，前后历时 6 年，足迹涉及湖南、湖北两省的关于“产业扶贫与乡村振兴三部曲”的调研写作任务告一段落，我心里的一块“大石头”也如愿落地了。在此，我要向所有关心、参与这项工作的师生、朋友、领导、编辑致以最诚挚的谢意！

首先，在此要特别致谢的是艾华老总，他是我20多年前在湖南师大新闻系工作时的学生，他自大学毕业后，从未间断与我的联系，这些年他在湘西扶贫一线的工作经验和体会直接启发、鼓励了我坚持开展产业扶贫和乡村振兴调研工作，更难能可贵的是，“产业扶贫与乡村振兴三部曲”的“探路”篇、“摘帽”篇由他亲自参与调研和写作，奉献了诸多智慧和思想。

其次，要特别感谢的是跟随我一起调研的学生，6年了，他们中有的毕业参加工作了，有的考研、出国深造了，部分学生仍在原来的学校学习，正是因为有了他们心甘情愿地跟着我跋山涉水做调研，挑灯夜战般辛勤写作，受尽了苦与累，才有这“三部曲”的物化成果。当然，我也相信，这段经历对于他们的成长来说也是宝贵的。

再次，我要特别感谢中国经济出版社的伏建全先生、姜静女士、王西琨女士、赵立颖女士，他们对“三部曲”的出版关照有加。

最后，还要特别感谢的是中央财经大学文化与传媒学院新闻系、中央财经大学财经新闻研究所、北京市写作学会、北京指点文章国际教育科技公司、三峡日报社等机构，正是有了这些机构的联合策划组织，我们这些年坚持开展产业扶贫与乡村振兴的调研才有底气和勇气。

谭云明

2022年5月于北京